广州市哲学社会科学"十二五"规划青年专项课题
"教育均衡视域下的城乡幼儿园教师资源配置研究"
（课题号：15Q29）的阶段成果

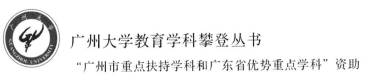

广州大学教育学科攀登丛书

"广州市重点扶持学科和广东省优势重点学科"资助

幼儿园教师资格考试效能保障研究：制度分析视角

赵景辉 著

Youeryuan Jiaoshi Zige Kaoshi Xiaoneng Baozhang Yanjiu

Zhidu Fenxi Shijiao

中国社会科学出版社

图书在版编目（CIP）数据

幼儿园教师资格考试效能保障研究：制度分析视角／赵景辉著.
—北京：中国社会科学出版社，2016.4
ISBN 978-7-5161-6577-5

Ⅰ.①幼…　Ⅱ.①赵…　Ⅲ.①幼教人员—师资培养—研究—
上海市　Ⅳ.①G615

中国版本图书馆 CIP 数据核字（2015）第 301147 号

出 版 人	赵剑英
责任编辑	冯春凤
责任校对	张爱华
责任印制	张雪娇

出　　　版	中国社会科学出版社
社　　　址	北京鼓楼西大街甲 158 号
邮　　　编	100720
网　　　址	http：//www.csspw.cn
发 行 部	010 - 84083685
门 市 部	010 - 84029450
经　　　销	新华书店及其他书店

印　　　刷	北京君升印刷有限公司
装　　　订	廊坊市广阳区广增装订厂
版　　　次	2016 年 4 月第 1 版
印　　　次	2016 年 4 月第 1 次印刷

开　　　本	710×1000　1/16
印　　　张	13.5
插　　　页	2
字　　　数	218 千字
定　　　价	49.00 元

凡购买中国社会科学出版社图书，如有质量问题请与本社营销中心联系调换
电话:010 - 84083683

目　录

导　论

一　研究缘起

（一）　幼儿园教师资格考试效能在教师专业发展中的重要意义

效能是指取得实际效果的能力，也就是实现目标的能力。①幼儿园教师资格考试效能研究主要涉及考试功能、考试作用、考试价值、考试目标达成等相关方面的内容。幼儿园教师资格考试是教师准入中的重要环节，幼儿园教师资格考试效能的高低是影响选拔幼儿园教师合格与否的重要因素，也是学前教育事业质量的重要保障。从教师职业生涯发展来看，教师资格考试是涉及教师准入环节的理论问题；②从我国教师教育事业发展角度来看，这又是涉及教师教育质量保障体系的理论问题。教师资格考试效能作为教师质量保障体系的关键，逐步成为继教师专业能力等研究之后的热点问题。提升教师资格考试效能、完善教师资格考试制度已成为世界范围内提高教师专业发展的重大举措。

促进教师专业发展的复杂系统由多元要素构成，包括宏观层面的教师教育政策，中观层面的教师培养模式、教师资格制度，微观层面的教师专业能力的发展等。其中，宏观层面具有政策导向作用，中观层面具有衔接作用，微观层面具有操作作用，三个层面相互影响、相互关联。幼儿园教师资格考试制度是教师资格制度中的重要一环，教师资格考试如同进出境的"边检"，甄选符合标准的教师人选，为今后教师职业能力的发展奠定基础，有助于微观层面教师职业技能的形成和发展。其中资格考试效能关

---

① 温恒福：《学校效能的基本理论问题探究》，《教育研究》2007 年第 2 期。

② 有关教师生涯发展的研究，多数研究者把教师职前发展列入教师生涯发展中（比如冯克的教师生涯四阶段论、费斯勒的教师生涯循环论），研究者们普遍承认教师资格考试是教师准入的关键环节。

乎考试制度的成败，因而成为促进教师专业发展的核心要素之一。在教师专业发展的复杂系统中，教师资格考试制度成为系统内在的运动活力，这要求资格考试效能的提升以促进教师的专业发展。

鉴于幼儿园教师资格考试效能提升及教师资格考试制度在教师专业发展中的重要作用，如何在教师的准入环节完善幼儿园教师资格考试制度以发挥其鉴别、筛选的功能成为研究者经常反思的一个问题。攻读博士学位期间，恰逢导师主持全国教育科学"十一五"规划2010年度国家社科基金教育学一般课题"幼儿园教师资格考试制度"，使研究者将对幼儿园教师专业发展的关注点转向幼儿园教师准入等相关问题。效能关系着幼儿园教师资格考试能否真正有效地发挥功能，是教师资格考试制度的核心部分。应该采取何种保障路径与措施实现幼儿园教师资格考试效能？如何提升幼儿园教师资格考试效能？诸如此类的问题都是完善幼儿园教师资格考试制度不可回避的关键问题。

（二）教师专业发展范式变迁要求提升幼儿园教师资格考试效能

任何理论、学说或意识形态中，范式都起着一种最高的作用。① "范式"具有两个层面的含义：第一，范式是一定时期科学共同体内的共同见解、信念、约定、预想；第二，范式是科学共同体"看问题的方式"，它具有世界观和方法论的意义，是科学共同体提出的解决问题的指导性范例、工具和方法。② 总之，范式指的是一套被大众所接受的世界观、理论和信念，并且能够为操作者提供指导策略的指引。教师专业发展范式是指教师专业发展研究的共同体成员根据教师专业发展研究传统及其趋势对本群体所从事活动的基本规范以及研究框架的共识，它是共同体成员在一定时期内要坚守的价值理念、遵循的思维方式和拥有的话语体系。教师专业发展范式是教师专业发展背后的形态样式，有助于人们把握教师专业发展的脉络，洞察发展趋势。目前教师专业发展的范式变化趋势是从工具理性到交往理性。

教师专业发展工具理性范式，又称技术理性范式。工具理性最早是由

① 埃德加·莫兰：《方法：思想观念——生境、生命、习性与组织》，秦海鹰译，北京大学出版社2002年版，第238页。

② T. S. 库恩：《科学革命的结构》，金吾伦等译，北京大学出版社2003年版，第15页。

马克斯·韦伯提出的，是指"目的—手段"的合理性，即"通过对个别事物的情况和其他人的举止的期待，并利用这种期待作为条件或者作为手段，以期实现自己合乎理性所争取和考虑的作为成果的目的"。[①] 工具理性的教师专业发展范式是在技术取向、理性价值和追求客观的理念下形成的，它以自然科学的模式衡量知识，尤以定量化、形式化和标准化为目标。因此，教师的教育实践被看作是一组技术活动，是一套可以由所有教师共享的具有普遍性的知识体系，复杂的教学情境也被看作是一种预设的情境，可以被控制和推断。教师的专业发展就在于获得处理这些情境的知识与技能，教师被看作是技术人员，主要职责是把知识技能传递给学生，传递过程是可以复制的，并不关注传递对象与教育情境，衡量教师专业发展的指标在于教师传送知识技能的多少。教师专业发展工具理性范式忽视了教师的生命价值、道德情感，忽视了教学中的师生交往关系，造成科学与伦理的分离。[②] 工具理性范式下的教师专业发展范式对幼儿园教师资格考试的价值属性有着重要的影响。在工具性的主导下，资格考试的功能价值仅仅定位在选拔与功利层面，忽视了教师专业长期发展的意义性；在资格考试的考核标准上注重考试的技术化与标准化，忽略考试的针对性；在考试的内容上倾向于考核入职者的知识尤其是去情境化知识，而忽视了知识的应用情境与运用。

　　交往理性的教师专业发展范式是在对话知识观指导下具有交往理性特征的教师专业发展范式。哈贝马斯认为："人类可以透过理性沟通建立共识，在理想的言谈处境中，人们自由地并且平等地参与了合作探索真理的过程，在这里除了有更好的论点所产生的说服力之外，每个人都没有受到任何力量的强迫"。[③] 它以语言为媒介，通过对话，达到人与人之间的相互"理解"和"一致"。他突破了自笛卡儿以来哲学上"唯我论"的困境，在传统"他者"的基础上革命性地提出了"你"这一向度，从而将不平等和对立化的"我—他"关系改造成"我—你"关系。因此，教师

---

　　① 马克斯·韦伯：《经济与社会》（上卷），林荣远译，商务印书馆1998年版，第56—57页。

　　② 何菊玲：《教师教育范式研究》，博士学位论文，陕西师范大学，2008年，第35页。

　　③ Habermas, Moral Consciousness and Communicative Action, Cambridge, Mass：MIT Pres, 1990，p. 107.

的专业发展不仅要关注知识的获得，更要关注教师自我的反思、与他人的对话与合作以及教师对意义的解释，从而在交往的过程中得到智慧的升华。在这种范式的影响下，人们认为专业实践所面临的问题是复杂的、不确定的、多变的、独特的，还呈现出价值的冲突，因此专业实践不是一种单纯的应用。教师专业发展不仅在于外在知识的获得，还在于通过反思促进教师对自己、专业及实践活动有更深入的"理解"，发现其中的"意义"。此外，还要求将教师置于某一群体中，关注群体中的各种因素，包括群体中的人、事、物等之间的关系。教师的专业发展不是一个孤立的自我发展路径，而要与外在环境相互作用，形成合作共同体，致力于改进自身的教学策略与风格，甚至形成团体的教学氛围与文化，从而使教师找到团体中的身份认同与意义归属。此种范式的教师专业发展克服了工具范式中主要关注教师知识本身的局限，转而关注教育背景、情境以及情境中各因素的关系。① 交往理性范式对幼儿园教师资格考试的价值选择产生影响，甚至会在理念与操作层面对资格考试产生颠覆性的冲击。此种范式下的教师资格考试价值定位不仅在于入职的筛选与选拔，还在于影响入职者的职业信念。教师资格考试的考核标准不仅是对准教师的标准化的考量，关注资格考试的技术化工作，更看重对教师整体性、意义性的评价，把入职者看成是独立的、差异的个体。幼儿园教师资格考试在内容方面不仅关注教师专业知识的考核，更看重教师专业能力获得、情境性的掌控以及教育交往性的获得。

　　教师专业发展范式的变迁对教师专业发展、教师自身素养都产生了重要影响。在此背景下，教师专业发展趋势以及范式变化对幼儿园教师的基本素养、能力有了进一步要求，当下的幼儿园教师资格考试制度受到质疑。以往工具理性范式下的幼儿园教师资格考试更多看重幼儿园教师应该具备的知识和技能，这是衡量幼儿园教师是否合格的重要标准。而交往理性范式的影响对教师的专业构成有了更高要求。因此，在教师专业范式变迁的背景下提高幼儿园教师资格考试效能成为亟待解决的问题，教师专业发展范式的变迁轨迹是幼儿园教师资格考试效能提升的价值导向，对幼儿

---

① 王建军：《合作的课程变革中的教师专业发展：上海市"新基础教育实验"个案研究》，博士学位论文，香港中文大学，2000 年，第 29 页。

园教师资格考试内容的设置、考试形式的完善等关乎考试效能的关键要素都具有重要影响。

（三）幼儿园教师资格考试效能现实问题凸显

近年来，教师质量问题成为各国教育改革的核心议题之一，作为教师质量保障体系中重要组成部分的教师资格考试制度，其重要价值受到越来越多人的关注。从世界范围来看，各国都在致力于完善教师资格考试制度及其效能建设，建立职前培养、入职考核、职后成长的一体化教师教育制度，进而不断促进教师的专业发展，提高教育质量。我国从 1993 年的《中华人民共和国教师法》明确规定实施教师资格制度起到 2001 年上海市、四川省成立考试机构，再到目前全国各省市已面向社会开展教师资格考试工作，教师资格考试制度已经建立起来，其效能建设逐步完善。但总体来看，我国幼儿园教师资格考试起步较晚，理论与实践探索的时间较短，在具体实施过程中诸多问题也日渐暴露。

目前我国学前师资中，高中及高中阶段以下学历的教师还占学前教师总人数的 45.1%，近一半学前师资的学历没有达标。从教师资格证获得情况来看，我国学前师资获得国家认定的比例很少，这必然影响学前教育的质量。[1] 同时，很多一线幼儿园园长指出："持有幼儿园教师资格证的教师并不能胜任幼儿园工作实际需求"，甚至认为"持证教师与非持证教师之间没有本质区别"。[2] 如此看来，幼儿园教师资格考试在效能建设层面存在种种弊端：无法保障所有师范院校学生达到教师资格所需求的标准；非师范人员的考试内容缺乏针对性、太过笼统、考试形式单一；无法知道考生是否掌握了基本的学前教育思想观念和教育教学能力，等等。[3] 学者们在关于教师资格考试效能建设存在的问题上达成了共识：教师资质要求偏低、资格标准笼统，没有真正发挥其"门槛"的作用；教师资格考试认定办法缺乏科学性，难以对其专业素质作出实质性考核；资格考试证书单一，难以满足不同教师的发展需求；考试管

---

① 中国学前教育发展战略研究课题组：《学前教育发展战略研究》，教育科学出版社 2010 年版，第 38 页。

② 研究者在与幼儿园园长交流中获得园长对此问题的看法。

③ 孙爱琴，冯晓霞：《我国现行幼儿园教师资格考核中的问题及对策思考》，《学前教育研究》2008 年第 6 期。

理不科学（余仁胜，2005；陈凡，2006；张贤斌，2008；洪秀敏，2011）。[1] 此外，幼儿园教师资格考试执行低效。美国政策学家艾利森宣称："在现实政策目标的过程中，方案确定功能只占10%，而其余的90%取决于有效的执行。"[2] 幼儿园教师资格考试政策制定出来，如果束之高阁当然是无法解决问题的，关键还在于它们能否得到广泛的认同、支持和强有力的贯彻执行。幼儿园教师资格考试中出现的失序、失范等问题很大程度上都源于在执行过程中被扭曲变形甚至消解。具体表现包括：幼儿园教师资格考试执行敷衍，即幼儿园教师资格考试在实施过程中，执行主体只做表面文章，只做宣传而不采取可操作性的执行措施；幼儿园教师资格考试执行照搬，即在幼儿园教师资格考试执行过程中，执行主体机械地照搬照抄，并不能根据本地区的具体情况作出灵活调整，而是原原本本地传达，原封不动地落实。

《国务院关于当前发展学前教育的若干意见》（国发〔2010〕41号）（下面简称"国十条"）明确提出"加快建设一支师德高尚、热爱儿童、业务精良、结构合理的幼儿教师队伍"，"完善幼儿教师资格准入制度，严把入口关"。为了从准入环节提升教师专业发展和专业素养，幼儿园教师资格考试效能的研究具有重要意义和理论价值。在此背景下，如何保障幼儿园教师资格考试效能，完善幼儿园教师资格考试制度已然成为关注的焦点。

（四）亟须幼儿园教师资格考试效能保障的制度研究

自美国1825年开始颁布世界第一个规范性的教师资格法规到现在，西方教师资格制度及教师资格考试制度在各个方面都发生了实质性的变化，由一般的职业规范发展到比较系统的专业发展规范。但在西方教师资格考试发展的相当一段时间内，研究的视野集中于教师资格考试制度的结

---

[1]　余仁生，冯家根，陈睿：《完善我国教师资格考试制度的构想》，《中国考试》2005年第7期。

陈凡：《关于我国教师资格考试问题的研究》，《教育探索》2006年第11期。

李子江，张贤斌：《我国教师资格制度建设：问题与对策》，《教育研究》2008年第10期。

洪秀敏：《我国幼儿园教师资格制度：问题与对策》，《教育发展研究》2011年第8期。

[2]　Austin Ranney, "The study of policy content: Framework forchoice," Political Science and Public Policy, Austin Ranney, ed. C. Chicago: Markham, 1968.

构及其完善问题上。例如教师资格考试的内容、形式、考试标准的完善、普瑞克西斯考试体系的完善等。我国教师资格考试的研究历程也大体如此。然而，关于幼儿园教师资格考试效能及效能保障的研究并没有引起应有的重视。幼儿园教师资格制度制定的合理性是保障幼儿园教师资格考试效能的前提性条件，但教师资格考试制度的实施与运行环节不容忽视，尤其中国教育改革的现实背景下，政策制定者的政策改革意识缺乏，往往在制度的执行过程中出现"漏洞"或者执行不力的现象，使得最初合理性的制度功亏一篑。因此，幼儿园教师资格考试效能的提升需要外在的保障条件以消除政策执行中的漏洞与阻滞行为，幼儿园教师资格考试效能保障的研究应该被提上日程。由于幼儿园教师资格考试的研究还处于新兴发展阶段，资格考试效能的保障问题更是一个值得探讨和研究的。但其研究的学理依据、研究的视角选择、研究的方法论与具体操作方法都还存在不足，更不要说上层的研究范式与分析框架。

　　研究应具有价值立场和研究视角，这是开展研究的路径切入点。一旦涉及效能的保障问题大多离不开制度。由于制度在现代社会发展中具有举足轻重与不可或缺的地位与作用，对制度及其价值的诠释由原初的政治话语转变为研究者视野中的学术话语而后又成为公众话语，制度分析作为一种研究域已经形成。[①] 把制度作为一种保障因素来研究政策执行已引起学者们的关注。丁煌先生在 2002 年发表的《我国现阶段政策执行阻滞及其防治对策的制度分析》一文中，较早地运用制度分析方法对我国现阶段政策执行阻滞的主要制度缺陷及其作用方式进行了分析。此后，研究者从制度变迁、制度创新、制度分类等视角分析了制度对政策执行的影响。[②]制度通过一系列的规则为人及组织的活动划定界限和建立了秩序，正如诺

---

　　① 邓旭：《教育政策执行研究：一种制度分析的范式》，教育科学出版社 2010 年版，第 4 页。

　　② 丁煌：《我国现阶段政策执行阻滞及其防治对策的制度分析》，《政治学研究》2002 年第 1 期。

　　胡向明：《政策执行障碍的制度与文化反思》，《山西高等学校社会科学学报》2006 年第 8 期。

　　张玉：《区域政策执行的制度分析与模式建构》，博士学位论文，南开大学，2006 年，第 1—259 页。

　　张烨：《试论我国教育政策分析的可能范式》，《清华大学教育研究》2006 年第 2 期。

斯所言："制度是社会游戏的规则，是人们创造的，用以限制人们相互交流行为的框架。"① 制度分析视角正逐渐成为当下教育政策研究热衷的取向之一。目前有关教师资格考试效能的研究并没有形成系统的制度话语分析，更多仍停留在就教师资格考试制度本身存在的问题进行探讨，教师资格考试制度被解读为支离破碎的分支（教师资格考试的目标、内容、形式、管理等），而并没有把幼儿园教师资格考试效能作为一个整体，在对制度本质、种类、价值澄清的基础上，把制度作为一种保障性因素来研究如何保障幼儿园教师资格考试效能。此外，目前的教师资格考试制度研究更为关注制度内部要素的问题，尤其是正式制度层面表现出来的问题，而对于教师资格考试效能的分析较少涉及非正式制度，缺少对幼儿园教师资格考试效能保障的全方位立体的图景展示。幼儿园教师资格考试效能需要制度来规约、限定和保障，因而需要从制度分析视角来系统思考和研究幼儿园教师资格考试效能问题。

如何制定合理的幼儿园教师资格考试制度、防止幼儿园教师资格考试在执行中出现的阻滞、阻梗等问题，以及均衡参与主体的利益分配成为保障幼儿园教师资格考试效能的关键，也是亟待解决的重要问题。幼儿园教师资格考试的制定与执行是在特定制度约束条件下进行的，作为一种行为或组织规范，制度为幼儿园教师资格考试效能提供了保障作用，而幼儿园教师资格考试中出现效能贬值的情形在某种意义上正是由于制度缺陷使然。因此，公平公正、利益均衡、程序规范的制度安排成为幼儿园教师资格考试效能保障的应然选择。

二　研究概念界定

（一）教师资格考试

教师资格考试是考试中的一种形式，它由"资格"与"考试"两个词语构成，教师资格考试性质与本质应该是在"考试"的属性下厘定的。因此，有必要对考试的概念进行界定，再以此为基础来推敲教师资格考试的概念。

---

① 北京大学中国经济研究中心：《经济学与中国改革》，上海人民出版社 1995 年版，第 2 页。

1. 资格

资，原指地位、经历等。格，政府制定官员除授或升迁所应依据的法令条例。所对应的英文词汇是"qualification"：为获得某一特殊权利而必须具备的先决条件；"seniority"：从事某种活动时间长短所形成的身份。在我国，"资格"一词最早出现在唐朝，并不是在职业中产生的，而是产生于官吏的选拔。凡官罢满，以若干选而集，各有差等，选满则注，限年升级，不得逾越。也就是说，资格指官吏据年资升迁之制。在当代，资格所指与古代是不相同的。《现代汉语辞海》中，资格指从事某种活动所应具备的条件、身份等；从事某种工作或活动的时间长短所形成的身份。[①]其中，条件指知识技能水平和解决实际问题的能力；身份指社会上或法律上的地位。《牛津法律大辞典》中"资格"（title），是人与法定权利、与具有法律意义的事件之间的法律关系。享有某种资格，意味着法律主体的每一项权利可以因不同形式的资格归属于不同的人。[②]《教育大辞典》中，职业资格指具备从事某种专业性、技术性较强行业工作的条件和身份。一般经过培训、考试合格取得证书或文凭而获得。[③]职业资格对于个体来说是一张进入社会以及从事其行业的专业准入证。经过上述概念分析，本研究中的"资格"是指人们从事某种专业性较强工作的条件与身份。

2. 考试

"考试"一词是由"考"与"试"二字复合而成。"考"字最早见于殷墟文字，其形与"老"相近，其义与"老"相通。《说文·老部》云："考，老也"；"老，考也"。后来人们赋予"考"字以新义，《广雅》将考释为"问也"，即询问的意思。《礼记·燕义》中的考就是考试之义，"春合诸学，秋合诸射，以考其义而进退之"。[④]"试"字最早见于春秋战国的典籍。《虞书》曰："明试以功"，试乃任用之义。到了《周礼》中的"试其弓弩"，《韩非子·难三》"论之于任，试之于事，课之于功"，试乃考察、检验之义。可见，在古代，"考"与"试"两字意义相近。

---

① 现代汉语辞海编辑委员会：《现代汉语辞海》，中国书籍出版社 2003 年版，第 1664 页。

② David M. Walkker：《牛津法律大辞典》，李双元等译，法律出版社 2003 年版，第 1106 页。

③ 顾明远：《教育大辞典》，上海教育出版社 1997 年版，第 2037 页。

④ 廖平胜：《考试学原理》，华中师范大学出版社 2003 年版，第 54 页。

"考试"一词最早连用出现在董仲舒所著《春秋繁露》中的《考功名》篇,即"考试之法,合其爵禄,并其秩,积其日,陈其实,计功量罪"。至此历代沿用,成为衡量学业成就、甄选人才的基本方法。

在当代,考试的含义最早主要是从学生学习成绩测量的角度来阐释,《辞海》解释"考试"是指学校考核学生学业成绩的制度。王道俊认为考试一般是对学生学业成绩进行的阶段性和总结性的检查和评定,考试由学校或者上一级教育行政部门统一组织,有的还统一命题、评分,其目的侧重于对学生质量作出全面检查与评价。① 但考试学范畴所定义的考试内涵要广泛而复杂得多。廖平胜先生综合各家有关"考试"概念的基本观点,将其分为五类②:(1)考试是一种工具。例如:教育大辞典将考试定义为以一定的考核为目的,根据一定的方式与要求让考生在规定的时间内解答试题,并对其答题结果评定等级,具有诊断、评判、反馈和调整等功能,是教育测量工具中的一种。③ (2)考试是方法。《中国大百科全书》将"考试"解释为学校检查学生学业成绩和教学效果的一种方法。④ 考试是检测人的知识、能力、个性等达到何种程度的方法。⑤ (3)考试是手段。此观点认为考试是指通过各种考试形式(笔试、面试)来鉴别考生的思想素养、知识掌握程度以及能力高低的一种手段。⑥ (4)考试是测量。⑦ 考试是根据考核目的,让考试对象在规定的时间内,按指定的方式,解答完事先编制的题目,按其结果给予评分,是对被测人的知识、技能和智力的一种测量。⑧ (5)考试是一种活动。考试是根据一定的考试目的,通过一系列的方式和手段,对考生的基本素养进行检测和评定的活动。考试是

---

① 王道俊,王汉澜:《教育学》,人民教育出版社1989年版,第306页。

② 廖平胜:《考试学原理》,华中师范大学出版社2003年版,第55页。

③ 顾明远:《教育大辞典》第一卷,上海教育出版社1990年版,第215页。

④ 中国大百科全书总编辑委员会:《中国大百科全书》,中国大百科全书出版社1985年版,第202页。

⑤ 贾非:《考试与教学》,吉林教育出版社1994年版,第2页。

⑥ 中国劳动人事百科全书编委会:《中国劳动人事百科全书》,经济日报出版社1989年版,第519页。

⑦ 于信凤:《考试学引论》,辽宁人民出版社1987年版,第21页。

⑧ 安文铸:《学校管理辞典》,中国科学技术出版社1991年版,第205页。

根据一定的组织程序来开展的检测考生的知识和技能的活动。[①] 蒋极峰认为不同学科、不同领域对考试解释的侧重点不一样。政治学认为考试是调节社会矛盾、维持社会稳定、巩固社会政权的活动；社会学认为考试是协调社会关系，促进社会均衡发展的一种社会活动；教育学认为考试是选拔优质生源，检测、衡量学校教学质量的主要手段。[②] 廖平胜认为考试最为本质的定义，既要对各种具体的考试概念进行高度抽象，又必须满足考试的实践的需求。[③] 他认为考试是一定组织中的考试主体根据考试目的的需求，选择运用相关资源，对考试客体某方面或诸方面的素质水平进行测度、甄别和评价的一种社会活动，包括以下基本观点："考试是一种社会活动，普遍性地存在于人类社会各个领域当中；考试是一种对象性活动，它的主体和客体都是由人组成的；考试目的具有指引作用，它是考试活动形成的前提，也是检验考试效果的依据；组织形式是考试活动存在与运行的载体与方式；考试资源的选择运用是实现预期考试目的的必要保障；考试的本质是鉴别考生的素质水平和个别差异。"[④]本文所探讨的幼儿园教师资格考试不仅是单一的卷面考试、面试，而是一种系统的考试活动，因此，本文中考试概念参考廖平胜的界定，考试是一定组织中的考试主体根据考试目的的需求，选择运用相关资源，对考试客体某方面或诸方面的素质水平进行测度、甄别和评价的一种社会活动。

3. 教师资格考试

教师资格考试是考试的一种形式，教师资格考试是教师资格制度中的重要环节，是利用多种信息进行合格与否的判断，对通过考试者授予一定的资格和地位，这种资格与地位要有法律上公认和社会上承认的权威性。教师资格考试是指根据一定考试目的，对受教育者知识水平和能力按一定标准所进行的测定活动。教师资格考试不仅仅包括对具备条件的教师资格申请者在资格认定前所进行的与教育教学密切相关的知识与能力的考核与测试（笔试、面试、试讲），还应包括考试的主体、对象、机构、考试的管理、组织、实施诸要素以及要素之间形成的活动。

---

① 蒋极峰：《考试论》，吉林人民出版社 2010 年版，第 13 页。
② 同上。
③ 廖平胜：《考试是一门科学》，华中师范大学出版社 2003 年版，第 23 页。
④ 同上书，第 26 页。

（二）效能

"效能""效率"是十分相近的概念，因此区分二者之间的差异是界定"效能"概念的重要方式。Barnard（1983）认为效能（effective）与效率（efficient）两者有所区别，当达成特定的目标，则称为有效能的；如果行为的结果能够满足个人的动机，则称为有效率的。[①] Hitt, Middlemist & Mathis（1986）认为效能是组织在一段时间内有效达成目标的程度；效率是指在短期内组织善用其资源的程度。[②] 组织行为学家罗宾指出，效能指向目标的达成，而效率是指为达成目标的投入与产出之间的比值。[③] 陈明璋认为，效率一般系指以最少的投入获取最大的产出，效能则指组织理想目标的达成。效能与效率二者关系可归纳如下：有了效率不一定就有效能，有效率使用资源是效能的必要而非充分条件；效能较效率重要，组织机构更追求效能，效率是指把事情办好，效能是指向目标做正确的事情；效率只考虑投入/产出关系，效能则注重投入—过程—产出的模式，考虑组织机构与外在环境的相互作用。效率关注组织内部的情况，效能则关心组织与外在环境之间的依互关系。[④] 吴清基认为，效率和效能是一体两面，前者导向个人目的，强调组织内的人力、物力的协调分配，重视组织资源运用的投入与产出的比率；后者导向组织目的，强调组织资源达成目标的程度，重视实际效果与目标之间的差距。[⑤] 吴清山则指出："效能与效率是两个不同的概念，前者重视组织目标的达成，后者强调资源的有效利用。所以有效率的组织不一定是指有效能的组织，有效能的组织也不完全是有效率的组织。一般而言，组织所追求的目标要比资源的运用更为重要"。[⑥] 综上学者界定，研究者认为效能更为关注的是组织中目标的实现程度，考虑的是组织内部与外部大环境的相互关系以达成目标；而效率则更为关注资本投入与产出的关系，关心的是组织内部要素的有效利用。

---

① 吴俊良：《学校效能概念辨析》，《台湾彰化县九年一贯课程电子报》2007 年第 9 期。

② 同上。

③ 同上。

④ 陈明璋：《组织效能研究途径及其衡量》，《中国行政》1979 年第 29 期。

⑤ 吴清基：《教育与行政》，台北师大书苑 1990 年版，第 57 页。

⑥ 吴清山：《学校效能研究》（第二版），五南图书出版公司 1998 年版，第 47 页。

　　这些对效能的界定与国外学者不谋而合。国外学者莫里斯认为效能是达成目标而产生预定或预期的效果。莫特认为效能是动员其资源以产生各种产品的能力。斯利沃认为效能是组织目标之达成。海特和麦斯认为效能是组织在一段时间内有效达成目标。

　　为了更深刻地理解效能，还要关注不同的理论对效能的解释。经济学理论从投入和产出的角度认为效能是在一定的投入下期望产出达到的程度；① 经济理性模式指出效能与组织目标密切相关，就是组织目标的实现程度；人际关系模式认为效能是组织成员的参与度和满意度；有机系统模式认为效能就是组织在开放的环境下适应性和摄取资源的能力；组织政治模式认为效能是组织满足组织外部群体要求的程度。② 由上述分析可见，虽然不同人从不同的角度对效能有不同的理解，但其核心都是指目标的达成或实现的程度。

　　（三）幼儿园教师资格考试效能

　　从已有的文献来看，"考试"与"效能"两个词连在一起并未见到。因此，对考试效能的界定是先对考试进行考察，然后对效能进行梳理，综合对"考试""效能"的分析，逻辑推理出对考试效能的理解。通过以上对"考试"和"效能"的界定，研究者认为幼儿园教师资格考试效能是指幼儿园教师资格考试的组织部门实现考试目标的程度。

三　文献综述

　　本研究的对象为"幼儿园教师资格考试效能"，指向效能保障问题，研究者从效能、教师资格考试制度两个层面分析文献。

　　（一）效能的研究

　　教师资格考试效能的上位概念是效能。"效能"本属于物理学范畴，表示物理运动能量释放和做功效果的一种体现和评价，后被其他多种学科借用。例如：心理学、管理学、政治学与教育学。效能的研究主要体现在以下几方面：

---

　　①　孙绵涛：《教育效能论》，人民教育出版社 2007 年版，第 39 页。

　　②　Scheerens, J. Effectiveness Schooling Research, Theory and Practice, London：Cassell, 1992, pp. 3—6.

1. 效能研究的趋势分析

从专著研究来看，效能的研究在我国呈现如下趋势：20 世纪 80 年代中后期开始至 90 年代，以翻译一系列西方关于效能的研究著作为主[①]，国内并没有研究效能的专著。自 20 世纪 90 年代开始，国外专著的引进仍是一股潮流，国内效能研究的成果仅仅在相关专著的某一章节出现。[②] 自 2000 年开始，国内效能的专著由于国外研究的介绍与引进而渐渐兴起，呈现出三大特点：首先，出现了以"效能"为研究对象的专著；其次，"效能"研究涉及不同领域，包括教育、政治等，这意味着效能的研究已经在不同领域初见端倪，逐渐成为这些领域中的问题域；最后，研究成果中开始呈现出"效能"的学理探讨和实证分析。

从学位论文来看，"效能"研究的选题近 10 年才受到关注，与"效能"相关的选题共有 30 余篇，涉及领导效能、效能建设、效能与其他变量的关系等，其中出现了一篇以制度为视角来研究效能的博士论文。[③] 总体趋势表现为：第一，研究"效能"的论文总量并不多，但呈现逐年增长、逐步深化、日益聚焦的特点；第二，"效能"的研究范围开始涉及各个领域，且理论思辨与实证探索的研究逐步结合，但在教师资格考试的范畴中，并没有以"效能"为对象的研究论文；第三，出现了从制度学视角来研究"效能"的学术论文，从正式制度中的体系、组织、运行机制等层面来探讨效能提升的保障问题；第四，总体来看，"效能"的研究兴起较晚，还没有形成该领域完备的研究范式与研究思路，规模性的研究还没有完全开始，目前尚处在一个探索的阶段。

---

① ［美］彼得·杜拉克：《有效的管理者》，吴军译，北京求实出版社 1985 年版。

［美］弗雷德·菲德勒，约瑟夫·加西亚：《领导效能新论》，何威等译，三联书店 1989 年版。

［美］约翰·科特：《总经理的品质和方法工作》，新华出版社 1989 年版。

② 尤光付，许长龙：《决策与效能：当代公共行政管理机制与训练》，中南工业大学出版社 1992 年版。

吴志远，姜凌：《新时期县级党政领导班子的素质与效能研究》，西南财经大学出版社 1995 年版。

李航：《有效管理者——以人为本》，中国对外经济贸易出版社 1998 年版。

③ 刘春海：《中国行政效能监察制度研究》，博士学位论文，吉林大学，2008 年，第 1—139 页。

从学术论文来看，以"效能"、"效能监察"、"组织效能"、"行政效能"、"政府效能"、"资格考试效能"为关键词，对中国期刊网全文数据库1980年到2014年的全文数据进行检索。以"效能"为关键词来检索时，论文更多是心理学中"自我效能感"的研究，而以"效能监察"、"组织效能"、"行政效能"、"政府效能"为关键词得到的文献是从管理学的视角来探讨效能的，与本书中研究的效能是同一视角，共搜索到论文554篇（诸多关键词的搜索中有论文是重复的，在此只计量一篇）。对文献的整理发现：1980年到1990年间效能研究属于萌芽阶段，仅有3篇从管理学的视角来研究"效能"的文献[①]；1990年到2000年间效能研究属于发展阶段，"效能"在管理学的视域研究中得到关注，文献数量也出现了大幅度增长,[②]但论文大多是一种经验式、口号式的倡导，缺少理论的思辨，还没有展开系统研究；2000年至今为效能研究踊跃发展的阶段，研究效能的文章在这10余年间增长到近500篇，为10年前的10倍。"效能"的文献不仅涉及效能建设存在的问题、影响效能提升的因素探析，还有从制度的视角来探讨效能保障策略[③]等相关研究。

从西方的研究线索来看，效能的研究最早可追溯到20世纪初期。1910年，默里斯·库克在《学院和工业效率》中介绍了大学工作效率的测量方法，针对教育领域存在的低效率现象提出建议和策略，主张设立"学生学分制"作为衡量效率的单位来奖励注重效率的教师。就在这一年，被后世称为"科学管理之父"的泰勒提出科学管理理论，奠定了学者们关注效率的基础，他认为在科学管理中要整合诸多要素，科学不是单凭经验的方法，而是系统研究诸多要素而产生的合力的方法，从而发挥每个人最高的效率，实现最大的富裕。1916年，法约尔《工业管理与一般管理》的出版将绩效管理从私人部门推广到了社会各个组织。在这之后德鲁克成为研究效能的重要代表人物，1966年出版的《卓有成效的管理

---

① 曾庆炎：《谈如何保障县政府效能的发挥》，《探索》1989年第2期。

王旺生：《机构、人员与效能》，《理论探索》1986年第11期。

孙占奎：《行政管理所追求的目标是行政效能》，《理论探讨》1985年第5期。

② 经过文献检索，此阶段的文献近50篇，出现了以效能监察为对象的集中性研究。

③ 周亚越：《制度补正：提高中国行政效能的根本途径》，《云南社会科学》2005年第3期。

者》一书强调了对组织负有责任、能影响组织效能与效率的人，就是经理人。① 在德鲁克看来，泰勒科学管理追求的目标是"效率"标准，它关注的是个人的效率。德鲁克认为，作为一个优秀的管理者应该追求的是对效能的管理，它主要体现在管理者自身上。管理者的效能，特别是高层管理者的效能在很大程度上体现着组织的效能。德鲁克更为看重的是组织的效能，他认为效能是强调做正确的事情，效率是强调把事情做正确。可见，西方的管理效能研究起于对效率的研究，第一阶段的研究主要集中在对效率与效能差别与联系的分析方面，由此导向了效能研究；第二阶段的研究主要是分析效能低效的现象、存在的问题和影响的因素；第三阶段则主要探究效能保障与提升的方案与策略。从中西方关于效能以及教师资格考试效能研究的趋势来看，效能研究已经由原因分析走向保障研究，但效能的保障还处于研究的启蒙阶段，不管是理论分析还是实践探索都需要进一步的提升与完善。我国的效能与教师资格考试效能研究较之西方国家，无论是在时间层面还是在研究阶段层面，都还处于一个尚不成熟的阶段。

2. 效能的研究范式及其方法借鉴

所谓效能研究的范式是指对从事研究效能领域的学者们所持有的价值信念、理论以及方法、研究形式、研究策略的统称。研究范式通常代表了该领域研究的最高形式，能够抓住某一领域的研究范式，是掌握该领域研究样态的关键。就效能研究来说：

首先，效能研究重实证主义范式，轻理论分析范式。实证主义范式是一种 20 世纪以来受科学发展和逻辑实证主义影响而出现并逐渐得到人们认可和使用的研究范式。主张把自然科学研究方法，诸如观察法、实验法、调查法、比较法等应用到社会科学研究中，认为只有将实证精神贯彻到人类知识的一切领域，才能为社会改造和教育奠定坚实的基础。在效能领域研究中，研究者关注的是某一变量与效能的关系，以及影响效能的因素分析。具体的研究方法是采用问卷法、实验法来建立模型，使人们能清晰地看到影响效能的因素。例如，在《团队互动过程对团队效能的影响研究》一文中作者通过文献检索后对资料进行了分析、整理与归纳形成论文假设，在此基础上设计访谈大纲，获得研究对象对该问题的深度信

---

① Peter F, Drucker The effective executive, New York: Harper and Row, 1966, pp. 167.

息，并形成初步维度信息，并以此编制问卷获得相关信息，再根据收集的数据，寻找变量之间的关系，形成设计模型，①这种研究范式在我国的博士学位论文中较为常见。此外，国外研究者还比较关注组织效能领域，尤其是领导行为对组织效能的影响分析，也通常采用实证主义范式。例如，许多学者研究转换型领导行为的几个子维度对团队效能的影响状况，② 大部分研究认为魅力领导、个别关怀、智力刺激与下属的绩效呈正相关，实证研究也表明，变革型领导及其维度对下属的绩效有较高的预测作用。③相比实证主义范式，效能研究的理论分析则较为薄弱，究其原因，在于效能在不同学科的使用情境下，具有不同的研究意蕴，难以形成统一的理论分析范式。例如，在效能监察的研究中，研究者致力于解释效能监察的概念及其表现形式、现存问题和策略分析；在效能的保障研究中，则关注法律法规与组织制度对效能的影响及其保障路径。

其次，效能研究擅长经验总结，缺乏思辨提炼。目前效能研究的痼疾之一还表现为经验主义倾向严重，忽视研究范式的重要性，缺乏方法论的意识。比如：逻辑起点不清、逻辑关系不明。部分研究者习惯将一些做法归纳升华甚至神化，形成总结性的、经验性的文字，具有感想式、主张式、描述性的特征，从而使研究具有较大的随意性、习惯性和自发性。例如：研究者在查阅政府效能建设相关文献时发现经验性总结的文章较为多见，缺少实证的论据或者系统的理论思辨，此种趋势会导致效能研究上层范式的涣散。

研究范式的选取影响研究方法论甚至研究路径。本研究致力于考试制度效能保障，因此在研究范式上既有思辨范式讨论制度学视角的效能保障的理论构建，也有从解释学的角度分析实然状态下的考试效能具体性。二者的结合将更为全面、系统地揭示幼儿园教师资格考试效能保障问题。

---

① 王海霞：《团队互动过程对团队效能的影响研究》，博士学位论文，天津财经大学，2008年，第5页。

② Den Hartog DN, Van Muijen JJ, "Transactional versus transformational leadership: Analysis of the MLQ" Journal of Occupational and organizational Psychology, No. 19 - 34, July 1997.

③ LoweKB, Kroeck KG, Sivasu bramaniam N. "Effectivness of correlates of transformational and transactional leadership: A meta—analytic review of the MLQ literature" Leadership Quarterly, No. 385 - 425, July 1996.

3. 对效能影响因素的研究

效能影响因素的研究主要采用的是实证主义范式，探讨某一变量与效能的关系。在这些研究中，研究者们达成共识：组织内部的运行机制以及管理行为对效能有着较为显著的影响，制度内部人与人之间的关系对效能也会产生影响。这一分析路径对本研究有着重要启示：首先，要关注效能研究的组织实体，其运行方式、管理方式都是影响效能的重要因素；其次，挖掘背后更为深刻的影响因素需要研究者关注制度内部执行者的关系及其氛围，即非正式制度层面对效能的影响。例如：张丽华在其博士论文《改造型领导与组织变革过程互动模型的实证与案例研究》中就领导风格、组织氛围与领导效能之间的关系作了论证与分析，得出结论：首先，变革过程中的组织气氛对领导效能有干扰作用；其次，验证了改革型领导可通过组织气氛的改变使领导效能提升，领导者应在组织变革中，重视与"人际关系"各因素相关的领导行为。[①] 侯堂柱在其博士论文《转换型、交易型领导行为与领导效能关系之研究》中对领导行为与领导效能相关性进行分析，从领导行为对组织效能、部门效能及部属工作需求的影响进行了深入探讨，认为主管人员必须以转换型、途径目标型领导行为影响部属，才能同时兼顾领导效能中的组织效能与领导满足。[②] 牙韩高在其博士论文《高校学生社团管理中领导方式与领导效能研究》中认为中国高校学生社团管理部门的管理者要善于根据学生社团成熟度水平，权变地采取多种领导方式相结合的形式才有利于取得较好的领导效能。[③] 孟太生也在其博士论文《科研团队领导行为及其影响团队效能的研究》中认为变革型领导行为的三个维度（愿景激励、德行垂范、领导魅力）与组织公民行为和团队效能都具有显著的积极关系，而且团队沟通与团队效能之间有着积极关系。[④] 刘晓刚认为管理优先权、战略一致性、过程控制、绩效评

---

① 张丽华：《改造型领导与组织变革过程互动模型的实证与案例研究》，博士学位论文，大连理工大学，2002 年，第 104 页。

② 侯堂柱：《转换型、交易型领导行为与领导效能关系之研究》，博士学位论文，中国科技大学，2002 年，第 88—99 页。

③ 牙韩高：《高校学生社团管理中领导方式与领导效能研究》，博士学位论文，西南交通大学，2008 年，第 1 页。

④ 孟太生：《科研团队领导行为及其影响团队效能的研究》，博士学位论文，电子科技大学，2008 年，第 80 页。

价指标体系科学设置和结果合理运用等五个变量对绩效管理效能有显著的正方向影响。[①]王海霞通过对效能模型的概念界定，试图探寻团队互动过程中的维度与团队效能之间的关系。首先对团队互动过程中要素进行维度划分，并分析各种维度之间的内部关系以及作用形式，其次在此基础上分析团队效能与其各种维度的关系。[②]闫进宏通过运用问卷调查、深度访谈、层次分析（AHP）等研究方法，深入探讨了行政组织集体领导效能的内容构成，建构了领导集体领导效能的评价指标体系，并对影响群体领导效能的因素进行了探索。[③]程晋宽从学校校长、对学生的高期望、学校环境、学校使命、监督学生进步五个角度分析了影响学校效能的因素。[④]在国外，科瑞摩斯把影响学校效能的因素分为教学层面因素和学校层面因素，他在《学校效能研究的历史、价值与目的》中认为，学校效能至少分为学生个人学习及其结果层面、班级层面和学校层面，此外还有地区层面、国家层面等因素。[⑤]在2000年科瑞摩斯、希润斯和英国的雷诺兹在共同发表的《学校效能研究的理论发展》一文中把学校效能的因素分为学生层面、课堂层面、学校层面和环境层面，认为不同层面上都有影响学校效能的因素。[⑥]希润斯与博斯科在《教育效能基础》中认为课堂层面因素对教学效能的影响要大于学校层面因素，要重视课堂层面因素，使其在提高学生成就过程中发挥重要作用。[⑦]MeGrath采用"输入—过程—输出"的系统理论分析框架来探讨组织效能问题，其中输入过程包括组织成员个人因

---

① 刘晓刚：《企业绩效管理效能的关键影响因素研究》，硕士学位论文，华东交通大学，2009年，第4页。

② 王海霞：《团队互动过程对团队效能影响的研究》，博士学位论文，天津财经大学，2008年，第16—27页。

③ 闫进宏：《领导集体的领导效能及其影响因素》，博士学位论文，暨南大学，2009年，第1页。

④ 程晋宽：《影响学校管理效能的因素分析》，《教育科学研究》2008年第1期。

⑤ Creemers, B. P. M , The History, Value and Purpose of School Effectiveness Studies, in D. Reynolds, Advances in School Effectiveness Research and Practice, Oxford：Pergamon, 1994, pp. 45 – 63.

⑥ Creemers, B. P. M , Scheerens, J. &Reynolds. D , Theory Development in School Effectivness Research, The International Handbook of School Effectiveness Research, London&New York：Falmer, 2000, pp. 56 – 78.

⑦ Scheerens, J. & Bosker, R, The Foundations of Educational Effectiveness, Oxford：Pergamon, 1997, pp. 1 – 66.

素、组织因素（凝聚力、组织人员数）、环境因素（组织任务特征、奖励机制、外在环境压力等），他着重探讨了输入因素对组织效能的影响。①
Nieva 等人提出的描述性模型试图解释影响组织效能的外在条件、组织内部成员的特征以及组织的任务特征等，建立组织效能与这些因素之间的关系，同时也论证了组织系统的现实情况对组织内的成员、结构、运作方式产生影响。② Hackman 的规范性模型延续了先前描述性模型"输入—过程—输出"的研究框架，特别强调组织系统与环境资源对团队效能的影响，他不仅列出了影响团队效能的重要变量，而且对如何运用这些变量构建有效的团队提出了建议。③ Kiffin 则认为组织内的结构分工、部门之间的合作是影响组织效能的重要因素。④

4. 效能监察研究

效能监察是效能保障的重要一环，为保障与提升效能，效能需要监察制度。目前已有的研究对效能监察制度有了较为系统的论述，这在相关著作以及学位论文中随处可见。刘虹、董秀芬（2004）编著的《效能监察》、彭吉龙（2001）的《效能监察理论研究与实践》是我国较早系统论述效能监察问题的著作，毛昭晖（2007）的《中国行政效能监察——理论、模式与方法》是目前比较系统地论述公共部门效能监察的著作，他认为效能监察基础理论有效能的含义、基本原则和发展历程，效能监察组织的构建涵盖领导体制、组织设计和基本模式，并探讨了立项式效能监察模式、体系式效能监察模式及行政效能监察的考评奖惩制度。贾丹梅通过对行政效能监察机制的界定，系统论述了效能监察机制的作用机理，并以此来考察行政效能在实践中的发展现状以及存在的问题，同时结合行政效能监察机制的学理依据，对实践中存在的问题提供可操作的路径选择。⑤高东铭认为，行政效能监察有效性缺乏制度

---

① McGrath, J. E. "Social psychology: A brief introduction" New York: Holt. No. 8, May1964.

② Nieva, V. F, Fleishman, E. A, Team dimensions: Their Identity, Their Measurement, Their Relationship, Washington, DC: Advanced Resource organizations, 1978, pp. 144.

③ Hackman, Normative Model of work Team Effectiveness, CT: YaLe university, 1983, pp. 102.

④ Kiffin. PetersenS, "Trust: A Neglected Variable in Team Effectiveness Research" Journal of the Australian and New Zealand Academy of Management, No. 26, June 2004.

⑤ 贾丹梅:《我国政府行政效能监察机制研究》，硕士学位论文，电子科技大学，2008年，第23页。

保障，行政效能监察工作方法有效性亟须加强，从而从体制完善、制度建设、运行机制、队伍建设、社会监督等几个角度提出提升行政效能有效性的措施。[1]刘春海在其博士论文《中国行政效能监察制度》中从多个视角进行分析，包括基本理论、国外经验、历史分析、实践经验总结等视域来构建中国行政效能监察制度的领导体制与运行机制的基本模式。论文提出要构建中国行政效能监察制度的基本模式，需要从完善行政效能监察的法律制度、行政效能监察的领导体制、行政效能监察的运行机制形式、行政效能监察的操作性路径建设等方面入手。[2]在诸多研究中，效能监察的价值、基本原则、监察机制以及监察的制度保障对本研究中幼儿园教师资格考试效能制度保障的价值、运行机制、路径等层面内容具有借鉴意义。

5. 效能评价的研究

效能评价的研究主要从学校效能评价这个点来展开。谌启标认为很难用一致性的评价标准来衡量效能高低，因为研究者与管理者对评价标准的看法不同，学校本身环境、基础、资源等办学条件不一。他提倡从比较的角度出发，在研究学校效能高低的同时，研究个别学校效能的"进步程度"。[3]谈松华认为效能评价是过程与结果、投入与产出、成本与效益相统一的评价学校绩效的方法，制定评价指标、建立数据和信息的搜索系统、试验一套适合学校实际的考核评价方法是实施效能评价的措施。[4]孙绵涛认为学校效能就是学校促进学校工作、教师专业发展以及学校事业发展的有效作用，学校效能评价就是对三者的评价，在评价过程中应采用定量评价与定性评价相结合、过程评价与结果评价相结合的方式，同时关注学校效能评价在理念以及实践操作上的建设。[5]汤林春在其博士论文《学校效能评价研究》中对学校效能评价做了系统的研究，认为学校效能评价就是在投入资源一定的情况下，对学校促进学生发展的程度进行测量，并对其价值进行判断。在介绍几个国家的评价模式之后，提出了"多层互动评价模

①　高东铭：《行政效能监察有效性分析——以上海市 J 区为例》，硕士学位论文，上海交通大学，2008 年，第 15—34 页。

②　刘春海：《中国行政效能监察制度》，博士学位论文，吉林大学，2008 年，第 1—144 页。

③　谌启标：《学校效能研究论纲》，《教育理论与实践》2001 年第 6 期。

④　谈松华：《试行效能评价》，《中国远程教育》2004 年第 10 期。

⑤　孙绵涛：《关于学校效能评价标准和方法的两点认识》，《教育发展研究》2007 年第 10 期。

式"：一个由"学生、学校、背景"三层因素，"背景、过程、结果"三类指标构成的、涉及"教师、学生、教育资源"三种教育要素的评价模式。[①]在台湾，李皓光认为学校效能评价可分为学校发展、物资设备、校园环境、校长领导、行政管理、活动办理、气氛满意、教师教学、学生学习、社区家长等十个层面。[②]国外学者埃德蒙兹基于"如何将城市贫困学校转变为有效学校的研究"而提出的五种学校效能评价标准，即校长强有力的教学领导、教师对学生成就的高期望、强调技能的培养、安全有序的学校氛围、对学生学业进步的经常性评估。[③] 美国学者克拉克、洛托和麦卡锡把影响学校效能的变量分为六组：领导、教职员、经费、课程和教学、资源与设备、社区，并以此为指标来衡量一个学校的效能建设。[④]

效能的评价研究并不是本研究的侧重点，但通过文献整理发现其基本的价值理念在教师资格考试效能保障的研究中可供参考。例如，注重评价的过程性与结果性相结合，幼儿园教师资格考试的效能制度保障也需要从制度的制定、执行及其呈现的结果等动态的形式来分析，而不仅仅关注在效能保障的制度制定和结果静态呈现层面。此外，在效能评价的研究中，不仅要关注评价执行者以及执行机构的效能建设，还应在评价标准中关注目标群体，这就启示我们在幼儿园教师资格考试效能保障的分析中不仅要关注制度的执行主体，还要重视制度参与的目标群体。

6. 效能改进的研究

效能改进与提升层面的研究是与效能的保障密不可分的，从已有文献来看，研究者们比较关注学校效能的改进方面的研究，具体分析了管理目标、管理方式、系统管理等提升效能的策略。例如，王新如、郑文认为，组织文化与当今管理发展的大趋势相契合、与学校组织特征契合、与教师的劳动和心理特征相契合，因而可以有效提升教育效能。[⑤]孙科、张美华

---

① 汤林春：《学校效能评价研究》，博士学位论文，华东师范大学，2005 年，第 11—64 页。

② 李皓光：《国民小学学校效能评量指标之研究》，硕士学位论文，台中师范学院，1995 年，第 7 页。

③ Ronald. Edmonds, "Effective School for the Urban Poor" Educational Leadership, No. 15 – 24, May 1979.

④ Clark, D. L. Lotto, Factors Associated with Success in Urban Elementary Schools, Phi Delta Kappan, 1983, pp. 467 – 470.

⑤ 王新如，郑文：《谈学校组织文化与学校效能》，《教育科学》1997 年第 3 期。

运用系统理论探讨了高等教育管理与学校效能，认为学校效能的提出使教育管理过程中实现了管理与质量的结合、管理与发展的整合。[①] 宋俭则论述了学校实施目标管理的基本程序，认为其具体做法包括科学制定学校管理目标、完善巩固责任制、合理实施目标管理、重视人的管理、建立正确的评价机制，并指出了应注意的问题是加强对目标管理原理和方法的宣传、有针对性地制定目标、处理好短期目标与长期目标的关系、定性与定量相结合。[②] 孙绵涛则系统地论述了教育效能的改进策略，明确了教育效能改进的含义、方法、特点及原则，并从家庭、学校、社区、企业四个层面探讨了效能改进的具体对策与建议。[③] 美国学者泰得力和司特林德出版了《十年来研究学校作业的启示》，他们希望找到效能表现较高的学校所具备的基本特质，试图建立高效能学校教育模型，以对其他学校产生带动作用。[④] 克尔莫斯在《提高教育效能》中系统地分析了学校效能改进的措施与建议，在《学校效能概念论》一文中致力于对学校效能内涵进行科学厘定，以此来展开系统研究。[⑤] 英国学者艾科特在其报告《学校效能研究中的统计建模问题》中首次运用多层模型对学校效能进行了分析和研究。[⑥] 美国学者莱文对北美的学校效能与改进研究进行了回顾与评述，并在《不寻常的有效学校：研究和时间的回顾与分析》中提出了高效能学校的九个特征。[⑦] 到了 2000 年，Reynolds 相继发表了《学校效能研究的发展趋势》、《学校效能之过程》、《学校效能与改进：过去、现在与未来》三篇文章，系统地总结了目前学校效能研究的现状与热点，并对今后研究

---

① 孙科，张美华：《系统理论视野下的高等教育管理与学校效能》，《高等农业教育》2002年第 11 期。

② 宋俭：《实施目标管理提高学校管理效能》，硕士学位论文，云南师范大学，2003 年，第 8—9 页。

③ 孙绵涛：《教育效能论》，人民教育出版社 2007 年版，第 246—267 页。

④ Teddlie, C. & Stringfield, Schools Make a Difference：Lessons Learned from a Ten – year Study of School Effects, New York：Teacher College Press, 1993, p. 1.

⑤ Scheerens, J. &Creemers, B. P. M," Conceptualizing School Effectiveness," International Journal of Educational Research, No. 689 – 706, July 1989.

⑥ Aitkin. M. & Longford. N," Statistical Modeling Issues in School Effectiveness Studies", Journal of the Royal Statistical Society, Series A, No. 1 – 43, June 1986.

⑦ Levine&Lezotte, Unusually Effective School：A Review and Analysis of Research and Practice, National Center for Effective Schools Research and Development, 1990, pp. 5 – 29.

的趋势作出分析，其目的在于提高学校效能研究的学理性。[1] 以上效能改进的策略与分析为我们在构建幼儿园教师资格考试效能保障策略时提供了借鉴，即制度内的管理机构以及管理方式是提升效能不可忽视的因素，在效能保障问题上应着重分析制度内部组织的管理。

7. 效能的制度保障研究

效能的制度保障研究与本研究密切相关。从已有文献来看，研究者们基本达成共识，认为制度是决定效能高低的根本因素，希望通过完善制度来保障效能。例如，陈绍芳、王春福研究了公共政策效能无效及其补偿机制，认为造成公共政策效能无效、衰减的根本原因是制度设计上的不完善，这导致了公共权力一定程度上的垄断化、碎片化和异质化。因此，打造有利于公共政策共同体中各行为主体在平等互动基础上的有效的、全方位和深层次交往的制度性平台，实现公共权力在组织上、资源上和功能上的整合是克服公共政策效能无效、衰减的根本途径。[2] 郭蕊、王景英研究了教师效能缺失的制度性障碍及其完善路径，他们认为教师任用制度不完善、教师评价制度不合理、教师协作机制缺失是导致教师效能低效的主要原因，并从完善教师在职培训相关制度、建立教师公务员制度、建立有效的教师评价制度、构建教师团体协作机制四个方面提出提升效能的有效保障的策略。[3] 周亚越则认为，制度是决定行政效能高低的根本因素，制度缺失即制度供应不足和制度失范是我国行政低效的根本原因，因此要进一步转变政府职能和优化行政组织，调整和规范行政运行机制，并适度引入市场机制来对我国行政效能的制度进行补充和矫正。[4]

---

[1] Reynolds&Teddlie, "The Future Agenda for school Effectiveness Research" The international handbook of school Effectiveness Research, No. 44 – 56, January 2000.

Reynolds&Teddlie, "The Processes of School Effectiveness" The international handbook of school Effectiveness Research, No. 39 – 42, June 2000.

Reynolds&Teddlie, "School Effectiveness and Improvement: Past, Present and Future" Routledge international Companion to education, No. 29 – 31, April 2000.

[2] 陈绍芳，王春福：《论公共政策效能的衰减机制》，《浙江社会科学》2012 年第 3 期。

[3] 郭蕊，王景英：《教师效能缺失的制度性障碍及路径选择》，《当代教育科学》2011 年第 17 期。

[4] 周亚越：《制度补正：提高中国行政效能的根本途径》，《云南社会科学》2005 年第 3 期。

值得一提的是，制度范畴下的效能研究，研究者们除了重视正式制度对效能的影响外，还应关注非正式制度层面对效能的保障作用。例如，刘伟忠从制度中的非正式组织视角探讨了领导效能与非正式组织之间的关系，并认为通过对非正式组织的合理运用，使非正式组织的积极作用得到充分发挥，对提高行政管理实践中的领导效能具有十分重要的意义。[1] 这为本研究在对幼儿园教师资格考试效能的制度保障分析时提供了参考价值，确定了从新制度经济学分类的视角，即从正式制度与非正式制度两个层面来探讨效能保障问题。此外，刘春海在其博士论文《中国行政效能监察制度研究》中比较系统地从制度学的视角探讨了行政效能监察的保障机制，并认为需要从完善行政效能监察的法律法规依据、行政效能监察的领导体制、行政效能监察的组织形式、行政效能监察的操作性的规章制度等方面入手来建构中国行政效能监察制度的基本模式。[2]

虽说正式制度与非正式制度的分类为我们研究幼儿园教师资格考试效能保障提供了路径，但是效能除了外在的保障，还亟须完善制度本身，即考量制度本身合理性的问题。

（二）教师资格考试制度研究

1. 关于考试的研究

国内关于考试问题的学术研究队伍主要集中在华中师范大学、厦门大学、教育部教育考试中心等。主要代表性专著有：早期的《考试学引论》（于信凤，1987）、《考试制度研究》（贾非，1995）、《考试与教学》（贾非，1995）以及华中师范大学出版社系列关于考试的书籍，例如，《考试学原理》（廖平胜，2003）、《中国考试发展史》（刘海峰等，2002）、《考试社会学问题研究》（杨学为、廖平胜，2003）、《中外考试制度比较研究》（康奈美、蔡炽昌，2002）、《考试管理的理论与技术》（梁其健、葛为民，2002）等。对考试具体问题的研究，主要是以厦门大学、华中师范大学、华东师范大学的博士论文为代表，主要内容集中研究考试中的高考改革问题（包括高考的形式与内容研究、高考的公平性研究、高考招

---

① 刘伟忠：《非正式组织与领导效能》，《理论界》2006 年第 11 期。

② 刘春海：《中国行政效能监察制度研究》，博士学位论文，吉林大学，2008 年，第 43—90 页。

生研究、高考改革价值取向）；考试与教育、考试与社会关系的研究；考试的正当性、考试立法的研究；考试的命题与评价；考试的监控与治理等领域。关于考试问题研究的期刊文章主要出自《考试研究》、《中国考试》、《湖北招生考试》等杂志。通过整理，考试研究的内容具体如下：

（1）考试本体的研究

考试学作为一门科学，已经成为研究者们的共识。廖平胜通过对考试与人类社会、考试起源、考试活动的本质、考试系统、考试功能、考试原理、考试方法、考试运行、考试控制等问题的研究建立考试学原理学理理论体系。[①]于信凤则侧重从考试的特点、功能、作用、考试的设计、命题等角度来探讨考试问题。[②]贾非从考试制度存在与发展的社会轨迹、各国考试制度现状及变革以及中国考试制度改革的理论及模式等方面研究了考试制度。[③]蒋极峰则从考试的由来、考试的功能、考试与人的发展、考试的立法、考试的发展趋势等视角来探讨考试问题。[④]刘海峰则以考试制度为突破口，力求推进考试改革。[⑤]田建荣博士力图对我国考试思想史进行梳理，系统考察了不同时期、不同阶段、不同流派对考试思想的见解与总结，分析这些思想背后的历史社会、文化背景，并探讨这些背景性因素与考试思想发展演变的关系，全面呈现考试思想发展的脉络。[⑥]总体来说，以上研究者致力于建立考试学的学科体系，研究方法主要采用思辨分析法、文献法。可以说，这部分的研究为本研究在判断幼儿园教师资格考试的价值、功能、分析幼儿园教师资格考试体系时提供了学理依据。

---

①　廖平胜：《考试学原理》，华中师范大学出版社 2003 年版。

廖平胜：《论考试学的范畴、对象及其依据》，《华中师范大学学报》（人文社会科学版）1987 年第 3 期。

廖平胜：《论中国考试的起源》，《华中师范大学学报》（人文社会科学版）1991 年第 4 期。

廖平胜：《论考试系统的结构要素及其关系（上）（下）》，《湖北招生考试》2002 年第 12 期。

②　于信凤：《考试学引论》，辽宁人民出版社 1987 年版，第 24 页。

③　贾非：《考试制度研究》，四川教育出版社 1995 年版，第 45 页。

④　蒋极峰：《考试论》，吉林人民出版社 2010 年版，第 35 页。

⑤　刘海峰：《研究考试制度推进考试改革》，《湖北招生考试》2002 年第 2 期。

⑥　田建荣：《中国考试思想史研究》，博士学位论文，厦门大学，2001 年，第 1 页。

（2）教育学视域下的考试研究

教育学视域下的考试研究主要集中在科举考试、考试与教育、考试与人等问题。在科举问题层面，刘海峰的《科举考试的教育视角》一文从教育的视角研究科举，开拓"科举学"的新视野，通过对科举制的产生与勃兴、改革与发展、盛衰与革废、科举与学校的关系、科举的教育考试性质、科举考试的传统与变革等一系列问题的深入探讨，认为科举考试不仅仅具备学位考试的性质，还具备自学考试与能力测验的特质，可见科举考试与学校教育制度之间存在着不可分割的关系。① 刘海峰还总结了 20 世纪科举研究的演进大致可分为奠立基础、中心外移、兴盛繁荣三个阶段。"科举学"的热点和公案主要包括科举起源的争辩、科举废除后产生的影响、社会流动对科举产生的影响、科举的优势与弊端等问题。②

在考试与教育的关系研究中，刘清华以高考为例探讨了高考与学校教育的关系，高考与学校教育是不可分割的两个要素，高考与高中教育、高等教育有着密切联系，而高考对学校教育而言是一把利弊共存的双刃剑，通过理论建构分析高考与教育目的、教育过程以及教育结果三者之间的关系。③张宝昆认为教育与考试两者是密不可分、相互联系的关系。一方面，教育的效果需要考试来调节与检验；另一方面，考试也离不开教育的支撑，教育为考试提供前期准备与价值判断。教育是主体，考试是实现教育的一种手段。考试目标的设置应该与教育目的一致，从而使考试有着正确的价值取向，能够真正发挥其甄别教育效果的功能。④ 刘玉侠认为学校考试与学校教育的关系，即学校考试与学校教育内外部诸要素间的联系和作用，二者之间的地位是从属关系，但二者之间职能又相互独立，从这个意义上讲，二者既有从属关系又具有独立关系。⑤教育部考试中心的冯家根

① 刘海峰：《科举考试的教育视角》，湖北教育出版社 1996 年版，第 53 页。
② 刘海峰：《科举学的世纪回顾》，《厦门大学学报》（哲学社会科学版）1999 年第 3 期。
③ 刘清华：《高考与学校教育关系研究》，博士学位论文，厦门大学，2003 年，第 7—10 页。
④ 张宝昆，罗嘉福，卢明：《论考试与教育的关系》，《云南教育》1996 年第 2 期。
⑤ 刘玉侠：《学校考试与学校教育关系研究》，硕士学位论文，华中师范大学，2003 年，第 2—5 页。

认为，从我国现行各种考试的产生来看，考试与教育之间的关系大体上可概括为两大类型：首先，考试活动是依附在特定的教育体系中，考试是检验教育活动效果的一种手段，是从属于教育活动中的一个阶段和环节；其次，教育活动是围绕考试活动而开展的，考试本身独立，教育则根据考试的目的、内容与要求来开展活动，目的是获得考试的成功，教育教学活动是实现考试目的的手段，为考试服务。[①]

在考试与人的关系的研究中，鄢明明论述了大规模考试与人的关系，认为考试的要素都有育人的功能，诸要素包括考试的价值、考试的过程、考试的环境、考试的结果与改革。[②]廖平胜认为考试活动是在人的社会联系中进行的，无论是考试主体制定考试政策与实施考试方案，还是考试客体应考，都要以满足社会群体和个人的需要为根据。[③]藏铁军认为考试应以人的全面发展为导向，使人的个性特长得到发展，使学生内在的潜力得到充分发挥，考试促进个体和社会的协调统一。[④]曾跃林通过对社会考试与人的发展的探讨，提出人的发展是社会考试必须关注的核心内容，社会考试的发展以及走向成熟的前提是人与社会的和谐发展，社会考试只有坚持为人与社会的和谐发展服务这一理念，才会具有永久的生命力。[⑤]

在高考领域，考试的研究成果更为丰富，主要集中在高考的价值取向、考试内容与形式、高考的效度、高考改革等方面。欧颖认为，考试公平应该成为考试活动的首要价值取向，是考试活动价值及其开展的本源。[⑥]张耀萍博士在历史脉络梳理、国际政策比较以及实然现状剖析基础上，归纳了大学入学的考试形式与考试内容的脉络轨迹，并以考试活动改革中的参与主体利益博弈为切入点分析此种利益格局对考试内容与形式产

---

① 冯家根：《考试附属型和考试独立型：考试与教育之间关系的两种类型》，《课程·教材·教法》2000年第9期。

② 鄢明明：《大规模考试的演变与育人》，博士学位论文，华中师范大学，2003年，第14—18页。

③ 廖平胜：《考试与人的发展》，《湖北招生考试》2002年第8期。

④ 藏铁军：《考试改革与人的全面发展》，《教育研究》1995年第11期。

⑤ 曾跃林：《论社会考试与人的发展》，《继续教育研究》2006年第5期。

⑥ 欧颖：《我国当前高考改革的价值取向研究》，硕士学位论文，云南师范大学，2006年，第33页。

生的影响。① 吴根州博士把高考的效度问题作为研究对象来展开系统分析，运用 SPSS 软件对大样本数据进行处理，试图建立高考效度特征的模型以解决高考效度测量问题。② 刘海峰认为，高考是检验学生学习成果的一个手段，正确的做法不应是取消考试，而是不断提升和完善考试技术，澄清考试价值，使其真正发挥选拔与甄选的作用。③他还建议："高考改革的目标是建立统考为主、能力测试、多元评价、分类招生的高校招生考试制度；高考改革应遵循统筹兼顾、公平公正、科学高效、多样选择、循序渐进、实践可行等原则；高考改革的可选择方案有：一次考试、自主录取；分类考试、多元录取；两次考试、统分结合。"④

综上可见，教育学视域下的考试研究内容指向考试与教育、与人关系的探讨，研究者更倾向于选择高考作为研究对象，对高考的价值、内容与形式等进行论述。在研究方法上，研究者倾向采用理论思辨进行阐述，以个案研究凸显特性。考试与教育关系的分析对定位幼儿园教师资格考试功能有着重要启示：教师资格考试不应脱离教师教育，资格考试也不应成为教育的指挥棒，二者应该相得益彰，互为发展。考试与人的关系启示：幼儿园教师资格考试不仅仅是技术层面的考试，考试的价值以及内容的安排上应以人的发展为核心，这使我们对资格考试的价值定位以及内容安排进行反思。

（3）技术视域下的考试研究

技术视域下的考试研究主要是指考试内部因素的微观分析，包括命题、考试实施、评卷、分数制度、统计分析等。相关研究的代表有：凌云的《考试统计学》，针对考试统计的对象、方法、原则、步骤、检验等作出深入系统的分析。⑤雷新勇则系统地回答了大规模教育考试命题管理人员、广大命题教师关心的一系列命题和评价的基本问题，介绍了相关的技术和方

---

① 张耀萍：《高考形式与内容改革研究——基于利益博弈的视角》，博士学位论文，厦门大学，2007 年，第 12—14 页。

② 吴根洲：《高考效度问题研究》，博士学位论文，厦门大学，2007 年，第 14 页。

③ 刘海峰：《以考促学：高等教育考试的功能与影响》，《厦门大学学报》（哲学社会科学版）2002 年第 2 期。

④ 刘海峰：《高考改革的思路、原则与政策建议》，《教育研究》2009 年第 7 期。

⑤ 凌云：《考试统计学》，华中师范大学出版社 2002 年版，第 76 页。

法。他阐述了大规模教育考试设计、开发的基本问题，运用大量的试题实例，讨论了客观题和主观题的主要测量功能，并分析命题客观题和主观题应该注意的主要问题，主观题评分标准问题等，主观题评分的误差控制理论和方法。同时他又介绍了考试评价的理论和技术，包括试题分析、考试结果的信度和误差分析、效度和效度检验，在此基础上总结了大规模教育考试影响学校教学的机制，以及研究这一问题的方法和改进考试对学校教学影响的策略。[1]张雨强则系统地研究了考试中开放题编制的理论与技术，对开放题设计的影响因素、原则、程序、策略、技术方法作了详细阐述，并分析了开放题设计的技术开发和开放题答案的评价标准。[2]陈芳则对考试中的客观题命题研究作了系统的介绍，对教育考试客观题的概念进行厘定，并对其功能与特征作出进一步的澄清，分析了考试客观题的发展趋势，并根据实然现状的调查，提出一些改进客观题命题的技巧与方案。[3] 高凌飚则采用 TIMSS 和 NAEP 两大评估系统的开放题评分模式对开放题如何编制与设计作出操作性分析，使开放性试题的测量与编制更加准确。[4] 诸多考试的技术学研究在研究方法上更多涉及数理统计的量化研究，这恰恰为我们完善幼儿园教师资格考试的技术操作提供了借鉴。

（4）管理学视域下的考试研究

管理学视域下的考试研究为本研究提供了大量信息，例如，考试管理部门之间的关系、考试权力的运作以及考试体系的监控等方面的研究为幼儿园教师资格考试效能在考试的组织制度以及考试权力运作方面的研究提供了参考价值。梁其健、葛为民对考试管理的产生、演变，考试管理的结构、特性、运行机制及一般原理，考试管理的技术作了系统的研究。[5]肖

---

① 雷新勇：《大规模教育考试：命题与评价》，华东师范大学出版社 2006 年版，第 56 页。

② 张雨强，冯翠典：《开放题编制的理论与技术研究》，华东师范大学出版社 2009 年版，第 67 页。

③ 陈芳：《基础教育考试客观题命题改革与发展研究》，硕士学位论文，福建师范大学，2007 年，第 5—10 页。

④ 高凌飚，吴维宁，黄牧航：《开放性试题的编制与评分》，《人民教育》2006 年第 1 期。
冯翠典，高凌飚：《TIMSS 和 NAEP 的开放题评分技术研究》，《教育测量与评价》2010 年第 3 期。

⑤ 梁其健，葛为民：《考试管理的理论与技术》，华中师范大学出版社 2002 年版，第 53 页。

如平则以考试院为研究载体，以考试院行使考试权和执行权为研究对象，系统梳理了考试院的理论基础、人员分布以及组织权力等方面的内容，论述了考试院改革脉络和运行路径。① 王文成则系统研究了考试权，通过对中国公务员考试权的系统梳理，分析公务员考试权运行阻滞的制度和社会因素，试图探寻公务员考试权运行的新路径。② 王少非则致力于考试监控研究，目的在于通过分析框架建立监控模型来解决"谁来监控、为何监控、如何监控"的问题，并试图验证此模型的应用效应。③ 王海试图研究考试活动的治理，采用定量与定性相结合的方法，运用经济学、系统科学等理论来探究考试活动的应然状态，分析其结构与特征，以此来推测其发展趋势。此外，他还借用系统论原理来研究考试治理的模型管理，在对国内外考试管理对比与分析的基础上，根据国内现状，依据政府治理理论，提出政府、考试管理机构与市场之间的独立互助关系，并提出几者之间的运行策略。④

（5）社会学视域下的考试研究

社会学视域下的考试研究主要论述了考试社会学的学科性质、研究对象、研究的理论基础、研究思路、研究框架等。重点在于阐述考试与社会及其诸要素的关系，包括考试的社会制约性、考试的社会价值、考试与个体社会化、社会文化、社会组织、社会分层、社会变迁、社会现代化、社会心理等方面的关系。⑤

2000 年后考试的社会学研究主要集中在考试与社会控制、考试公平、考试与社会分层等方面的研究。在考试与社会控制层面，代表性的研究是

---

① 肖如平：《考试权独立的运作与困境——国民政府考试院研究》，博士学位论文，南京大学，2003 年，第 19—208 页。

② 王文成：《论当代中国公务员考试权的运行与控制》，博士学位论文，华中师范大学，2008 年，第 1—4 页。

③ 王少非：《校内考试监控研究》，华东师范大学出版社 2009 年版，第 68 页。

④ 王海：《现代社会的考试活动治理研究》，博士学位论文，天津大学，2003 年，第 1 页。

⑤ 程凯，王卫东：《考试社会学概论》，河南大学出版社 2000 年版，第 75 页。

刘芃：《考试社会学刍议》，《中国考试》1992 年第 3 期。

程凯：《"考试社会学"研究刍议》，《河南大学学报》（社科版）1995 年第 1 期。

于信凤：《关于考试社会学研究的思考》，《辽宁高等教育研究》1997 年第 1 期。

杨为学，廖平胜：《考试社会学问题研究》，华中师范大学出版社 2003 年版。

郑若玲博士的《考试与社会之关系研究——以科举、高考为例》，她对考试的功能进行系统阐述，分析考试的教育、文化及经济等功能，论证了考试的社会属性，对社会发展有着促进作用。在此基础上以现代高考为个案，梳理高考发展脉络，发现高考改革现存之困境，对高考成为社会矛盾聚焦进行解析，得出高考与现在社会发展之间的密切关系，最后通过分析公平、考试、社会三者之关系，考察发展变迁中考试变革的公平动机，探讨了考试长期存在的社会原因及考试社会的价值取向。[①] 在考试与社会控制研究中，张行涛博士提出考试的"世界概念"，考试世界中充斥着权力，统治阶级正是通过考试来控制社会成员以维护其统治。[②]张宝昆甚至认为国家大规模考试对社会的进步与发展有着重要作用，有着调节社会矛盾的功能，是维护社会稳定的独特的、重要的政治手段，也是缓解各种社会阶层利益冲突的重要途径。[③]

有关考试公平的研究相对较多，李立峰博士针对我国高校招生考试中的区域公平问题进行研究，提出了一种基于复合正义论的教育公正观，对高等教育入学制度的公正概念、特征、原则、策略等进行分析，再通过历史发展的考察和国际对比的研究，分析高等教育在入学环节出现不公的原因以及改善策略与方案。[④]王后雄博士则从政策学视角研究高考的公平性，围绕着"政策视角下的高考公平，高考公平的原则及标准，高考公平的现状、问题与原因，高考公平如何实现"这四个问题依次展开论述，在制度化背景下提出具有操作性的建议与策略。[⑤] 王俊武分析了考试公平的概念及其价值意义，并对影响考试公平的因素进行论述，以此为基础提出

---

① 郑若玲：《考试与社会之关系研究——以科举、高考为例》，博士学位论文，厦门大学，2006 年，第 85—319 页。

② 张行涛：《必要的乌托邦——考选世界的社会学研究》，北京师范大学出版社 2003 年版，第 46 页。

③ 张宝昆，冯用军：《大规模教育考试控制社会冲突功能的政治学分析》，《湖北招生考试》2004 年第 8 期。

④ 李立峰：《我国高校招生考试中的区域公平问题研究》，博士学位论文，厦门大学，2006 年，第 29 页。

⑤ 王后雄：《我国高考政策的公平性研究》，博士学位论文，华中师范大学，2008 年，第 17—212 页。

了实现考试公平的有效途径。① 刘海峰则辩证地探讨了高考改革中的公平与效率问题，认为高考改革的发展趋势是从效率优先走向公平优先，继而走向公平与效率的兼顾与平衡。② 苏尚峰根据教育公平理论，以形式公平到实质公平为价值参照，对考试的起点、过程、结果的公平问题进行深入思考和分析，反思了教育考试的程序公平背后可能隐含的实质不公。③ 谢小庆从程序公平、条件公平、事实公平三个方面讨论了考试的公平性。④ 郑若玲则以科举考试经验为参照，讨论了高考录取中的地域公平和考试公平的两难问题。⑤ 在考试与社会分层的研究中，张宝昆探讨国家级大规模考试对社会分层的控制功能及其表现形式，研究结论表明："国家级大规模考试通过对人的控制来达到对考试本身、教育结构和社会结构的控制，最终通过分层功能体现能力在社会分层中的重大作用。"⑥

通过对考试社会学大致发展过程的分析，可以看出考试的社会研究从考试与社会关系的宏观层面逐渐过渡到考试公平、考试分层等微观层面。社会学视域下的考试研究传达着考试的本质理念，即考试公平问题，这部分文献对本研究分析幼儿园教师资格考试制度的合理性具有重要的借鉴意义。

2. 教师资格考试制度研究

幼儿园教师资格考试是教师资格制度的重要环节。因此在文献梳理中，以教师资格制度、资格认证、资格考试、考试等为关键词搜索查阅文献，共搜集相关文献 500 余篇，公开出版相关研究的著作 10 余本。根据中国期刊网的统计，关于幼儿园教师资格考试制度的文章 10 余篇，即可供参考的直接文献少之又少。关于教师资格认证的论文 90 余篇，关于教师资格制度的论文 140 余篇，对我国各省市教师资格制度实施的介绍有 90 余篇。对国外一些国家教师资格考试制度的研究部分内容存在于相关

① 王俊武：《考试公平内涵、现状及对策探究》，《中国考试》2011 年第 5 期。

② 刘海峰：《高考改革中的公平与效率问题》，《教育研究》2002 年第 12 期。

③ 苏尚锋：《考试的起点、过程和结果公平》，《湖北招生考试》2006 年第 10 期。

④ 谢小庆：《考试如何才能公平》，《教师博览》2004 年第 2 期。

⑤ 郑若玲：《考试公平与区域公平：高考录取中的两难选择》，《高等教育研究》2001 年第 11 期。

⑥ 冯用军，张宝昆：《国家级大规模考试控制社会分层功能的政治学分析》，《湖北招生考试》2005 年第 4 期。

教师资格制度的论文中，其中关于美国教师资格制度的介绍有 90 余篇，英国教师资格制度的研究有 10 余篇，日本教师资格考试制度的研究有 30 余篇，德国教师资格制度的研究有 10 余篇，中外各国教师资格制度比较的研究有 30 余篇。在诸多文献中有部分文章零星地提到关于教师资格考试的相关研究。就目前来看，缺少以专著形式对教师资格考试制度进行的系统研究，而由北京师范大学出版社发行的第二届教师资格制度国际学术研讨会论文集《教师资格制度的选择与理论建构》则是以论文的形式收集了国内外目前一些关于教师资格制度的前沿研究。近些年的专著中关于教师专业发展的研究较多，但以教师专业化为背景来阐释教师资格考试制度的研究则较少，部分著作中介绍了教师资格制度的内容。例如，刘捷所著的《专业化：挑战 21 世纪的教师》和教育部师范教育司组织编写的《教师专业化的理论与实践》中关于教师专业化研究的框架则用专门章节阐述教师资格制度。贺祖斌等著《教师教育：从自为走向自觉》和中国学前教育发展战略研究课题组著《中国学前教育发展战略研究》中也涉及教师资格和幼儿园教师资格制度等研究。在介绍国外教师资格制度的著作中，郭志明的《美国教师专业规范历史研究》和秦立霞的《美国教师资格认证制度》中介绍了美国教师资格认证制度的历史演变、现状与特点、效应等相关研究，在土屋基规的著作《现代日本教师的养成》中零星涉及日本教师资格制度问题。具体内容如下：

（1）教师资格考试制度研究范式分析

教师资格考试制度的文献是本研究重点要考察的部分，该领域的研究范式与方法论有助于我们厘清目前教师资格考试制度的研究趋势与样态。总的来说，呈现出以下两个特点：

首先，教师资格考试制度的研究以经验分析为主，缺少针对性的实证分析。经验分析的优点在于通俗易懂，由于我国幅员辽阔，教师资格考试在不同的地区、省份的实施办法不尽相同，研究者们介绍各地的具体做法的文章较为多见，并以此为依据来总结我国教师资格考试制度总体的情况，倾向演绎—归纳的路径。在文献整理过程中，研究者较少看到某一地区或省份采用实证调研来获得该地区教师资格考试制度情况的研究方式。研究中缺少实证和真实的数据，就缺乏了获得总结经验的证据，显得研究整体不厚实、不严谨。

其次，教师资格考试制度的研究重视移植引入，缺乏本土研究。在文献查阅中发现，教师资格考试制度通常看重介绍国外的相关理论与方法（这类研究尤其以学术论文为主），轻视本土教师资格考试制度的整理和实践的研究，尤其是缺乏将外国教师资格考试制度与我国教师资格考试制度进行社会政治的、经济的和历史的对比分析，而仅仅是简单的移植。中西方之间因不同的历史与现实状况而存在着各自的特殊性（例如，中西方政治体制的不同带来教师资格考试管理职能的不同），教师资格考试制度的研究必须从我国的实际情况出发，在批判地借鉴和吸收国外相关成果的基础上，实现研究的本土化，才能推进我国教师资格考试制度的建设。

（2）关于教师资格（考试）制度的价值研究

1996 年至 2000 年是我国教师资格制度的起始阶段。陈振华在 1996 年就探讨了教师资格制度的意义，他认为由于教师的流动与教师来源渠道的扩大，缺乏对准入教师的规范和要求，因而要求有个统一的任职资格依据，建立教师资格制度。①包秀荣认为，实行教师资格制度是加强教师队伍法制化建设的重要措施，是提高教师专业素养，提升教育质量的重要保障，这也是吸引优秀人员进入教师队伍的重要途径，有利于教师专业地位的提升。②钱怀瑜、陈进卫认为，实行教师资格制度一方面是落实教育优先发展战略的重大措施；另一方面使得教师资格考试的管理有法可依，使其更加规范。教师资格制度的实行，不仅能提高教师队伍的整体素质，还能促进师资管理的廉政建设。③这一阶段关于教师资格制度的研究仅仅关注教师资格制度本身的价值，并没有放在一个生态系统中去探讨。

从 2000 年到 2005 年，研究慢慢关注教师资格制度与教师培养制度，教师资格制度与教师进修的关系，教师资格制度与教师教育制度的衔接，

---

① 陈振华：《我国实行教师资格证书制度必要性之辩护》，《江西教育科研》1996 年第 2 期。

② 包秀荣：《我国教师资格制度的形成及其意义》，《内蒙古民族师范学院学报》1996 年第 4 期。

③ 钱怀瑜，陈进卫：《论实施教师资格制度的重要意义》，《渭南师专学报》1998 年第 1 期。

教师资格制度与师范体制改革等方面的研究①。研究重心从仅仅关注教师资格制度本身逐渐过渡到教师资格制度与相关制度建设关系的问题，更为系统化、生态化地去探讨教师资格制度的价值问题。

关于教师资格考试价值的问题，杨建华认为，教师资格考试是职业资格考试中的一种，是国家法律规定下的考试，完善教师资格考试制度对建设教师资格制度、选拔合格的教师、提高教师的素质水平以及教育质量水平有着重要的意义。②也有研究者认为，教师资格考试是我国教师队伍建设的一项创新举措，是多渠道培养教师的制度保障。实施教师资格考试制度，使有志于从事教师职业的社会优秀人员可以通过教师资格考试的途径来获得教师资格，在准入环节严把关，从而把高质量的人员加入到教师预备队伍的行列中来，改变长期以来我国教师培养渠道的单一性。③由此可见，研究者大多认为教师资格考试是教师资格认证环节中的重要部分，对于选拔优秀的教师，提升教师队伍的整体素质有着不可忽视的作用。

（3）教师资格（考试）制度的法律、政策体系研究

目前我国教师资格制度可借鉴的法规有《教师法》、《教育法》、《教师资格条例》、《〈教师资格条例〉实施办法》、《教师编制标准》、《教师聘任办法》等。研究者们一致认为目前教师资格制度的法律、政策体系并不完善，主要表现在两个方面：一是目前支撑教师资格制度的法律体系本身不完善，没有专门的关于教师资格制度与考试制度的法律文件；二是现有的法律法规在实践层面上实施不够完善。龙英认为，教师资格制度法律规范并不完善，在一定程度上影响了教师资格认证的实施效果。在实践

① 孔晓东：《教师资格制度与教师教育制度衔接问题的思考》，《职业时空》2007年第9期。

王宪平，唐玉光：《教师资格制度与教师教育制度关系研究》，《教师教育研究》2003年第9期。

赵光辉，郑洪江：《教师资格制度与教师教育制度衔接问题的研究》，《吉林师范大学学报》（人文社会科学版）2005第12期。

吴全华：《意义与问题——对我国教师资格制度的解读》，《华南师范大学学报》（社会科学版）2001年第4期。

② 杨建华：《实行教师资格国家考试的必要性及具体设想》，《集美大学学报》2007年第4期。

③ 余人胜，冯家根，陈睿：《完善我国教师资格考试制度的构想》，《考试研究》2005年第7期。

领域我国教师资格制度建设还有待提升，更多地停留在法规文本层面，法规文本的内容宽泛不聚焦，在实践层面很难开展，操作性不强，因而操作性强的教师资格考试、认证等法律法规体系还有待完善。① 刘敏认为，教师资格制度严格的落实缺乏系列法律法规的完善，目前有关教师资格制度建设的法规还停留在国家层面，对各地的要求则不太明确，各个地方根据自身特点应在具体的执行过程中作出相应的调节与补充。② 林锦征认为，我国在《教师法》和《教育法》中设定了教师资格制度，并通过《教师资格认定的过渡办法》、《教师资格条例》、《〈教师资格条例〉实施办法》等法规在不同阶段开展了教师资格的认证工作，这在法理上是一脉相承的，但是在实践上，由于相关行政法规出台的滞后，使法律设定的程序在操作上出现了脱节的现象。③ 刘立认为，作为一种法律制度，教师资格制度要严格依法进行，就目前教师资格制度的法律法规建设情况而言，尚不能对教师资格考试的执行保驾护航，因而需求系统操作的法律法规体系建设。④ 由此可见，研究者已经意识到教师资格制度的建设需求全方位的法律以保障效能，但对于教师资格考试效能与法律保障的关系没有系统的论述，缺少分析的起点。

（4）对教师资格认定条件与标准的反思

目前教师资格考试的认定条件偏低，未能体现出教师应有的专业水平，影响了教师人才的选拔。张贤斌认为，目前我国的教师资格考试与认证标准都比较笼统，操作性不强，以学历考试与认证为主，降低了对教师资格的审查，很难考查教师的专业水平；而非师范院校毕业生的考试，主要以测试教育理论知识为主，缺乏对学科专业知识和教学能力的有效评估，难以保证学校录用教师时能选择到真正符合教师资格的条件者。⑤ 王

---

① 龙英：《我国教师资格制度的问题及其改革对策研究》，硕士学位论文，东北师范大学，2008年，第1页。

② 刘敏：《关于我国教师资格制度及其实施的研究》，硕士学位论文，华东师范大学，2002年，第38页。

③ 林锦征：《关于我国推行教师资格制度有关问题的思考》，《广东技术师范学院学报》2003年第2期。

④ 刘立：《教师队伍整体素质的制度保障》，《湖北教育学院学报》2002年第12期。

⑤ 李子江，张斌贤：《我国教师资格制度建设：问题与对策》，《教育研究》2008年第10期。

森认为，目前我国教师资格考试效能存在一定问题，准入门槛较低，考试程序简单，形式单一，教师资格考试管理机构专业性不强，做不到所谓的择优入岗，而对师范生的资格认定缺乏对教师教育实际能力的有效考核与检测，非师范生的考试缺乏统一的考试标准，尤其对教师的师德与心理素质考察较为缺乏，不能体现教师专业的整体性。[1]潘黎、邹群认为，现行的申请资格对学历条件的要求普遍偏低，教师的学历水平代表着一个国家的教育水平，没有一定的学历要求，也就无法保证教师的基本质量。[2]

（5）教师资格认证组织与机构的研究

教师资格考试与认证机构是教师资格制度运行的重要载体，在我国，县级教育行政部门负责认定幼儿园、小学和初级中学教师资格，凸显出教师资格考试管理的行政性取向。虽然我国教师资格的管理机构会聘请教师教育与管理的研究人员和专业人员，但其作用的发挥离不开教师资格考试管理行政机构的权力约束。在某种意义上，教育行政管理部门是考试和认证机构的控制机构，目前我国教师资格制度的专业团队是依附于教育行政部门的，研究者们对教师资格认证管理的研究主要集中在关于教育行政部门与学术部门关系的探讨。尹志梅认为，教育行政机构与办学单位或学校之间的关系是一种管理者与被管理者的关系，在此种关系影响下，教育行政机构有着身份的优势与管理权力，会在教师资格考试的管理层面具有操控性，而其他专业团体的职能就得不到体现，这使教师资格考试机构的管理布局呈现一元性，不利于其效能长远的建设。[3] 龙英认为，教师资格的认定机构如果仅仅是教育行政部门会显得单一与孤化，单一主体性的教师资格管理机构的管理效能也会大打折扣，不能取得多方的认同。[4] 虽然《教师资格条例》中对教师资格的管理有一些规定，但由于其中的管理细则还没有完全建立，管理机构的权限范围、管理内容、管理原则和管理方

---

[1]　王森：《关于教师资格制度的思考》，《教育与职业》2007年第3期。

[2]　潘黎，邹群：《试析我国教师资格制度改革》，《中国教育学刊》2012年第5期。

[3]　尹志梅：《20世纪80年代以来美国中小学教师资格制度的改革及对我国的启示》，硕士学位论文，东北师范大学，2006年，第31页。

[4]　龙英：《我国教师资格制度的问题及其改革对策研究》，硕士学位论文，东北师范大学，2008年，第26—27页。

法不够明确，造成管理不到位、脱节等诸多现象。① 部分学者就理想的教师资格管理部门的建设提出自己的观点，比如，吴飞燕认为，国家应该建立专门的教师资格认定机构，该部门主要由教育部牵头，聘请专业的研究者，形成专业团队。上述文献中，学者们就教师资格考试制度组织管理机构的功能分析基本达成一致：首先，教师资格制度的管理离不开政府宏观政策的保障；其次，应该有专业性的教师资格考试制度认证部门，有明确的管理责权，主要以技术性人员和专业学者为主，改变完全受制于教育行政部门的局面。但值得一提的是，教师资格考试制度管理部门具体的责权划分、管理运营机制以及内部具体流程并没有系统的实证研究，且缺乏关于教师资格考试制度认定机构与政府之间、教育行政部门之间关系的学理性探究。

（6）对教师资格融通性的反思

俞启定通过对比不同阶段教师专业特性的差异性，认为教师资格制度中向下融通的现象是不可取的，这种做法忽视了各类教师教育教学能力的特点，忽视了各个阶段教育的特殊性。他认为简单的融通看似便于管理，实则造成教师资格考试的针对性不强，为了加强教师资格考试的针对性，增强教师资格考试效能，就不应该形成简单的融通关系。② 李子江、张斌贤则就学科融通性问题提出质疑，认为教师资格适用范围规定不严谨，对学科融通没有作出具体规定，并且融通的价值理念本身就存在一定的问题，忽视不同学段之间的差异，造成教师随意跨学科授课现象屡见不鲜。③ 鲁素凤等人认为现行教师资格在种类和融通性方面具有一定缺陷，在教师资格种类划分层面上没有全面地反映我国教育机构的实际状况，国家应该对教师资格种类科学划分，在教师资格融通性问题上有全面、明确的要求。④研究者们普遍认为目前的教师资格考试与资格制度的融通性存

---

① 李立峰：《关于教师资格认证制度的文献综述》，《教育教学研究》2008 年第 4 期。

② 俞启定：《中国教师资格制度研究报告》，《全国教育科学"十五"规划教育部重点课题》2008 年，第 36—37 页。

③ 李子江，张斌贤：《我国教师资格制度建设：问题与对策》，《教育研究》2008 年第 10 期。

④ 鲁素凤，杨建华，沈惠君：《我国教师资格有效性存在的问题及其对策》，《教师教育研究》2005 年第 1 期。

在一定的问题，没有体现出教师资格考核的特殊性，影响了教师资格考试的效能建设，忽略了不同学段的特殊性。这部分内容对本研究中分析教师资格考试效能保障，教师资格考试制度自身合理性的规范性上有一定的借鉴作用。

（7）对教师资格时效性的反思

俞启定认为"一考定终身"的教师资格考试制度存在着弊端：忽略教师专业发展中的规律性，无法调动教师专业发展的积极性；无法形成有效的管理机制与激励机制；不利于教师继续教育、终身教育理念的发展。① 鲁素凤等人认为教师资格终身制不符合教师专业进步的持续性与阶段性原则。教师专业发展过程是教师个体不断接受新理念、新知识、新技能的过程，是一个不断更新的过程，而终身制意味着教师一旦取得教师资格后，资格考试制度就对教师失去了应有的作用，不利于教师的专业发展，容易形成专业惰性。② 杨瑾、余艳更是犀利地洞察到教师资格"终身制"违背教师专业发展的规律，与时代对教师的要求不符，不利于教师形成终身学习的理念，从教师的长远考虑来看，对其专业发展极为不利，教师资格"终身制"与当今职业资格制度的基本规范和国际惯例不符，与世界教师资格制度难以接轨。③ 李国庆、李雯认为，当前不分级别、终身有效、全国通用的教师资格制度是令人质疑的，而应对教师资格进行分级别认定，目的是对内促进教师专业发展，对外提高教师职业专业化的程度。④ 学者们对教师资格证书的终身制持否定态度，试图在探寻能够形成激励机制的考试与认证制度，变结果性考核为过程性考核，逐渐形成分段式认证与考试。

（8）教师资格制度保障的研究

关于教师资格制度保障的研究，有的研究者从资格立法角度探讨，有的从政府职责角度论述，也有的研究者认为教师资格制度需要系统的保障

---

① 俞启定：《教师资格再认证问题研究》，《教师教育研究》2006 年第 11 期。

② 鲁素凤，杨建华，沈惠君：《我国教师资格有效性存在的问题及其对策》，《教师教育研究》2005 年第 1 期。

③ 杨瑾，余艳：《教师资格定期认证制度研究》，《人民教育》2006 年第 20 期。

④ 李国庆，李雯：《构建我国教师资格分级别认定制度的探析》，《教师教育研究》2006 年第 7 期。

体系。刘敏认为，我国教师资格制度的实施需要若干配套政策跟进。首先，健全教师资格制度的法律法规，并有效地执行；其次，提升教师待遇是推动教师资格制度实施的强大动力；最后，建立教师资源配置的有效机制。[1] 刘立认为，教师资格的法律认定是教师队伍整体素质的制度保障。[2] 詹亚、孙勋悦在《教师资格的立法与现实思考》一文中就教师资格立法的必要性及其意义、教师资格立法的内容及问题分析等诸多层面作出重要论述。[3] 黄知荣在《教师资格制度实施的保障机制初探》一文中更是较为系统地从法律保障、组织保障、制度保障、宣传保障、自我保障五个角度阐述了教师资格制度的保障机制。[4] 可以看出，研究者们对教师资格考试的制度保障进行分析时，侧重于探讨法律法规建设的重要性，但具体的保障路径略显单薄，除了法律法规的保障，其他层面的保障分析较少涉及。

（9）国外关于教师资格考试制度的研究

首先，国外较为关注教师资格考试制度存在的问题。教师资格制度在国外开始得较早，也日渐成熟，因此部分学者对教师资格考试取得的成果以及不足作出了判断。芭伲在其著作《重建教师资格证书》一书中着重分析现行的教师资格制度在实施过程中存在的问题，基于此来提出今后教师资格制度建设的新路径。[5] 在《各州为什么需要修正教师资格认证》一文中则针对美国目前的教师资格考试、认定以及教师的专业成长等方面存在的问题进行剖析，并认为在教师准入环节，目前的考核标准不能发挥其选拔教师的作用，效能不显著，亟须国家通过专业团体来制定教师资格考核标准以提升教师准入质量，确保教师队伍的专业性。[6]

其次，关于教师资格考试制度的效应评估研究。该领域研究的一个切入口是分析教师资格认证制度与学生学业成就的关系问题。在一所学校

---

[1] 刘敏：《关于我国教师资格制度及其实施的研究》，硕士学位论文，华东师范大学，2002年，第42—49页。

[2] 刘立：《教师队伍整体素质的制度保障》，《湖北教育学院学报》2002年第12期。

[3] 詹亚，孙勋悦：《教师资格的立法与现实思考》，《宜宾学院学报》2005年第2期。

[4] 黄知荣：《教师资格制度实施的保障机制初探》，《咸宁师专学报》2002年第4期。

[5] Baines, Lawrence A, Deconstructing Teacher Certification. Phi Delta Kappan, 2006, pp. 326 – 328.

[6] soler, stephanie spectrum, "Teacher quality is job one: Why states need to revamp Teacher Certification" Journal of State Government, No, 23 – 27. May 2007.

中，如果教师群体的学历和教育经验丰富，那么学生的退学率较低；相反，学生的退学率则较高。通过教师资格考试考核的教师普遍来讲学历较高、受教育程度高，可以保障学生更高的在校率。[①] 还有研究者通过问卷方式调查加州 795 所普通高中发现：数学教师的专业素养与学生的数学成绩有着密切关系，由于缺乏通过数学教师资格考核的教师导致了学生的数学成绩较其他州的有显著差异。[②] 有研究者对 65 个分别在两种证书领域的教师进行对比，研究发现年级高低对教师资格证书并没有显著影响，只要是教师获得了教师资格证书，其对学生的各个层面的积极影响都要比没有获得教师资格证书的教师要高。[③]

再次，关于教师资格考试标准设置问题。在国外，研究者们都非常重视资格考试标准的设置及其适宜性分析，大家一致认为教师资格考试的标准在很大层面上决定着考试的内容及其走向。例如，通过教师资格考核标准的设定与改革来分析其对学生学习与成绩的影响，以此判别教师资格考核标准的适宜性。[④] 此外是教师资格标准的适用性问题，各地在采用相关标准选拔新教师的时候都面临一些困惑：确定考核标准的依据具体是什么？如何进行量化？怎么把具体的考核指标转化为考核内容？教师资格考试的信效度如何判定以及资格考试的适用范围如何确定等问题。[⑤] 伯克等人的研究中通过实证分析来探寻影响教师教学效能的因素，并试图建立模型来确定变量之间的关系，并把该模型应用在新手教师的选拔上，把这些作为教师资格考核标准制定的重要依据有着很强的适宜性。[⑥]

最后，教师资格考试的内容分析。国外的教师资格考核主要以能力和

---

① Fetler, "Student mathematics achievement test scores dropout rates, and teacher characteristics" Teacher Education Quarterly, No, 151 –168. June 2001.

② Greenwald, " The effect of school resources on student achievement" Teacher Education Quarterly, No, 113 –145. March 2002.

③ Bond, Jager, Smith, Accomplished teaching validation study. Retrieved, From http://new. nbpts. org/Press/exec – summary. pdf, 2012 – 11 – 20.

④ Murray, "From consensus standards to evidence of claims: Assessment and accreditation in The case of teacher education" New Directions for Higher Education, No. 49 – 66, Apri 2001.

⑤ Youngs, Odden, Porter, "State policy related teacher licensure" Educational policy, No, 10. May 2003.

⑥ Burke, Karen, "Teacher Certification Exams: what are the predictors of success?" College student Journal, No, 784 – 793. May 2005.

知识考核为重点，例如：美国各州的考试重点，仍为技巧和知识，前者如
基本技巧、教学技巧等，后者如一般知识、学科内容知识等。[①] 也有研究
者提出教师在情境处理过程中还包括了自身信念、态度、情感等要素，因
而在教师资格考核的过程中不可忽视准教师的情感、态度与信念。[②] 斯瑞
文认为教师的评鉴不仅关注教师个人的基本素养，还应该关注教师对周围
环境的责任态度，因此他提出以"职责为基础的教师评鉴"，具体包括：
学科知识、教学能力（包括沟通能力、班级经营能力、课程发展能力和
评鉴能力）、评价（包括测验、评分和报告）、专业（包括伦理、态度、
专业发展、服务、职责知识、学校及其脉络知识）、对学校和小区的服
务。[③]可以看出，在教师资格考试内容层面，研究者们不仅仅关注知识的
考核，更为看重教师的专业能力水平，随后逐步涉及教师的情境处理，甚
至还包括教师的信念、态度等关乎教师职业特质的因素，这对本研究在讨
论教师资格考试内容设置方面有着重要的借鉴意义。

　　总体来看，国外对教师资格考试制度的研究更多采用实证主义范式，
多采用量化研究方式，主要通过问卷法来获取变量之间的关系。在具体的
研究问题上，国外研究者论述了教师资格考试制度存在的一定问题，例
如：标准定位不准确、认证效果不明显等。但国外教师资格考试制度较为
看重效果评估，通常根据通过资格考试的教师与学生成绩关系分析来进行
效果评估，但国外对教师资格考试制度自身的评估研究却较少。此外，国
外研究者关于教师资格考试标准的适宜性分析、教师资格考试内容考核的
分析可以为本研究在论述教师资格考试形式合理性时提供参考。

　　（三）研究述评

　　通过对效能研究、考试研究以及教师资格考试制度的文献梳理，研究
者从研究范式、研究内容、研究视角、研究方法四个层面来对文献进行总
体述评：

---

　　① Leibbrand J，"High quality routes to teaching：our children are worth it" Quality Teaching，No，6 – 7. September2000.

　　② Dwyer A，Stufflebaem，Teacher evalution，New York：Macmilan Library Reference，1996，pp. 187.

　　③ Seriven M，The methodology of evaluation：Perspectives of curriculum evaluation，Chicago：Rand Mc Nally company，2003，pp. 39 – 83.

1. 研究范式

总体而言，该领域的研究范式略显单一性。要么是经验描述，还不能上升到系统的理论分析；要么是实证分析（量化研究），侧重教师资格考试变量与某一变量的关系，将教师资格考试与某一因素的关系简化，在国外的研究中，实证主义范式则更为明显。研究者认为幼儿园教师资格考试效能研究作为资格考试制度研究中的主体，不仅仅是对国外资格考试制度的介绍，或者我国各省市资格考试制度的经验总结，还应该通过系统的理论思辨探讨该领域的学理问题。此外，由于我国幅员辽阔，各地教师资格考试不一，因此不可能采用完全量化研究的模式来建立教师资格考试效能研究的模型，而应是有针对性、特殊性地选取个别省市来进行深度分析，这也为学理研究提供现实依据。因而，采用意义探究的质性分析来获取一手的教师资格考试制度执行情况的资料是不可忽略的一种研究方式。鉴于此，本研究首先通过理论思辨来建立幼儿园教师资格考试效能保障的分析框架，再根据建立的分析框架，选取某一城市的资格考试制度为研究对象，通过访谈、文本分析等方式获得教师资格考试制度制定、执行、反馈等环节的一手资料，通过理论思辨与调查研究（质性）试图对幼儿园教师资格考试效能保障问题作出全面、系统的分析。

2. 研究内容

就效能的研究内容来看，以往的研究者着重探讨了效能的影响因素、效能的评价、效能的监察、改进与保障几个层面，尤其是从正式制度与非正式制度两个角度来分析已有效能保障的研究，为本选题的分析路径提供了支持。但总体来看，效能保障研究只是在以往的研究中零星提及，还不能形成系统研究。就教师资格考试制度而言，目前的研究主要在探讨制度的价值、教师资格考试制度存在的问题、教师资格考试制度中各个要素的分析，关于幼儿园教师资格考试效能的研究在国内较为缺乏，而在国外的研究中，则是以分析通过教师资格考试的教师与学生学业成绩的关系来判断教师资格考试的效果，而对教师资格考试自身效能建设问题则不多见。本研究以幼儿园教师资格考试效能保障为基本问题，以"制度分析"为视角来探讨效能保障问题，试图将制度作为一个整体来分析幼儿园教师资格考试效能保障问题。

3. 研究视角

关于效能保障的研究，更多是从心理学、管理学、社会学的视角来展开对效能评价、监察、测评等方面的研究，而从制度分析这个视角并不常见。研究者在分析文献中发现：效能的建设与保障问题离不开制度的规范与约束，但缺少以制度分析为视角的系统研究。我们通过对制度范畴的整理，拟从制度合理性分析、新经济制度学的制度分类视角（正式制度与非正式制度）来对幼儿园教师资格考试效能保障问题进行分析与探讨，希望能够从制度分析视角完善教师资格考试制度建设。

4. 研究方法

从前面的文献梳理分析，既有的研究或采取思辨研究，或采取经验总结或者量化调查研究，这些研究对揭示该领域的问题有其适切性。但教师资格考试效能保障的研究是一个较为庞大的系统，系统之间应然关系与实然关系较为复杂，依靠单一的某种方法很难揭示其内在关系，思辨研究与质性研究的结合更有助于揭示其内在关系。综上所述，本研究试图根据已有文献对幼儿园教师资格考试效能保障研究进行学理分析，在此基础上，以某市的幼儿园教师资格考试制度为个案，通过访谈法、文本分析法等获取实证材料以辅助学理分析，系统全面地展现幼儿园教师资格考试效能保障的立体图景。

四　研究设计

（一）研究目的与研究内容

1. 研究目的

本文的研究目的：第一，基于制度分析视角对幼儿园教师资格考试效能保障进行较为系统、深入的研究，希望能够填补目前国内在这一领域中研究的不足，为进一步提高我国幼儿园教师资格考试效能，保障和实现我国幼儿园教师选拔的科学性提供有益的参考和建议；第二，从制度分类视角建立幼儿园教师资格考试效能保障的分析工具，通过调查系统地分析与论述当前幼儿园教师资格考试效能所存在的问题，以期为我国幼儿园教师资格考试效能的提升与保障提出切实可行的制度建设路径。

2. 研究内容

（1）幼儿园教师资格考试寄效能保障的分析框架；

（2）幼儿园教师资格考试效能保障的制度合理性分析；

（3）正式制度保障下的幼儿园教师资格考试效能及其表现；

（4）非正式制度保障下的幼儿园教师资格考试效能及其表现；

（5）幼儿园教师资格考试效能制度保障的构建策略。

如图 1 所示：

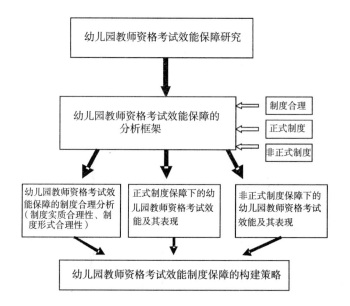

图 1　研究内容框架示意图

（二）研究意义

1. 理论意义

（1）丰富幼儿园教师专业发展的理论研究，促进教师教育一体化。本研究主要从幼儿园教师专业发展的准入环节来展开分析和探索，通过对幼儿园教师资格考试效能这一个"点"的研究来促进幼儿园教师资格制度建设这个"面"的研究，以此来提升我国幼儿园教师在准入环节的规范性，在"入口"上提升幼儿园教师的质量，形成职前、准入、职后培养的有机结合，促成幼儿园教师教育一体化，丰富幼儿园教师专业发展的理论。

（2）深化教师资格考试制度研究。一般教育研究倾向于规避制度问题，认为制度是一个非教育学问题，把制度当作一种外生变量，认为是教育行政部门制定并规范和约束教育活动和行为的框架。以往的幼儿园教师资格考试制度研究要么是文本的解读，要么是把制度分解成目标、内容、程序、原则、方法等要素。本研究力图突破这种范式，从制度分析视角来研究幼儿园教师资格考试效能问题，可以全面加深对幼儿园教师资格考试制度的认识，丰富教师资格考试制度的理论研究。

（3）从制度分析视角研究幼儿园教师资格考试效能保障，丰富了效能的相关理论研究。正式制度保障能有效提升幼儿园教师资格考试效能，但效能的发挥也凝聚着执行者、执行机构的价值倾向、身份彰显与利益需求。因此幼儿园教师资格考试效能离不开正式制度与非正式制度的双重保障，这使得从制度分析的视角研究幼儿园教师资格考试效能保障问题成为可能，填补了目前有关效能保障问题系统研究的不足。

2. 实践意义

自 2001 年教师资格考试制度正式在我国实施以来，教师资格考试的工作不断发展与进步。目前对教师资格考试制度正进行改革，所有申请教师资格的人员都要参加国家统一的考试，改变一考定终身的方式，采取定期认证的制度，形成"国标、省考、县聘"的教师准入制度，目前已经在上海、浙江、湖北等省市设置试点，逐渐予以推广。在制度改革背景下，幼儿园教师资格考试效能的分析与研究至关重要，关系着教师资格考试制度改革的成败。本研究从制度学视角通过理论思考与调查来研究幼儿园教师资格考试效能保障问题，试图分析制度是如何影响幼儿园教师资格考试效能，以及何种制度安排能够保障幼儿园教师资格考试效能等问题，希望能为幼儿园教师资格考试制度的变革与建设提供借鉴。

（三）研究思路与方法

1. 研究思路

本研究以制度分析为视角，通过以西部某一城市为个案，采用文献法、访谈法、文本分析法等方法搜集资料来探讨制度话语下的幼儿园教师资格考试效能保障问题。首先，研究者通过对"制度"的本体论进行分析，试图分析以往人们对制度及其范畴的研究，确定研究"制度"的基本范式。在对制度及其范畴分析的基础上，试图要解答幼儿园教师资格考试效能为什么需要制度的保障这一问题，最终确定幼儿园教师资格考试效能保障的制度分析框架、维度与指标；其次，本研究根据幼儿园教师资考试效能保障的制度分析框架，逐步从制度合理性、正式制度、非正式制度三大层面来分析幼儿园教师资格考试效能保障在实践场域中的具体表现及其存在的问题，试图呈现出效能保障制度分析框架的立体图景；最后，针对实践场域中幼儿园教师资格考试效能保障存在的问题，试图对幼儿园教师资格考试效能保障的制度安排提供策略支持。如图 2 所示：

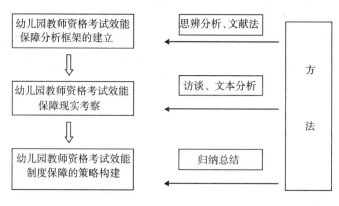

图 2　研究思路示意图

2. 研究方法

（1）研究的方法论

"方法论"是指涉及研究方案的一般逻辑和理论观点，是一种规范和厘清研究中探寻程序的思维方式，是对在实践中得到的检验手段的反思，[①]方法论直接影响着研究的分析路径、方法选择和结果解释。以制度分析为视角来研究幼儿园教师资格考试效能保障，需要我们对制度的范畴进行分析，在此基础上作出基本厘定来形成分析框架，进而要试图分析制度是如何影响教师资格考试效能的，应该安排何种制度以保障教师资格考试效能。为此，我们需要了解幼儿园教师资格考试制度制定的价值理念、执行中存在的问题以及背后的原因，去探寻与幼儿园教师资格考试相关的参与主体对资格考试效能保障的看法。为解决以上问题，研究者认为需要结合思辨范式与解释主义范式。

幼儿园教师资格考试效能保障的研究不是以普遍的规律为研究对象，

---

①　马克斯·韦伯：《社会科学方法论》，韩水法等译，中央编译出版社 1998 年版，第 24 页。

完全通过统计而获得考试效能内部各要素之间的关系及其影响因素，试图建立普适性的效能评价标准的做法并不适宜，而是应该选取个别或者具体的对象，确定关乎考试效能发挥的人，研究者在与他们的互动中建构自己的行为和意义，这个过程只能通过理解与解释。从某种层面上来说，幼儿园教师资格考试效能研究属于政策范畴的研究，研究者要把握相关政策文件与政策实施的过程来了解幼儿园教师资格效能保障的情况，而鉴于研究者本人身份不能参与到政策的制定与实施过程中，因此研究者本人需要多次与参与幼儿园教师资格考试的相关人员进行交流，共同去探讨与解释其中的现象与意义。

（2）研究取向

首先，定性研究取向。研究者认为传统的定性研究与质性研究是有区别的，传统的定性研究在本体论与认识论上坚守实证主义的立场，认为存在绝对的真理和客观的现实，寻求普遍本质，而质的研究已经超越了自己早期对自然科学的模仿，开始对"真理"的唯一性和客观性进行质疑。传统的定性研究基本上没有系统地搜集和分析原始资料的要求，更多的是纯粹的哲学思辨、个人见解和逻辑推理，而质的研究强调研究者在自然情境中与被研究者互动，在原始资料的基础上呈现出是什么和为什么。研究者认为，幼儿园教师资格考试效能制度分析框架的建立需要定性的研究。研究者通过前期的调研与文献整理发现制度是保障幼儿园教师资格考试效能的一个重要因素，因此有必要对幼儿园教师资格考试效能保障的制度安排建立分析框架，分析框架需要理性的思辨与价值定位，这恰与定性研究相一致。

其次，质化的研究取向。质化研究与量化研究在方法论上有明显的区别，质化研究是用归纳和整理的方式了解在各种特定情境中的人类经验。质化研究者认为，社会研究应该关注研究对象的意义理解以及意识流变，从研究对象的角度出发探究他们是如何理解世界、如何与世界相互作用，以此来理解他们所在的生活情境中所赋予的意义。质化研究中的研究工具以研究者自己为主，通过对研究情境的把握，在与研究对象的对话与交流中获取研究问题的信息，关注有关的人对研究问题的看法以及态度，洞察其内心的世界与意义来解释研究问题的内在机理。通过研究者和被研究者之间的互动对事物进行深入、细致、长期的体验，全面阐释对事物"质"

的理解。

　　本研究之所以选用质化研究取向是因为幼儿园教师资格考试效能保障研究的重点问题是要探究幼儿园教师资格考试运行过程中正式制度与非正式制度是如何作用和影响效能的，正式制度与效能、非正式制度与效能的关系如何。需要了解与幼儿园教师资格考试相关的政策文献、幼儿园教师资格考试参与人员的做法和观念态度，需要通过访谈法来了解参与幼儿园教师资格考试设计、实施的部门人员是怎么想的和怎么做的，此种路径适合采用质性研究进行分析。

　　（3）研究方法：个案研究法

　　Stake 认为个案研究包括本质性个案研究和工具性个案研究两种。本质性个案研究是研究者对个案本身感兴趣，希望通过对这个个案的研究而认识个案中的问题，并得出结论，且这个结论不是一般性或者推广性的结论。工具性个案是我们要解决一个研究问题，解决问题的方式是通过对个案的深描来深入认识这个问题，个案成为一种工具。

　　本研究采用的是工具性个案，这是因为研究者本人对"幼儿园教师资格考试效能保障"这个研究问题感兴趣，并非对一个特定的对象感兴趣。为了对这个问题进行深入的探究，研究者希望通过研究特定的个案来揭示目前的幼儿园教师资格考试效能保障中正式制度与非正式制度是如何起到作用，存在哪些问题，保障幼儿园教师资格考试效能需要怎样的制度安排。工具性个案注重研究过程，注重对研究对象自身特点和周围环境进行深入的考察，通过描述、归纳和解释的方式概括出研究对象的一些特征，这也正与本研究的方法论和研究取向相吻合。

　　另外个案分析是政策分析乃至整个管理科学中最重要的研究方法之一。一是可以把一般的理论问题具体化，用个案来验证和说明一般的概念、原理和方法，说明其合理性；二是通过个案分析，从中将发现的结论与演绎或理论分析得来的理论相比较，使理论得到修正和完善；[①] 三是通过个案分析可以为解决相关的具体政策问题提供理论指导，为相关具体政策的改进和完善提供依据。[②]

――――――――――

　　① 林德金：《政策研究方法论》，延边大学出版社 1989 年版，第 147 页。

　　② 刘复兴：《教育政策的价值分析》，教育科学出版社 2003 年版，第 27 页。

第一，研究对象的选取。

个案研究中研究样本选择的首要标准就是我们能从中知道最多的东西，研究者自身作为研究工具进入实际研究场域的时间是有限的，因此尽可能选择那些更容易被我们进行研究的个案。Patton 也提出质化研究主要依据"立意抽样"和"目的抽样"的原则来选择样本，这样的样本包含大量对研究目的至关重要的信息。Merraim 认为质化研究不是回答"有多少"、"以什么样的频率出现"这样的问题，而是要解决质的问题，例如，发生了什么，发生这些意味着什么，以及所发生事件之间的关系，因此个案研究更适合目标抽样。

根据以上关于取样标准的分析，研究者采用目标取样，以西部某直辖市（以下简称 A 市）的幼儿园教师资格考试制度为研究对象，之所以选择 A 市资格考试制度为研究对象是因为 A 市作为西部的直辖市，自 2009 年开始实行全市统一命题考试，从只考教育学、心理学两科到考查教育学、心理学、教育法律法规、教师职业道德、学科专业素质和综合实践能力。A 市在幼儿园教师资格考试管理方面与全国大多数城市有共性的一面，但该市在幼儿园教师资格考试管理部门的设置也相对具有特殊性，即"一委三院"（市教委与教育考试院、教育评估院、教育学院）。此外，方便研究者调查也是一个非常重要的原因。

第二，资料搜集的方法。

研究者从 2012 年 3 月开始到 9 月到负责 A 市幼儿园教师资格考试的相关机构以及相关网站搜集资料。搜集资料的方法有：文献法、访谈法。

①文献法

首先，使用文献法的目的是帮助研究者了解幼儿园教师资格考试的应然状态，而且还能让研究者洞察幼儿园教师资格考试制度背后的理念，奠定该研究的学理基础。

其次，研究者以"效能"、"考试"、"教师资格考试"、"资格认证"、"保障"等为关键词，通过国内的中国知网、维普网等搜集学术论文与学位论文，国外文献则以 Proquest、Springer 以及美国密歇根州立大学数据库为主要搜集资料。

②访谈法

访谈法是本项研究搜集资料的主要方法，研究者通过口头谈话的方式从被研究者那里搜集第一手资料。

首先，使用该方法的目的是了解该市幼儿园教师资格考试制度运行的基本情况以及存在的问题来分析其效能情况。访谈的维度分为：该市幼儿园教师资格考试制度的基本情况，包括考试目标、考试内容、考试形式、考试标准、考试与培训、考试的管理与组织机构、考试的监察以及考官资质等问题；该市资格考试制度的运行情况，包括制度运行的机制，制度执行过程中的管理部门之间的关系，制度执行过程中的公正性，制度执行主体之间的身份、利益分析；该市资格考试的制度保障问题，包括法律法规建设情况、组织制度建设情况等。

其次，访谈对象。本研究选择部分与幼儿园教师资格考试的决策和执行相关的人员作为访谈对象，包括负责该市资格考试的行政人员（P1、P2）、面试官（P3）、笔试出题人、阅卷人（P4），其中行政人员的工作单位为 A 市教委，面试官与笔试、阅卷人工作单位为 A 市区县进修学院教师。鉴于研究者个人的身份不能参与到幼儿园教师资格考试决策与执行的过程当中，研究者本人通过与参与的相关人员交流来获得幼儿园教师资格考试的运行情况。研究主要采用正式的访谈，前期是非结构访谈，只有一个中心话题，来获得被访谈者最初始的经验，研究者并无过多的价值干涉。后期根据相关政策文件、文献梳理和非结构访谈的结果来聚焦访谈维度与问题。

③文本分析法

首先，文本分析法的目的。文本分析法是一种主要以各种文献为研究对象的研究方法。本研究当中的文本分析法是通过对幼儿园教师资格考试相关文本的解读来了解幼儿园教师资格考试的现状（静态），如考试目的、考试主体与考试客体的要求、考试程序、考试内容、考试形式、考试时间、考试安排、考试管理、考试的法律法规、考试的组织机构等方面的实证性信息。

其次，文本分析法的分析对象。文本分析法的研究对象是与幼儿园教师资格考试有关的政策文本，包括《中华人民共和国教师法》、《教师资格条例》、《〈教师资格条例〉实施办法》、《A 市教师资格制度实施细则》等政策文本。

五　研究重点、难点与创新点

（一）研究重点

1. 本研究试图在分析效能、制度研究范式的基础上建立幼儿园教师资格考试效能制度保障的理论构想，这是本文的核心点，也是本文的逻辑起点。

2. 对现实场域中幼儿园教师资格考试效能进行分析，为幼儿园教师资格考试效能制度保障的策略构建提供论据。

（二）研究难点

幼儿园教师资格考试效能的制度保障分析框架是本研究的一个难点，研究者要试图建立分析框架与效能保障的关系。

（三）研究创新点

1. 本研究以制度分析为视角，试图建立效能保障的制度分析框架，并通过质性分析来系统考察幼儿园教师资格考试在具体实践中的表现，这与以往研究中把效能作为变量建立因果关系的研究范式不同。

2. 幼儿园教师资格考试的效能保障问题，本研究不仅仅就幼儿园教师资格考试制度本身的合理性进行考量，还对资格考试需要的正式制度保障进行论述。此外，还针对隐性的非正式制度对幼儿园教师资格考试效能的影响进行分析，力求制度分析视角的完整与全面。

第一章 幼儿园教师资格考试
效能保障的分析框架

本章是本书的核心轴，也是本书的逻辑起点，试图建立幼儿园教师资格考试效能制度保障的分析框架。首先，梳理关于制度以及制度范畴的研究以洞察制度研究的基本范式；其次，对幼儿园教师资格考试制度的价值取向作出判断，以表明关于幼儿园教师资格考试的基本立场；最后，建立幼儿园教师资格考试效能的制度分析框架，即幼儿园教师资格考试制度的合理性分析（实质合理性、形式合理性）、正式制度分析（法律法规制度、组织制度、运行机制）、非正式制度分析（执行人员的身份、执行机构权力、利益主体博弈）。

第一节 制度及其范畴

一 制度的内涵

研究效能的制度保障问题，随即面临一个困惑，即制度的本体论解释——制度是什么？要解决这个问题首先要追溯到制度的词源学，其次是通过界定不同学科对制度的解释来定位本研究中"制度"的概念。

（一）制度的词源学分析

制度一词在《辞海》中被定义为：（1）规则或者准则。集体或者团体中对成员的规范要求。（2）体系。从宏观层面来分析，是指在历史进程中逐渐形成的经济、文化方面的体系。制度在《词源》中的界定是：（1）法令礼的总称。《易节》："天地节，而四成成。节以制度，不伤财，不害民。"《汉书·元帝纪》："汉家自有制度，本以霸王道杂之。"（2）指规定、用法。《商君书》中论述道："凡将立国，制度不可不察也，法治不可不慎也，国务不可不谨也。制度时，则国俗可化而民从制；治法明，则官无邪；国务壹，则民应用。"在古代，人们把"制度"作为一种约束人行为的"规"与"矩"。

当制度一词分开时，"制"被解释为：（1）判断。《荀子·成相》："臣谨修，均制变。"（2）制止。《史记·项羽本纪》："吾闻先即制人，后则为人所制。"（3）规定。《淮南子·氾论训》："此皆因时变而制礼乐者。"（4）制度。《淮南子·氾论训》："先王之制，不宜则废之。""度"被解释为：（1）计量长短的标准。《书·舜典》："同率度量衡。"（2）程度。《淮南子·时则训》："贡岁之数，以远近土地所宜为度。"（3）制度。《左传·昭公四年》："度不可改。"可以看出，古代汉语中"制"、"度"和现代的汉语"制度"词义有很多相近之处。

（二）制度的概念分析

曼海姆在《意识形态与乌托邦》中指出："我们首先应该意识到这样一个事实：同一术语或者同一概念，在多数情况下，由不同境势中的人来使用时，所表示的往往是完全不同的东西。"[①]近年来，韦森教授对英文"institution"与中文"制度"是否含义相同，以及制度在不同领域与学科的使用是否意思相同进行研究。研究发现，"institution"一词在中国被翻译得很乱，使用语境也相当模糊。哈耶克、科斯、诺斯等人在使用"institution"一词时，不仅对本词的含义存在不同的理解，而且对本词在现实语境中的使用存在较大差异。哈耶克倾向于把他的研究对象视作为一种"秩序"；科斯把"institution"视作为一种"建制结构"（有点接近英文的"configuration"）；诺斯则把"institution"视作为一种"约束规则"。可能正是基于此情况，不同学派和时代的社会科学研究者便赋予了"制度"多种可供选择的含义。本研究有必要对此给予澄清，尽量回应韦森教授所提出的"制度"概念模糊的问题，厘清本研究中"制度"的概念。

1. 制度是一种规则或者规范体系

社会学家马克斯·韦伯认为："制度应该是任何一定圈子里的行为准则。"[②]包括：管理，如果偏离它，在可标明的一定范围内的人中，会遇到

---

① ［德］曼海姆：《意识形态和乌托邦》，黎鸣译，商务印书馆2000年版，第37页。

② ［德］马克斯·韦伯：《经济与社会（下）》，林荣远译，商务印书馆1997年版，第345页。

某种普遍的和实际上可以感受到的职责；法律，它的使用能通过强制机会保证，即通过一个专门为此设立的人的班子采取行动强制遵守，或者违反时加以惩罚，实现这种强制。① 诺斯认为："制度是一个社会中存在的游戏规则，它是为约束人们之间的相互关系而设定的契约。"② 这些规则对人具有约束力，"制度是被制定出来的一系列规则、秩序以及行为规范和准则，它的目的主要在于约束主体福利或效益最大化利益的个人投机行为。"③ 罗尔斯提出了一个更为简明的定义："我要把制度理解为一种公开的规范体系。"④ 新制度经济学派中大多学者也持有这种理解，比如，舒尔茨认为："制度是一种行为规则，涉及社会、政治和经济行为。"⑤ 拉坦认为："一种制度通常被定为一套行为规则，它们被用于支配特定的行为模式与相互关系。"⑥ 我国的学者也较多用"规则"来界定制度。黄少安认为，制度是在特定社会范围内对单个社会成员的各种行为起约束作用的一系列规则。⑦ 林毅夫认为，制度是社会中个人遵守的一套行为规则。⑧

持有制度是一系列"规则"这一观点的研究者们认为：在现实社会中，各种关系是基于一种"共同理解"而建立的。如果人们与这种共同理解背道而驰，会遭到排斥甚至惩罚，反之则会形成共融。制度通过一系列规则让集体内部成员知道哪些可以做，哪些不可以触碰，从而使个体间的互动节约成本按制度规约的方向去努力。但规则并不是制度的全部，如果把二者等同，难免弱化了二者的关系。

2. 制度是一种组织

第一个把制度作为社会学术语来使用的学者当属斯宾塞，他认为制度

---

① ［德］马克斯·韦伯：《经济与社会（下）》，林荣远译，商务印书馆 1997 年版，第 345 页。

② ［美］道格拉斯·C·诺斯：《制度经济与经济绩效》，刘守英译，三联书店 1994 年版，第 3 页。

③ ［美］道格拉斯·C·诺斯：《经济史中的结构与变迁》，陈郁等译，三联书店 1994 年版，第 226 页。

④ ［美］罗尔斯：《正义论》，何怀宏等译，中国社会科学出版社 1988 年版，第 50 页。

⑤ ［美］科斯：《财产权利与制度变迁》，三联书店 1994 年版，第 253 页。

⑥ 同上。

⑦ 黄少安：《产权经济学》，山东人民出版社 1995 年版，第 90 页。

⑧ ［美］科斯：《财产权利与制度变迁》，三联书店 1994 年版，第 375—377 页。

是履行社会功能的机构。①诺斯和托马斯认为，有效的经济组织能够确立所有权，并在制度上作出有效安排，以便将个人的经济努力变成个人收益率接近社会收益率活动。② 研究者们将制度看成组织，认为组织与机构作为制度实体性的一面是制度的重要主体，也是人们最为容易理解制度的一种途径，因而制度是一种组织。然而，仅仅把制度看作是一种外在的组织，不把交易方式、潜在的行为规范、社会安排纳入制度的视野中，这种理解未免显得狭隘。

3. 制度是一种行为模式和习惯

在持有"制度是一种行为模式和习惯"这一观点的学者中，最具代表性的莫过于亨廷顿。他认为制度就是稳定的、周期性发生的行为模式，③ 他把制度作为一种模式，抓住了制度的非实体性内容。亨廷顿把制度定义为模式，其最终目的是为了表达现代社会组织和规范程序使人们获得稳定的价值观及其认同的过程这一观点，现代化的关键不是建构出某种合理有效的制度框架，而是如何将现代制度转化为行动，变成人们的行为模式。吉登斯把存在于社会再生产中的结构化特征称为结构性原则，在这些总体中结构化的实践活动，则称为制度。④ 凡勃仑则认为，制度是个人或者社会对有关的某些关系或者某些作用的一般思想习惯，⑤强调制度的内生性与人行为的内在契合。他将制度与行为、习惯联系起来，开辟了非正式制度研究的视角，为制度研究的深入化、综合化奠定了基础。

基于以上分析，我们认为制度是用以调整个体行动者之间以及特定的组织内部行动者之间关系的权威性规则体系。首先，从内涵来看，作为规则，制度不仅构成人们行动以及互动的模式，而且是人们在其中生活、思

---

① ［英］邓肯·米歇尔：《新社会学词典》，蔡振扬译，上海译文出版社 1987 年版，第 176 页。

② ［美］道格拉斯·诺斯，罗伯斯·托马斯：《西方世界的兴起》，厉以平等译，华夏出版社 1999 年版，第 5 页。

③ ［美］塞缪尔·P·亨廷顿：《变化社会中的社会秩序》，王冠华等译，三联书店 1989 年版，第 12 页。

④ ［英］吉登斯：《社会的构成：结构化理论大纲》，李康等译，生活·读书·新知三联书店 1998 年版，第 80 页。

⑤ ［美］凡勃仑：《有闲阶级论：关于制度的经济研究》，蔡受百等译，商务印书馆 1997 年版，第 138 页。

想和行动的社会结构和活动框架；其次，从外延来看，是指规范和约束人们行动、调节人们互动关系的有机体系，包括正式制度（如法律法规、经济规则、契约）与非正式制度（价值信念、行为习惯、意识形态）。

二　制度的研究范畴

斯宾塞在其著作《第一原理》中首次将"制度"一词确定为社会学范畴中的基本术语，在这之后，"制度"成为各个学科关注的重要问题。尽管"制度"在不同学科中研究的内容不同、视角不同，但在"制度"研究范畴的问题上存在共性。对制度研究范畴的概括与归纳有助于了解以往学者对"制度"研究的基本范式，这使得本研究从制度分析的视角来探讨幼儿园教师资格考试效能问题有了基本的学理依据，对建立效能的制度分析框架有着重要的基奠作用。

（一）制度的逻辑结构与权力结构

制度具有内在结构，要透彻认识制度本质。我们在揭示制度的基本特征时不能避开对制度内在结构的分析，这也是本文建立制度分析框架的逻辑起点。制度的内在结构包含着相关的两个方面，即作为制度基础的权力方面和作为制度形式的逻辑方面。①它们以不同方式影响着制度的特征，甚至制度的价值与功能。制度的逻辑结构指制度作为调节组织或者个人的行为准则，具有非人格化的特征，体现为制度的形式合理性。正如韦伯所说："制度没有憎恨和激情，因此也没有'爱'和'狂热'，不'因人而异'，形式上对'人人'都一样。"②逻辑结构作为制度的形式，是制度的外显结构。除了制度的显性结构，制度背后还存在隐性结构，即权力结构。它对制度的逻辑结构具有十分重要的影响，决定着逻辑结构可能会在什么范围内、什么程度上发挥作用，决定着逻辑结构的意义、形式、效力和作用机制。③因而，在某种程度上，制度的权力结构体现着制度的实质合理性。

任何制度都是权力结构与逻辑结构的统一，没有逻辑结构的权力不能

---

① 邹吉忠：《自由与秩序：制度价值研究》，北京师范大学出版社 2003 年版，第 75 页。
② 马克斯·韦伯：《经济与社会》（上卷），林荣远译，商务印书馆 1997 年版，第 362 页。
③ 邹吉忠：《自由与秩序：制度价值研究》，北京师范大学出版社 2003 年版，第 77 页。

成为制度的基础，而离开权力结构的逻辑，也不是制度的逻辑。权力结构与逻辑结构作为制度不可或缺的两个方面，二者处在相互矛盾的张力之中：①第一，制度的逻辑结构无情无性，具有非人格化特征，但是它的权力结构却有情有义，体现着特定社会中优势群体的利益和意志。制度的逻辑结构决定着制度的普遍化和形式化，表现出制度在形式上的正确性和真理性；制度的权力结构决定着谁命令、谁服从的问题，表现着制度在实质上的有效性、阶级性和正确性。第二，在价值取向上，前者以一般化、形式化、普遍化和非人格化为基本取向，后者以统治者、统治阶级或优势群体的意志、命令、权力、利益甚至偏好得到体现或服从为取向。或者说，前者的价值取向具有中立性，奉行"法律面前人人平等"；后者的价值取向具有倾斜性，主要倾向于取得政权的统治阶级或强势利益集团，其他主体的需求、利益，在法律中只是一个附带的或次要的价值内容。第三，在作用机制上，前者是公开的、明确的、可预知的、可信赖的、公平的、合理的，具有最起码的普遍性和一般性；后者则是内隐的、因人而异的、利益化的、特权化的，真正起作用的是"强权即秩序"的法则。第四，从制度类型看，前者的典型代表是契约制度、法律制度，后者的典型代表是身份型的纪律与管理制度。

由此可见，制度的逻辑结构与权力结构在价值体现、运行路径和表现形式上都存在差异，甚至可以用大相径庭来描述。但作为制度的内在结构，两者却又不可分离，且相互作用形成制度整体。制度的权力结构体现为制度的实质合理性，制度的逻辑结构体现为制度的形式合理性。下文将在制度的内在结构探讨中分析制度的形式合理性与实质合理性。

（二）制度的实质合理性与形式合理性

较早研究合理性的当属黑格尔，他认为："一是合理性与合规律性统一，理性就是事物的规律；二是合理性与现实性统一，合乎理性的东西都应该具有现实性，现实的东西应具有合理性。"② 对于黑格尔而言，合理性即规律性与现实性的统一。尔后，对合理性问题进行较为系统阐述的是马克斯·韦伯，他把制度合理性分为形式合理性与实质合理性。他认为，形式合理性是指

---

① 邹吉忠：《自由与秩序：制度价值研究》，北京师范大学出版社 2003 年版，第 77 页。

② ［德］黑格尔：《法哲学原理》，范扬等译，商务印书馆 1979 年版，第 11 页。

"制度之所以为制度"自身的一些基本要求，如逻辑性、内部协调性、适用性、可操作性和语言明确性。具有事实性质，体现为手段方式以及程序的操作性，是一种客观的合理性。实质合理性则强调以人性的自由解放及人的发展为最终目标，对制度所要达成的价值理念与目的进行剖析。具有价值性质，是对多种价值关系的选择与判别，是一种主观的合理性。① 麦考密克作为制度法学的代表人物在吸收了韦伯关于合理性论述的基础上，认为不可能有纯粹的形式合理性，它是真正合理的制度体系的必要条件。制度的合理性不仅仅要求制度具有形式合理性，还要追求制度的实质合理性，否则制度的真正实质很难得到体现，基本理念也得不到升华。② 因此，若研究制度合理性，单纯地分析形式合理性还不够深刻，还应包括实质合理性。

应该说，制度的实质合理性是制度合理性的根本，即制度就内容而言是合乎理性的，或者是在分析其与人的目的的关系上合乎人的目的与价值观念。制度应该给服从者带来利益上的好处，应该给人们正当的规范指引，应当符合人们在道德、审美方面的价值倾向，应该符合人们的生活传统与文化，只有这样才能取得服从者的支持与赞同，才能被人们看作是实质合理的。除了制度的实质合理性，还有制度的形式合理性。在某种程度上，很多制度难以达到实质上的合理性，因为人们的利益与价值追求是多元的，难以兼顾到人们的多元价值追求。因此，一项制度即使实质上不具备合理性，但只要在形式上存在合理性，并且能够做到一视同仁，获得人们的认同，也可获得人们的认可与信任。③制度的形式合理性体现在两个方面：一是内容上符合形式理性，避免内容上的自相矛盾和逻辑混乱，表现为制度在逻辑结构上的合理化。其评判标准是在这之前就存在的、一般性的规则，我们所做的工作就是对现有的"制度"根据已建立的规则和标准作出专业化的推理。二是实施程序上的合理性，表现为既不考虑其内容如何、是否公平，也不考虑其形式如何、是否具有逻辑性，只要在一定时间段内，对于任何所涉及的主体都能前后一致地使用，其本身就具备了一定的合理性，但这是制度合理性中的最后底线。罗尔斯也曾探讨过这种

---

① ［德］马克斯·韦伯：《经济与社会》（下卷），林荣远译，商务印书馆1997年版，第113—115页。

② ［英］麦考密克：《制度法论》，周叶谦译，中国政法大学出版社2004年版，第248页。

③ 邹吉忠：《自由与秩序：制度价值研究》，北京师范大学出版社2003年版，第83页。

程序合理性，他认为："即使在法律和制度不正义的情况下，前后一致地实行它们也还要比反复无常好一些。"①

制度的合理性是"制度之所以为制度"的一个根本依据。不具备合理性的制度，执行环节表现再完善也是徒劳。因而，我们在分析教师资格考试效能的制度保障时，不能不考虑制度自身合理性的问题，而制度形式合理性与实质合理性则为此分析提供了路径。

（三）制度的体系分析

1. 制度的要素

一般认为，制度的要素包括规则、对象、理念与载体。这四个基本要素构成了制度的整体，缺少其中之一都是不完整的，不能涵盖制度应有之义。②

首先，规则是制度的基本内容。《现代汉语大辞典》中这样解释"规则"：供大家共同遵守的规章制度或某些具体的规定、规律、法则。③不同学科的研究者从不同视角对规则作出了阐释：哲学视角中的规则指团体成员共有的一套整体规定，决定着团体成员的共有信念和价值标准。④行为科学家认为规则是个体共有的行为规范和标准，可以内化成为个人意识，即使没有外来奖励也会遵从，规则也会因为外部的正面裁决或反面的裁决而发生作用。⑤心理学家认为规则是组成社会群体成员可接受或不可接受行为的各项文化价值标准。⑥规则构成了制度的内容，是制度的重要要素，作为制度要素的规则必须符合普遍性、可操作性、一致性、规则结构合理性等原则才能真正发挥其作为制度重要要素的功能。

其次，对象是指制度的指向与范围。世界是由各种对象组成的，制度也不例外，对象都具有自身的规定性。制度作为调节社会关系的规范化体系是客观事物在一定程度上的对象化，它调节着人与人、人与组织机构之间的关系。制度的对象根据制度目的的要求进行调整以符合制度的变化，

---

① ［美］罗尔斯：《正义论》，何怀宏等译，中国社会科学出版社 1988 年版，第 55 页。

② 辛鸣：《制度论》，人民出版社 2008 年版，第 85 页。

③ 《现代汉语大辞典》，商务出版社 2000 年版，第 2777 页。

④ Eduards P, The Encyclopedia of philosophy, New York：Macmilan Inc, 1967, pp . 382.

⑤ Gwin R, Norton P, The new Encyclopedia Britannica, Encyclopedia Britannica Inc. 231, pp. 1993.

⑥ 同上。

从而使制度实现对对象的支配。制度不可能没有范围和所指，它必须有明确的对象范围，才能使得制度发挥功能。

再次，理念是制度所体现出来的价值判断。制度的理念是制度得以产生的观念先导。每一项制度的具体安排都受到某种理念的影响与支配，制度是在一定价值理念下的具体化与操作化的体现。因此，制度的价值理念决定制度的功能与作用，制度理念的合理选择与定位承载着制度是否发挥功效的重要功能。

最后，载体是制度的表现形式。没有载体的制度，我们便无法把握制度的现实样态。载体可以是具体的、可感知的，也可以是非实体的，如：法律、规章、习惯、组织等等。

制度系统的四要素之间相互依存、相互作用，这使制度实质性的功能得到体现，价值得到彰显。规则是制度的内容主体，具有逻辑规定性，确保了制度具有规范化意义；对象则确定了制度的作用范围，确保制度能够发挥实效；理念是制度背后的价值体现，规定了制度的性质、价值与功能；载体则是制度存在的外在表现形式，它把制度诸多要素统一起来。

2. 制度的层次

首先，制度。制度通常是指建立在一定社会文化背景基础上、反映该社会价值判断和价值取向、由国家或国家机关从宏观的角度建立以调整主体之间以及社会关系的规范体系，具有很强的正式形式和强制性。

其次，体制。体制一般指某一组织结构形式，是在宏观层面制度下的具体呈现与安排，通常是以静态形式来呈现。体制是制度的具体化，构成制度的表现方式和实现方式。由于体制规定了具体的办事规程和行为准则，因此可以直接指导和约束人们的具体行为。

最后，机制。机制是指制度系统内部组成要素按照一定方式相互作用，从而实现其特定的功能。机制是对不同主体之间相互联系和相互作用的方式所做的一种制度安排，表现为一种动态过程。

以上三者之间是有区别的。区别在于三者具有各自的规定性、特点与功能，处于社会有机体的不同层面，并且在各自的不同层面发挥着不同的作用。制度位于宏观层面，侧重于社会的总体结构；体制位于中观层面，侧重于社会的表现形式；机制位于社会的微观层面，侧重于社会的运行路径。三者之间也存在一定的联系，制度的建设离不开体制的支撑以及机制的运行，而体制的建设需要制度给予宏观上的保障，运行机制需要一定的体制载体与制度的宏观导向。因而三者之间相互作用，共同发展。

3. 制度的类型

根据不同划分标准，制度分为不同类型。按照表现形式，制度可分为正式制度与非正式制度。正式制度是指人们有意识创造的一系列法律法规等制度形态，它一般是有形的、成文的，并在国家或组织强制的作用下实施。正式制度包括：法律法规、经济规则和契约。非正式制度是人们在长期交往中无意识形成的，具有持久生命力，并构成代代相传的文化的一部分，包括价值信念、伦理规范、道德观念、风俗习性、意识形态等因素。① 从二者之间的关系来看，正式制度是非正式制度慢慢演化的结果。正如诺斯所言："从禁忌、习俗、传统到成文宪法，与社会从不复杂的形式到复杂形式的演化过程相似，从不成文的传统到习俗，再到成文法也发生着漫长、波折的单向化演化。"② 一项完整的制度安排不仅包括正式制度，也包括非正式制度，任何简单剥离二者关系的意图都是徒劳，这种关系决定了相关的正式制度安排与非正式制度安排只能作为一个制度整体来理解。正式制度具有外在的表现形式，但它只作为制度表层发挥其作用。真正起着绝对性作用的是制度内部成员的观念与意识等非正式制度，其作用是内在的、隐形的、根植于制度血液中的，它与正式制度共同决定制度的最终成效。

第二节　幼儿园教师资格考试制度的价值取向分析

幼儿园教师资格考试的价值取向是一种价值判断，是人们基于一定评判标准对幼儿园教师资格考试制度的价值所作出的判断。幼儿园教师资格考试制度的价值判断应吸纳多元主体的价值分析，在综合多元主体利益和判断的基础上，系统考察教师资格考试制度本身的科学性以及社会发展对考试的需要，最终形成系统化的考试制度价值观。幼儿园教师资格考试制度的价值取向是制度制定、执行与运行背后的依据，决定着幼儿园教师资

---

① 卢现祥：《西方新制度经济学》，中国发展出版社 2003 年版，第 48—49 页。

② ［美］道格拉斯·C·诺斯：《制度、制度变迁与经济绩效》，杭行译，三联书店 2008 年版，第 65 页。

格考试效能的价值走向。因此，有必要剖析幼儿园教师资格考试制度的价值取向，以此为教师资格考试效能提供方向指引。

一　幼儿园教师资格考试制度应坚持专业性取向

专业是个社会学概念，是指个体或者群体通过专业的训练获得独特的知识与技能，形成相应的社会地位并能按照一定的标准从事专门化的活动，而专业化则是指实现专业的过程。Greenwood 从理想典型的角度提出了包含五个元素的专业模型：系统的理论基础；专业群体的顾客所认可的权威；权威具有广泛的公众支持与赞成；拥有调整专业人员、客户和同事关系的道德法规；拥有正规专业协会维持的专业文化。① 香港学者曾荣光归纳了学者们对专业的界定，提出了自己富有建设性的见解：专业具有核心特质与派生特质，如表 1 所示。②

表 1　　　　　　　　　**专业的核心特质与派生特质**

	专业核心特质	专业派生特质
专业知识	一套有学术地位的理论系统	受过长时间的专业训练
	一套与理论系统相适应的专业技术	专业知识是大学中的一门独立学科
	理论与技术的效能获得证实与认可	形成了垄断的专业知识体系
	可以解决实际问题，有不可或缺的社会功能	
专业服务	专业人员须具备忘我主义	获得了自行管理及控制职业群体的自主权
		有对成员具有制裁力的专业组织
	专业人员在提供服务时须公正不偏	专业人员对当事人具有极高的权威
		对与其合作的群体有支配权
	专业人员须具备客观的服务态度	专业人员对职业的投入感强
		有一套制度化的专业道德守则
		获得社会及当事人的信任

① Greenwood, "Attributes of A Profession" Social Work, No. 16, July 1957.
② 曾荣光：《教学专业和教师专业化：一个社会学的阐释》，《香港中文大学教育学报》1984 年第 1 期。

综上分析，能够被称为"专业"至少要具备以下几个方面的特征：功能层面具有不可替代性；内涵层面深奥复杂，需经过长期训练；实践层面具有科学有效性；权力层面具有自主性；伦理层面具有自律与服务性。[①] 可见，专业工作需要以专门知识与技术为前提，需要具备高深的专业知识，且工作过程中需要较强的判断力与应急能力，同时保持着自主性及内省的德性，这就决定了专业人员不易获得从业资格。

专业性是表征幼儿园教师资格考试制度之所以为教师资格考试制度的根本属性，是描述幼儿园教师资格考试制度性质的一个概念。幼儿园教师资格考试制度的专业性表现在两个层面：一是幼儿园教师资格考试制度设计的专业性，具体是指幼儿园教师资格考试制度在设计与执行过程中秉承何种的专业理念，考试制度的执行者在多大程度上有着专业的管理能力，考试的设计在何种程度上体现着科学性与专业性，考试制度的组织机构能在多大程度上发挥着考试的管理与运行工作等问题；二是幼儿园教师资格考试制度要以准入教师的专业标准为依据，教师资格考试制度体现出专业性的选拔准入制度。具体来说是指幼儿园教师资格考试制度能够正确把握幼儿园教师的专业内核及其构成，在考试内容、设计与管理过程中凸显出选拔专业教师理念与操作的程度。专业性的教师资格考试制度是判断教师资格考试能否真正起到选拔与鉴别作用的重要体现。一般来说，专业化价值取向教师资格考试体现为：

第一，专业化的考试理念。不论何种考试，其活动的核心价值不在于影响考生对知识的掌握，而在于尽可能科学、公正地度量考生掌握知识的情况。教师资格考试制度是通过考核的方式了解备考者对该领域知识与能力掌握的情况，考查其是否具备从事幼儿园教育工作的资格。从技术角度而言，教师资格考试仅仅是一种入职考试，只要达到考核标准就具备入职资历。而从教师的长期发展而言，教师资格考试还承载着更多的使命，能否选择真正具备教师资质的人更为关键，这需要对教师专业素养和专业标准规定得更为明确。就目前来看，备考者和各种培训机构以教师资格考试界定的知识和能力为标准，使教师资格考试领域产生应试教育现象。教师资格考试本来是一种选拔手段，现却成为目标，本末倒置，由此产生的结

---

① 朱新卓，陈晓云：《教师职业的特殊性与专业性》，《高等教育研究》2012 年第 8 期。

果是教师资格考试的知识取向，而非"专业"取向。科学地定位考试理念是形成专业化考试的起点。

第二，专业化的考试管理人员。幼儿园教师资格考试的有效运行需要专业的人员来管理与执行，他们构成了资格考试运行的要素，管理人员的专业化在很大程度上决定考试的专业化走向。这就要求教师资格考试的管理人员应该经过长期的专业教育或者专业培训，具备关于考试理论的知识以及考试管理与操作的能力。同时，教师资格管理人员要熟悉资格考试的相关法规政策，能够对管理过程中的突发事件做出有效的应对。

第三，专业化的考试安排。幼儿园教师资格考试的专业性在很大层面上要通过专业化的考试安排来体现。这就要求幼儿园教师资格考试内容的设置要基于教师资格考试的标准，而再追溯到更为上层的决定因素，即幼儿园教师专业标准。幼儿园教师资格考试内容的设置应该与教师专业标准相呼应。此外，还要安排基于教师选拔特质的考试形式，能够确保考试内容以科学、合理、全面的形式体现出来。专业的考试内容与考试形式的有机结合确保了考试的专业性。

第四，专业化考试组织机构。幼儿园教师资格考试的组织与机构是资格考试运行的外在载体，也是资格考试效能实现的重要实体保障。李伯曼在《教师专业》一书中提出专业工作具有的一个基本特征就是能够形成综合性的自治组织，专业自治的组织是专业化的重要标志。这就启示我们幼儿园教师资格考试在追求专业化价值取向时，也要关注考试组织的建设。专业性的组织要求有专业性的规范流程、组织内部明确的分工和有专业建设的职责。

第五，普遍认同的规范伦理。专业的伦理规范是对专业化更高的要求，这是基于专业人员、专业组织建设后的再次升华。如果形成了规范的专业伦理，说明人们在这个领域中形成了普遍认同的专业处理方式，这是专业内的全体基于外在的规范而内化的专业伦理，是人们自觉遵守的内在标准，是专业化的重要体现。就幼儿园教师资格考试而言，应该致力于形成群体人员认同的规范伦理，建立公正、平等的规范要求。

二　幼儿园教师资格考试制度应追求公平性取向

实现各个领域的社会公平是人类社会历史前进的方向，促进教育公平则是当今世界大多数国家考试制度改革的重要价值取向之一。考试作为分配有限社会资源的手段之一，是一种客观、合理而公正的能力评价制度，它使资源分配的结果符合社会正义原则。因而，幼儿园教师资格考试应该追求考试的公平性价值。所谓幼儿园教师资格考试的公平性是指考试管理者对备考者的评价、筛选、甄别的标准要有一致性，抛开备考者的个性差异、性别差异，在资格考试的执行中保障考试的起点与过程的相同或统一。教师资格考试公平在广义上是指考试本身所具有的公平属性，而狭义的教师资格考试公平则是指备考者在资格考试的考试题目、考试管理、考试场景中得到公平的对待。因而，教师资格考试的公平不仅仅是考试定义的公平，还在于制度的实施过程中具有公平导向，平等地对待处于不同地域、不同经济条件、不同教育水平的应试者，能够尽量提升他们在考试起点上的公平性。

为什么幼儿园教师资格考试公平能够作为教师资格考试的价值取向呢？首先，教师资格考试公平是社会公平理念在具体层面的体现。公平是社会维系的基本手段，是无论社会生活还是人际交往都要恪守的原则。教师资格考试公平是公平理念在资格考试制度中的具体体现，尤其是在鉴别与选拔合格的幼儿园教师时应该坚守公平原则，提升选拔的公平性。教师资格考试是分配入职资源与入职机会的方式，考试行为失范将会影响入职机会的分配，甚至是社会信用的丧失，还可能造成社会失衡的局面。其次，教师资格考试公平能够维护备考者以及目标群体的利益。教师资格考试作为一种社会活动，有必要保障备考者以及目标群体的利益，而公平性就是我们要坚守的原则。考试利益是备考者以及国家的利益需求，为了确保考试利益的合理分配，保障资格考试的顺利实行就需要相应的保障措施，而考试公平就是维护考试者、社会利益以及国家利益的有力手段。

教师资格考试公平是国家对准教师入职机会进行分配时所依据的合理性的规范和原则。合理性的规范是调节人与人之间社会关系和资源分配关系的一种规范。合理性的原则既能促进社会整体发展，又能使社会成员在入职考试时受到公正和平等的对待。资格考试制度追求"公平"取向主要表现为：机会公平、程序公平与结果公平。机会公平是指教师资格考试的管理者在资格考试的制定过程中必须一视同仁，给考生提供平等的参与机会，能够提供给考生参与教师资格考试的途径。程序公平指管理者在考试实施的过程中尽可能采取措施确保资格考试的参考者能够参加考试，并通过合理的考试安排以及适当的考试管理对考生的知识能力水平作出客观的评价，形成科学、合理和公正的教师资格考试执行环节，确保在过程中保障考试的公平性。这意味着选拔合格的幼儿园教师，备考者接受的考试选拔、考试规则、考试环境以及考试监督都应尽量相同。结果公平是指备考者接受选拔的最终结果与自身的能力相符，能够真实地反映备考者的能力水平。

三　幼儿园教师资格考试制度应坚持发展性取向

制度不仅可通过对稀缺生产要素的重新配置使组织获得资源配置效率，作为一种重复博弈的规则，它还能为组织提供适应外部不确定性世界的适应效率。① 这种适应效率在面对不确定性的环境时，能够激发内在动机，使人们在学习知识、技能时能够发挥主观能动性。就幼儿园教师资格考试制度而言，有效的教师资格考试制度不仅要能促进教师资源的合理配置，吸纳合适人群进入教师队伍，提高教师人力资源与岗位的利用效率，把好入口关，还要激励教师对知识、能力及情境化处理的创新，以应付外在的环境变化，促进幼儿园教师队伍的质量不断提升，并保持长期稳定的发展。适应效率理论启示我们必须激发教师的主观意愿，促进教师主动做出改变，学习新的知识与技能，开展教育教学改革。这就需要坚持发展性原则，切实满足教师内在的利益需求，激发他们主动学习，积极创新。否则，仅仅以应试和入职为目标的资格考试制度会成为教师专业发展的外在性目的，不能积极促进教师专业的持续发展。

把发展性作为教师资格考试的价值取向是因为从教师专业发展的阶段来看，准入环节仅仅是教师专业成长与发展的起步环节，教师在这个环节所形成的对职业的内在认同非常关键，这有助于教师在今后长期的专业发展中保持着良好的发展动机。因而，发展性应该成为幼儿园教师资格考试制度的价值追求，并成为幼儿园教师资格考试制度的建设目标。

---

① 卢现祥：《西方新制度经济学》，中国发展出版社 2003 年版，第 85 页。

第三节　幼儿园教师资格考试效能保障分析框架的建立

一　幼儿园教师资格考试效能保障

（一）效能保障的内涵

从已有的文献来看，"考试"与"效能"两个词连在一起的情况并未见到。因此，对考试效能的界定是先对效能进行考察，然后对考试的性质进行梳理，综合对"考试"和"效能"分析，逻辑地得出对考试效能的理解。通过以上对"考试"和"效能"的界定，幼儿园教师资格考试效能是指幼儿园教师资格考试的组织部门实现考试目标的程度。幼儿园教师资格考试效能保障指完成与提高幼儿园教师资格考试效能所需要的条件与措施。在幼儿园教师资格考试制度的执行过程中，常常会发生目标无法实现或实现程度不高等现象，重要原因之一在于幼儿园教师资格考试效能发挥低效或者无效。除了幼儿园教师资格考试制度本身的合理性原因之外，我们也不能忽视作为提升幼儿园教师资格考试效能的保障因素，效能的保障因素在规范与提升效能方面起着不可或缺的作用。

（二）效能与制度保障的关系

1. 效能需要制度保障的缘由

幼儿园教师资格考试效能的发挥涉及考试目标、组织、实施等方面，具有系统性、关联性，但同时又具有不可预测性和不稳定性。正是由于幼儿园教师资格考试效能本身具有的系统性与关联性，需要具有系统性的制度给予协调与保障。而效能发挥的不稳定性则更需要制度的规范与保障。制度的作用在于界定出一套有序的安排，使影响幼儿园教师资格考试效能的各因素之间的关系更加稳定与可靠，从而保障幼儿园教师资格考试顺利进行，促进其效能完善与提升。总体来说：

第一，制度可以为幼儿园教师资格考试效能带来稳定性。幼儿园教师资格考试效能的发挥和提升与负责幼儿园教师资格考试的组织密切相关。除此之外，相关组织如何运作以实现幼儿园教师资格考试的目标也是关乎效能保障与提升的关键。以上两点若不能很好地达成与完善，势必会影响幼儿园教师资格考试效能的稳定。制度是一个组织的行动代码，它确定行为界限，提供行动模板。对于幼儿园教师资格相关负责组织而言，制度所提供的稳定性可以减少在实现幼儿园教师资格考试效能过程中遇到的种种问题，从而对效能具有提升和保障作用。

第二，制度为幼儿园教师资格考试的组织提供规范。幼儿园教师资格考试效能的主体是该工作的相关负责组织与部门。组织与部门作为外显的效能实施主体，是幼儿园教师资格考试效能发挥的重要保障。制度为组织与部门工作的运转及所需物力与人力提供相应的规范与保障。缺少制度保障，效能发挥与提升所需的最基本资源供给就失去了稳定性，进而各个组织、机制会出现无序、混乱甚至解体的现象。制度是对幼儿园教师资格考试组织在运作过程中的管理与整合，将各种资源、各种因素组合到幼儿园教师资格考试的组织中，使之成为一个有机的整体。正因为有这种有机、稳定的组织与体制，才可在此基础上提升组织的运行和保障效能实施主体的整体层次。

第三，制度能够平衡幼儿园教师资格考试利益主体的需求。幼儿园教师资格考试制度有着自身的内在逻辑，有其独特的运行规律和运行机制，有着强大的实践惯性，凝聚着执行者的价值判断和利益需求。因此，除了对幼儿园教师资格考试效能有重要显性作用的资格考试的组织与体制之外，组织与体制内部执行者的价值取向、利益需求和身份关系都会对效能的发挥产生重要的隐性影响。制度虽然不能明确决定执行者的价值取向、利益需求等隐性的因素，但可以为无限的利益追逐与有限的资源供给提供博弈的平衡以满足利益主体间的需求。制度规范使分散的执行主体的利益需求有了明确定位，使不同群体能达成合作与协商，形成有效合力，使幼儿园教师资格考试执行者的利益需求、价值需求形成平衡。

2. 效能维度与制度保障

上文中研究者把效能定位为实现目标的程度。幼儿园教师资格考试效能指幼儿园教师资格考试的组织部门实现考试目标的程度。为了改善与提升效能，本研究需要对效能的具体所指有明确的定位。第一，正确的考试方向是考试效能的第一要素；第二，完备的考试机构是效能实现的重要基础；第三，有效的运行机制是效能实现的关键；第四，考试内容与形式是效能实现的要素；第五，目标群体的反馈是效能实现的重要体现；第六，目标群体的发展与甄别是考试效能实现的根本；第七，执行人员的关系是实现效能不容忽视的隐性因素；第八，法律保障是效能实现的外在条件。

以上效能实现的维度与制度的保障两者密切相关。制度合理性中的制度公正指向的是考试方向，这就为效能指明了方向。制度规范指向的是完备的考试机构、考试内容形式等，这是保障效能的基础与要素。法律法规、运行机制则指向正式制度保障，它是实现效能保障的关键；目标群体的利益满足、执行人员之间的关系确定则指向的是非正式制度层面保障，是效能实现不可忽视的因素。因而，幼儿园教师资格考试效能的实现离不开制度的保障，体现为制度的合理性、正式制度与非正式制度。

二　幼儿园教师资格考试效能保障的制度分析框架构成

如何进行幼儿园教师资格考试效能制度保障的考察？依前文关于制度范畴的讨论，结合幼儿园教师资格考试效能的特性，可从制度的合理性保障、正式制度保障和非正式制度保障三个范畴对幼儿园教师资格考试效能问题进行分析。

（一）幼儿园教师资格考试制度的合理性

幼儿园教师资格考试效能需要制度保障，但这并不意味着随意的制度安排能保障效能的发挥。能够为幼儿园教师资格考试效能提供保障的制度必须与教师资格考试效能所体现的理念一致，且满足幼儿园教师资格考试效能运行所需的规范体系。与此相反或无益于教师资格考试效能发挥的不佳制度势必会被淘汰。制度的生成与保障并非是个随心所欲的过程，对于效能保障所需要的制度而言，尤其需要具备足够的合理性。只有具备足够合理性的制度才能够得到人们的认同与理解，才能回答"为什么这样的制度才能保障幼儿园教师资格考试效能"这一问题。

前文对制度的范畴进行分析时简要介绍了制度的合理性问题。合理性最初是人类对自身行为反思的结果。在全球人类面临发展困境和生存危机的时刻，人们开始反思造成这种负面结果背后的指导思想和实践观念，试图通过对人类自身认识、决策和实践行为及其结果的正确性、正当性、正义性等方面进行系统反思，使其朝着合理化、科学化的方向发展。理论上，合理性意味着对长期以来占统治地位的理性主义的反省与重建，对价值和意义问题重新评估，这冲击着对理性的无限推崇，要求重评理性，从而关注人性、人本及其意义，关注生活、世界的价值。部分研究者认为合理性有两种含义：一是科学意义上的合理性，含有"合事实、合理性、合规律与合逻辑"的意思；二是本身就是价值判断，含有"合目的、合理想、合原则"的意思。① 也有人认为"合理性"应从三个角度去把握：首先，它意味着"合乎事实及其规律"，这是合理的客体尺度；其次，是"合乎人愿及目的"，这是合理的主体尺度；最后，是合乎人的理性，这是合理的实践尺度。② 鉴于此，合理性是一种对人类行为及其结果进行评价的标准和尺度，对人的活动及其结果是否"应当"、"正当"、"可取"所作出的判断和评价。

制度的合理性构成了保障幼儿园教师资格考试效能的基本起点。当然，制度的合理性具有不同的层次与种类，而不同的制度合理性取向又决定了研究者对制度价值取向不同的判定与选择。这些决定了幼儿园教师资格考试效能的基本立场与方向，一旦立场与方向混乱或者相悖，技术层面再完善的制度都不能起到保障幼儿园教师资格考试效能的作用。本研究从制度的实质合理性与形式合理性两个层面分析制度的合理性，忽视了其中任何一个都不可能发挥保障幼儿园教师资格考试效能的作用。

1. 幼儿园教师资格考试制度的实质合理性

（1）幼儿园教师资格考试制度实质合理性内涵

幼儿园教师资格考试效能保障所需要的制度实质合理性是制度在保障、实现特定价值目标上的合理性，强调对制度自身价值属性的反思与评价。幼儿园教师资格考试制度的实质合理性首先体现在制度要具有公正性，能够照顾到社会成员相互间的权利—义务关系。正如罗尔斯所言："正义是社会制度的首要价值，正像真理是思想体系的首要价值一样。一种理论，无论它多么精致和简洁，只要它不真实，就必须加以拒绝和修正；同样，某些法律和制度，不管它们如何有效率和有条理，只要它们不正义，就必须加以改造和废除。"③ 虽然幼儿园教师资格考试效能保障最为直接的表现是完整的制度构成与规范的程序，但其背后隐藏着诸如制度是否正义、正当、公正等内在的合理性需求，这些更加应该引起重视。我们在谈到幼儿园教师资格考试效能的制度保障时，功利主义更加注重制度

---

① 赵士发：《关于合理性问题研究综述》，《人文杂志》2002 年第 2 期。

② 郑文先：《合理性问题讨论综述》，《武汉大学学报》（哲学社会科学版）1995 年第 5 期。

③ ［美］约翰·罗尔斯：《正义论》，何怀洪等译，中国社会科学出版社 1998 年版，第 1 页。

的效率，即制度应该为社会成员带来最大的福利，能够以最少的投入换来最大的回报。这种以功能本身来定义制度是否合理只是一种纯粹工具性、技术性上的阐释，这种制度的确能够在短时间内保障幼儿园教师资格考试效能，但不能保持长久的作用。缺乏内在核心精神的制度就像茫茫大海中失去向标的船只，纵使它有千锤百炼的技能躲过狂风巨浪，但却永远找不到前进的方向。因此，制度的实质合理性是不可忽视的重要层面，最为体现制度实质性的当属公正性。

很多情况下会存在公平、正义等词语与公正交替使用甚至混乱使用的情况。正如王海明所言："公正、正义、公平、公道是同一概念，是给予人的应得行为；不公正、非正义、不公道乃是同一概念，是行为对象应受的行为，是给人不应得而不给人应得的行为。"① 在一些文献中也曾出现过几个词语词义相近，使用重叠、混乱的情况。② 本文之所以采用"公正"一词，原因如下：

首先，从公正与正义来看。虽然正义与公正在英语中同为一个词"justice"，正义涉及人学的问题，它是基于人的生命价值和身份尊严的平等。正义的本质是有关人生意义和人类价值的哲学问题，它的探讨对象是人类社会以及人的生活、人的价值等，而不是物的世界。例如，柏拉图以正义统摄智慧、勇敢与节制，把它作为"四主德"之"至德"；亚里士多德把正义视为"全德"，他们都明确地把正义作为道德的中心概念。但罗尔斯所言的"正义"不仅仅是人的价值问题。他关于"正义"的解释属于政治哲学范畴，关注的主要问题是社会的结构形态以及分配形态，即"是社会主要制度分配基本权利和义务，决定由社会合作产生的利益之划分的方式"。③ 因而，公正的研究范畴主要集中在政治、法律等领域，更多强调公共关系的权利以及主体利益的分配。而正义则是一种价值理念，具有普遍性，它强调的是人类追求自由平等的价值观念与期待。在二者之间，公正是正义在具体层面的体现，通过制度公正的制定与执行来实现社

---

① 王海明：《公正、平等、人道：社会治理的道德原则体系》，北京大学出版社 2000 年版，第 3—4 页。

② 冯建军：《论公正》，《河南师范大学学报》（哲学社会科学版）2007 年第 5 期。

③ ［美］约翰·罗尔斯：《正义论》，何怀洪等译，中国社会科学出版社 1998 年版，第 7 页。

会的正义理念。所以，"公正是与一定制度性因素相联系的正义"。① 以此分析看来，罗尔斯的"正义"阐释更多的是在制度利益分配这一层面，更多指向"公正"。通过对公正与正义的关系的分析，研究者认为"公正"一词更适宜被用来分析制度的实质合理性。

其次，从公正与公平二者来看。公平用英语表达为"Fairness"，"公正"与"公平"两个词语的概念较为接近。在很多情况下二者替用较多，但若仔细推敲，会发现这两个概念存在细微差别。公平强调标准的统一尺度，在处理事情时合乎实际，不出现标准不一以及偏袒的情况，具有工具性特征，强调客观的事情与价值中立。因而，在现实社会中，调节人们利益关系的公平标准强调的是标准的一致性，是公正原则的具体体现，是对社会制度原则的补充处理。"这种处理可以完善社会制度并使得具体的处理方式就总体而言具有公正的性质，公平的核心是平等。"② 公正不仅有公平之意，在强调客观事实的同时还具有价值立场。同时，公平的分配是否公正，不取决于公平本身的规则，而取决于正义。"公正、正义的基本价值取向决定着公平的正向意义，一旦社会丧失了公正、正义的基本价值取向，一些个人或群体便可借口公平的规则将有利于自身却有损于他人的做法付诸实施，给社会带来负面的影响。"③ 与公平相比，公正还带有明显的价值取向，它要符合正义的要求。总之，公正的"应然"成分多一些，公平的"实然"成分多一些。作为制度合理性的论证，它不仅需要一种客观的事实，更应是带有价值取向的选择。"公平"可以作为呈现制度保障的结果，却不能代表制度本身的价值立场，而公正作为公平与正义两者的结合，明确表明了制度应该具有的价值立场，贴近制度合理性的实质，因而更具说服力。

最后，从公正与平等来看。真正意义上的平等必须以公正为前提，同时公正的实现包含平等的要求。公正理念的实现以社会成员权利和义务平等、分配合理为前提。按照冯建军教授的解读，平等有两个层面的含义："一方面，平等表达了相同性的概念；另一方面，平等又包含着公正。"④

---

① 冯建军：《论公正》，《河南师范大学学报》（哲学社会科学版）2007 年第 5 期。
② 王桂艳：《正义、公正、公平辨析》，《南开学报》（哲学社会科学版）2006 年第 2 期。
③ 冯建军：《论公正》，《河南师范大学学报》（哲学社会科学版）2007 年第 5 期。
④ ［美］乔·萨托利：《民主新论》，东方出版社 1998 年版，第 381 页。

按此推理，平等也应该具有两种解释，即"相同性平等和公正性平等。"①相同性平等指两个事物完全平等，也就是所认为的绝对性平等，即平均。通常这种不顾个体能力、爱好、兴趣、差异，按照某种标准平均对待的方式本身也违背了公正的本意。公正是基于差异性，"要求对相同的差别给予相同的待遇"，②按照差异来对待喜爱真正体现了公正的平等。因此，并非所有的平等都能代表公正，而是有一定限度的，这种限制的依据就是正义。如果用平等一词来分析制度的合理性，这是不严谨的，由于平等这个词本身的相对性，会使我们采用这个词语来解释制度合理性时陷入矛盾状态。通过对公正、正义、公平、平等的分析，研究者认为"公正"一词的含义更为符合本研究中制度的实质合理性，而幼儿园教师资格考试制度的实质合理性最为重要的就是体现出制度的公正性。

（2）幼儿园教师资格考试制度实质合理性的表现

首先，幼儿园教师资格考试制度应指向制度内部人员的公共利益。幼儿园教师资格考试本身是一种"技术活"，但若是与具体的政策相结合，就产生了个人利益之外的社会利益。由此可见，当作为价值中立的考试一旦涉及社会情境，就具有了社会利益。参加幼儿园教师资格考试的个人都抱有个人利益。多元而零散的个人利益需要通过考试制度的规范来汇聚合力，从而在尽量满足个人利益的情况下，通过教师资格考试活动也能实现其社会利益。但在现实中要做到这种平衡是较难的，尤其是幼儿园教师资格考试制度中的个人利益与社会利益存在冲突时，应如何取舍？以布坎南为代表的公共选择理论认为，根本就不存在个人利益与社会利益的冲突，只会存在个人利益与个人利益之间的冲突，人都是为了自身利益的实现而采取行动的。而坚持团体利益取向的人们认为，个人之所以要加入团体，就是因为依靠个人的力量难以获得个人利益，个人只有通过对团体利益的追求才可能实现自己个人利益的满足，因而在幼儿园教师资格考试制度中重点考虑团体的公共利益。幼儿园教师资格考试制度不管是在制定还是在执行过程中，都不会只考虑政策过程中单一主体的利益，也不会只满足政策过程中单一团体的利益。因此，要超越单一主体和团体的利益，形成公

---

① 冯建军：《论公正》，《河南师范大学学报》（哲学社会科学版）2007 年第 5 期。

② ［美］乔·萨托利：《民主新论》，冯克利等译，东方出版社 1998 年版，第 383 页。

共利益，只有当公共利益得到满足时，制度才会得以延续。

其次，追求幼儿园教师资格考试制度过程中的公正性。追求教师资格考试过程中的公正性应符合以下原则：其一，资格考试管理者公平对待内容、成员，对待相同的人或事物具有相同原则；其二，制度的具体操作能够体现公正操作；其三，多主体参与幼儿园教师资格考试制度以确保有不同参与者的声音，进而整合不同主体的利益；其四，制度内部信息公开透明，幼儿园教师资格考试制度参与主体明确制度具体内容、制度实施的情况及制度的具体要求与规范；其五，为体现公正性，幼儿园教师资格考试制度需要有效的监督机制。

2. 幼儿园教师资格考试制度的形式合理性

（1）幼儿园教师资格考试制度形式合理性的内涵

幼儿园教师资格考试制度形式合理性是指制度要遵循特定的、可操作的程序或原则以确保制度的执行。按既定程序和秩序进行，最为关键的是要体现出程序的规范性。因此，制度的规范性和标准化成为幼儿园教师资格考试制度形式合理性的重要体现。程序是"指根据时间的安排来确定工作的具体步骤；或者用电子计算机自动计算问题，需要事先确定解题过程，并用其指令或机器所能接受的语言描述出来，描述的结果称为程序。"① 因此，程序主要指按照一定的规则与要求来对具体的活动顺序进行安排，通常指向活动的流程。制度的形式合理性表征着实现制度实质合理性的活动顺序、方式和步骤等一系列规则和标准问题。

（2）幼儿园教师资格考试制度形式合理性的表现

首先，幼儿园教师资格考试制度程序的科学化。所谓科学化指幼儿园教师资格考试应合乎规律性。其次，幼儿园教师资格考试程序的秩序与效率。秩序主要指幼儿园教师资格考试活动中存在某种一致性、连续性和确定性。若缺乏秩序，幼儿园教师资格考试的相关工作就无从开展。效率指幼儿园教师资格考试的设置与运作应以最小成本获得最大化收益，通过降低和减少制度安排与实施过程的成本，如所花费的时间、人力、物力和财力，而获得最大的实际收益。再次，幼儿园教师资格考试的体系完整。所谓体系，是由若干相关部分组成的有机整体。资格考试制度的体系是由国

---

① 《辞海》，上海辞书出版社1994年版，第1974—1975页。

家资格考试管理部门形成的统一整体以及部门间的关系。幼儿园教师资格考试制度能够顺利运行需要一个完备的体系，包括相应的管理部门和部门职责的有机分工。最后，幼儿园教师资格考试制度的相关要求要具体明确。制度所规定的理念要转化为实践操作，需要具体的规章要求与规定，确定制度目标群体该做什么，不该做什么。

（二）幼儿园教师资格考试制度分类

以上探讨了作为保障幼儿园教师资格考试效能的制度合理性问题，在确定应持有的价值判断后，将探讨制度在具体的操作层面上应如何发挥作用，以保障幼儿园教师资格考试效能。对于制度具体操作层面的考察存在不同视角和路径。鉴于目前幼儿园教师资格考试存在目标定位不明确、形式单一、程序线性、管理责权混乱等问题，制度经济学关于制度分类的研究视角能为系统分析幼儿园教师资格考试效能保障问题提供全新借鉴。分类是进行社会科学研究时较多采用的研究方法，其特点是以承认不同对象具有某些共性和可比性为前提，界限分明、路径清晰、互为内在逻辑。制度经济学通常把制度划分为正式制度与非正式制度两个范畴，二者对社会生活产生重要的影响。但人们往往更为关注正式制度的作用及其在日常生活中的表现，非正式制度由于其内隐性常常受到忽视。幼儿园教师资格考试的正式制度与非正式制度作为制度两个不可分割的部分，既是对立的也是统一的，在一定的条件下可以相互转化。就幼儿园教师资格考试制度而言，正式制度与非正式制度的划分具有界限清晰、涵盖全面的特点，为分析幼儿园教师资格考试效能提供了全面图景。

1. 幼儿园教师资格考试的正式制度

（1）幼儿园教师资格考试正式制度的内涵及其分析维度

正式制度与非正式制度的划分标准是制度的形式和实施机制，即是否有成文规则、权威性的执行和监督机构。若制度以成文形式存在，并且由权威机构执行与实施就是正式制度。正式制度是人们通过正式的方式并且有意识建立起来的各种制度安排，如各种成文的法律、法规、政策、规章、契约等。就幼儿园教师资格考试制度而言，正式制度主要指与幼儿园教师资格考试相关的法律法规、机构组织、运行机制等。

法律法规制度中不仅包含具有法律效力的成文法，还有一个不可忽略的内容即公共政策。关于公共政策这一概念，不同研究者有不同视角和维度，结合自身情况：公共政策的制定主体是具有权威性的国家机构即党和政府。在内涵上，公共政策具有多种形式，如法规、条例、措施、办法、方案、规划、指南、文件等。广义的公共政策包括元政策、基本政策和具体政策，狭义的公共政策仅指具体政策。本书界定为正式制度的公共政策是指具体政策。公共政策之所以能够成为正式制度的重要组成部分，其原因在于：第一，公共政策具有公共性和权威性。公共性意指公共政策的范畴属于从私人领域中抽离出来的诸如公共教育、公共资源、公共舆论、公共秩序等公共领域的现象，它对公众在公共领域中的行为、权利和义务进行约束和规范。①此外，公共政策的权威性表现在其制定和实施的主体即国家政府享有决策资源、综合运用专家智库、搜集社会信息方面的权威性地位，以及公共政策在执行其功能时享受的权威性。其次，公共政策具有规范功能。公共政策的规范功能指政府通过公共政策对社会行为进行规范和管制，对社会生活中出现的影响社会发展的问题进行规范和约束。最后，公共政策的表现形式具有文本性。广义上的公共政策包括法规、条例、措施、办法、方案、规划、文件等，这些表现形式通过严肃、正式、规范的公文形式发布。同时，公共政策可以补充成文法中的空白和缺漏，以配合成文法，共同发挥规范的作用。

综上分析，结合幼儿园教师资格考试制度自身的特性，本研究认为正式制度应从三个层面给予分析：首先，与幼儿园教师资格考试相关的法律法规与公共政策；其次，与幼儿园教师资格考试相关的组织及其规则；最后，幼儿园教师资格考试的运行机制。幼儿园教师资格考试制度的法律法规与公共政策文本是宏观上的规定，决定着组织制度及其规则，组织制度是法律法规制度的反映。幼儿园教师资格考试的运行机制离不开法律法规制度与组织制度的双层平台的保障，但机制又有助于法律法规和组织制度的要求的实现，它们需要借助幼儿园教师资格考试的运行机制来实现自身的价值与功能。这样的立体循环结构从正式制度层面保障了幼儿园教师资格考试效能。本书关于幼儿园教师资格考试效能保障的正式制度分析路径即采用以上三个层面。

---

①　包艳：《行动与制度实践》，博士学位论文，上海大学，2008年，第41页。

（2）幼儿园教师资格考试正式制度的特点

幼儿园教师资格考试正式制度具有以下特点：首先，正式制度以文本为主要表征形式。正式制度通常都是以文本的形式表现出来的，文本也成为正式制度的表征形式，例如《教师资格条例》、《教师资格条例实施办法》。其次，正式制度具有强制性。制度一旦形成，为了确保制度效果的实现，要求有专门的维护者和实施者，制度内的个体要想不被制度淘汰就要遵守制度内的规则。再次，正式制度具有确定性。在制度作用的有效期内，正式制度有明确的规定与要求，确定制度内人们的行为，明确群体内人们的心理预期，使人们能够按照预先既定的要求做事从而达成预期的结果，降低人们在互动交往过程中的不确定性，降低交往成本。最后，正式制度的更新与变革较为迅速。幼儿园教师资格考试正式制度与社会背景、社会变革密切相关，资格考试正式制度具有很强的时代性，更新换代的速度较快。

2. 幼儿园教师资格考试的非正式制度

（1）幼儿园教师资格考试的非正式制度的内涵及其分析维度

非正式制度是相对于正式制度的概念，是"指对人的行为不成文的限制，通常被理解为在社会发展和历史演进过程中自发形成的、不依赖人们主观意志的文化传统和行为习惯，如社会的价值观念、伦理规范、文化传统、习惯习俗、意识形态等。"[1] 之所以有非正式制度的存在，首先是因为正式制度不可能囊括和穷尽人的行为，无法对人的任何行为进行有效规定。法律化的正式制度仅仅是对人类行为的一小部分进行约束。正如诺斯所指，"即使在最发达的社会中，正式制度安排也只是决定选择的总约束的一小部分，人们生活的大部分空间仍然是由非正式制度安排来约束的。"[2]

非正式制度作为制度系统的重要组成部分，是规范社会成员的行为准则，这种规范具有非强制性，主要依靠个体内在的自省和外部的舆论褒奖，对社会成员具有普遍的约束力。由此可见，非正式制度不是通过强制

---

① 唐绍欣：《非正式制度经济学》，山东大学出版社 2010 年版，第 18 页。

② ［美］道格拉斯·C·诺斯：《制度、制度变迁与经济绩效》，杭行译，三联书店 2008 年版，第 49 页。

性的方式来规范社会成员的，而是通过更为内隐的方式潜移默化地影响人们的行为，常常以无形的方式表现出来，或者说在一定程度上内化为社会成员的行为，对社会经济各方面产生间接作用。非正式制度的内生性与潜在性越来越得到学者的关注，国内学者①孔泾源、王询、翟学伟等都从不同的视角来探讨非正式制度对社会各个层面的影响。比如，涉及关系模式对经济制度的影响，日常权威对社会活动的影响等等。

就幼儿园教师资格考试而言，非正式制度并不一定指漂浮在上层的价值观念和伦理形态，主要是指幼儿园教师资格考试相关负责人员之间的利益关系、身份、权力等支撑正式制度的隐形因素。目前，研究者们往往过于重视正式制度的影响而忽视非正式制度影响的存在，这与非正式制度的隐形性、难于观察、难于研究等特点有较大关系。分析幼儿园教师资格考试效能问题，不仅要关注外显正式制度的功效，更需要注重起着更为关键性作用的非正式制度。法律法规、组织机构的正常运行往往与该制度相关执行主体之间的利益需求、身份、权力有重要关系。因此，为了更加透彻、准确地把握幼儿园教师资格考试效能保障问题，需要在关注组织的同时关注规则，在关注正式制度的同时关注非正式制度。

（2）幼儿园教师资格考试非正式制度的特点

与正式制度相比，幼儿园教师资格考试非正式制度存在自发性、广泛性、持续性以及非强制性等特点。幼儿园教师资格考试制度的自发性指非正式制度有相当一部分由文化影响和生活习惯累积而成，人们遵循某种非正式制度常常是由于习惯而不是基于理性的安排。幼儿园教师资格考试中参与主体的行为指向、习惯与文化影响相关。非强制性是指非正式制度主要靠制度参与主体的内在自觉意识维持，而非强制性的实施组织与机制。幼儿园教师资格考试中参与主体间的关系维护，在很多层面上不能靠外在组织来维护。持续性指非正式制度一旦形成将长期延续下去，影响也较为深入。就幼儿园教师资格考试来说，外在的组织、机构有了变化，但个人

---

①　孔泾源：《中国经济生活中的非正式制度安排》，《经济研究》1992 年第 7 期。

王询：《人及关系模式与经济组织的交易成本》，《经济研究》1994 年第 8 期。

王询：《组织内的正式与非正式关系》，《东北财经大学学报》2000 年第 2 期。

翟学伟：《土政策的功能分析——从普遍主义到特殊主义》，《社会学研究》1997 年第 3 期。

翟学伟：《中国社会中的日常权威：概念、个案以及分析》，《浙江学刊》2002 年第 2 期。

的工作方式与长期积累的身份、权力关系则很难改变，非正式制度的变化需要较长时间的调整。广泛性指幼儿园教师资格考试非正式制度的作用能渗透到制度中的各个环节，是一种弥漫性与隐性的结合，其影响甚至超过正式制度的作用。

表 2　　　　　　　　幼儿园教师资格考试效能保障的制度分析框架

分析维度	分析指标
制度合理性	幼儿园教师资格考试制度的实质合理性
	幼儿园教师资格考试制度的形式合理性
正式制度	幼儿园教师资格考试的法律法规与公共政策
	幼儿园教师资格考试的组织制度
	幼儿园教师资格考试的运行机制
非正式制度	执行人员的身份关系
	执行机构的权力分析
	利益主体的博弈

第二章 公正与规范：幼儿园教师资格
考试效能制度保障的出发点

这一章从制度的合理性范畴来分析幼儿园教师资格考试效能保障问题。制度的实质合理性表现为制度公正，制度的形式合理性表现为制度规范。首先对制度公正与制度规范的基本规定性做了阐述，明确了判定制度公正与制度规范的基本立场，之后在实践场域分析幼儿园教师资格考试制度在公正性与规范性上存在的问题。

第一节 制度公正：幼儿园教师资格考试效能保障的实质出发点

一 公正及制度公正的内涵

（一）公正

在西方，公正是一种关于行为应该如何的道德原则。《理想国》中柏拉图把公正与智慧、勇敢、节制并列为"四主德"，并认为公正应比其他美德更为重要，是人的最高境界。[①] 亚里士多德认为公正是一切德行的汇总。[②] 尔后的人们往往都借用亚里士多德对公正的理解，将公正看作是一切善的、应该的、正当的道德行为；但反过来，善的、应该的、道德的行为不一定都正当。正如弗兰科纳所言："并不是一切正当的都是公正的，一切不正当的都不是公正的，公正的范围只是道德的一部分而不是全部。"[③]为了解决这样的问题，柏拉图认为：公正就是给每个人以恰如其分的报答。[④] 与此类似，西塞罗也把公正描述为"使每个人获得其应得东西

---

① ［古希腊］柏拉图：《理想国》，郭斌等译，商务印书馆1986年版，第58页。
② 苗力田：《亚里士多德全集第八卷》，中国人民大学出版社1992年版，第36页。
③ William K. Frankena, Ethics, Prentice—Hall, Englewood Cliffs, New Jersery, 1973, pp. 46.
④ ［古希腊］柏拉图：《理想国》，郭斌和等译，商务印书馆1986年版，第78页。

的人类精神意向"①。西塞罗的"公正"定义成为西方研究公正的经典定义，后来的研究者都是在此基础上完善对公正的理解。例如，霍布斯认为公正就是给予每个人所应得的不变的意志。当代罗尔斯对"作为公平之正义"的原则作出设计。他们在理念背后都坚持着一个共同的声音：公正就是各得其所或得其所应得。

在我国，王海明认为："公正即是利与害之间交换的行为。在这里，权利与义务交换是公正的根本问题，所谓根本公正，便是权利与义务相交换的公正，是关于权利义务的公正。"②陈忠武认为："就其能够表述的内涵而言，可以定义为人在相同的起点或相同的初始条件下都愿意参与合作并从合作中受益的指导原则，它是一个超越了个人之间的亲情或血浓于水这类人的情感关系的互惠原则。公正既不是利他的要求，也不是利己的欲望，而是个体为了与其他个体平等自由地共存而自愿接受的预设前提，一个终极的价值，一组操作的规则，一种现实的制度背景。"③总体来看，公正就是对人的社会行为和社会关系是否正当的追问，是人类社会所追求的永恒的价值理念与遵循的行为准则。

公正作为伦理原则，本质上是调节人与人之间各种社会关系的规范，宗旨在于形成合理的社会关系与体系，成为人们幸福生活的保障条件。此外，公正是对社会利益关系分配的价值评估。在现实社会中，利益的分配涉及分配的原则以及分配标准，在某种程度上，对一个社会的价值评估也是对社会中利益分配及其结果的审视。换言之，"社会关系是否公正，在某种程度等价于这种利益关系的分配是否公正，意味着对这些分配原则或标准及结果作出了断定和评价。"④

（二）制度公正

公正在理念层面体现着正义，在现实中则通过制度或者规则体现出来。在制度层面追求的首要价值就是公正，首先，制度的设计与执行要以社会公正为基点；其次，公正应该成为人们衡量制度合理的价值标准；最

---

① ［美］博登海默：《法理学、法哲学及其方法》，邓正来等译，华夏出版社1987年版，第238页。

② 王海明：《公正平等人道》，北京大学出版社2000年版，第14页。

③ 陈忠武：《人性的烛光》，云南人民出版社2004年版，第144页。

④ 宋增伟：《制度公正与人性完善》，中国社会科学出版社2010年版，第35页。

后，要把公正性作为评判制度合理性的一个权威来源。正如霍秀媚认为："制度公正是两个层面的问题，首先人们要有追求制度公正的理念；其次在制度具体的设计与执行过程中体现公正性与引导性的操作体系。"①高兆明认为制度公正具有两个层面的内容："首先是制度的公正，强调的是理念、制度本身应该具有公正性；其次是指公正的制度化，认为制度公正的理念要转化为具体的制度层面，力图揭示制度公正化外在表征的过程。"②程寿认为判断制度存在的根本依据在于制度是否具有公正性，合理的制度应该是符合社会正义理念以及原则，是社会成员对资源、权利、义务分配的基本参照，是社会中主体利益分配的基本原则。简言之，制度公正是处理人与人、人与社会以及人与自然关系的最高价值标准，即是衡量制度合理性的根本标准。③ 宋增伟认为制度公正是人类制度文明建设过程中社会对权利和义务进行分配时的公正化程度和状态，具体是说明在制度运行的整个过程中都要遵循公正性原则。④

综上所述，任何一项制度的设计与安排，都隐含着制度设计者的基本价值诉求。幼儿园教师资格考试制度的价值追求应该符合社会基本的价值诉求，公正性应该成为教师资格考试制度的核心价值。本文认为制度公正包含两个方面：首先是制度本身的公正；其次是制度公正化的具体体现。鉴于此，作为保障幼儿园教师资格考试效能的制度公正也包括两个不可分割的部分，即制度理念的公正与公正理念的制度化（公正的具体表现），两者缺一不可，共同构成了幼儿园教师资格考试效能的制度公正。

二　幼儿园教师资格考试制度公正的基本规定性

（一）幼儿园教师资格考试制度应公平对待制度目标群体

公平对待指在制度操作层面上保障幼儿园教师资格考试制度目标群体权利的具体方式，制度中的公平对待包括三层含义。第一层含义是运用相同的原则对待同样的人和事物，采用同样的标准处理同样的事情，

---

① 霍秀媚：《制度公正与民主政治》，《探求》2003 年第 2 期。
② 高兆明：《制度公正论》，上海文艺出版社 2001 年版，第 30 页。
③ 程寿：《论制度正义与道德自觉》，《四川行政学院学报》2004 年第 1 期。
④ 宋增伟：《制度公正与人性完善》，中国社会科学出版社 2010 年版，第 35 页。

即"个人和权力机关应对同等情况下的他人一视同仁",①但这里的一视同仁不是搞平均主义，平均主义的内在实质是不公。一视同仁是在尊重目标群体个人差异的基础上区别对待。因此，在幼儿园教师资格考试制度的保障中，如何做到根据目标群体的差异作出相应调整是值得政策制定者深思熟虑的问题。第二层含义是指应该尊重制度中个体或者群体的权益。每个群体都应尊重群体内部个体的尊严和利益，不应以牺牲他者利益来满足自身利益。这要求在制度设计的时候明确其适用范围，所有满足条件的准入教师都应该有机会参与到考试中，都有机会争取自己的职业权利，不应有任何的差别。第三层含义类似于法律界所说的"无偏祖的中立"，即"在决策过程中与自己有关的人不应该参与进来"。政策的参与者应该保持身份与观点的客观中立，不受外界的个人或者组织的影响，结果中不应包含纠纷解决者的个人利益，纠纷解决者不应有支持或反对某一方的偏见。② 在幼儿园教师资格考试制度的执行过程中应采取相应的措施，以保证政策制定者和实施者不能将自身利益倾向和价值偏好体现在政策之中，保持其价值中立。因此，教师资格考试的出题人员、教师考试机构、教师资格认证机构等在其执行工作过程中应保持客观和中立，杜绝因这些权力机构工作人员的私利而影响制度运行过程中的公正立场。

（二）幼儿园教师资格考试制度的执行要体现公正操作

虽说制度的形态不以人的意志为转移，但制度的设计与执行都与人密切相关，涉及制度设计者的利益与价值观念，并极易受这些因素影响，为了确保制度的公正应该减少人为因素带来的制度不公问题。现代学者波普尔说得更为理性和贴切："我们需要的与其说是好人，还不如说好的制度，我们渴望得到好的统治，但历史的经验向我们表明，我们不可能找到这样的人。正因为这样，设计对我们不会造成损害的制度是十分重要的。"③ 奥斯特洛姆也曾说过："一项有利于双赢关系的安排，以及阻碍损害或者伤害关系的安排，只能通过谨慎选择、运用公共理解的行为规则、

① 柯武刚，史漫飞：《制度经济学：社会程序与公共政策》，商务印书馆 2000 年版，第 93 页。

② 张文显：《法理学》，高等教育出版社 2003 年版，第 43 页。

③ 波普尔：《猜想与反驳》，傅季重等译，上海译文出版社 1986 年版，第 491 页。

制约具有潜在多样性的人类行为而得到。"①具体来说，公正操作需要程序的公正予以保障，而程序的公正则可包括三类，对程序公正划分具有代表性的是罗尔斯对于程序公正的理解，即纯粹的程序公正、完善的程序公正和不完善的程序公正。

"纯粹的程序公正"是指制度的程序安排与规则要求决定了制度的安排，任何制度的设计与执行都取决于程序与规则的要求，不考虑具体的实际情况。这意味着在纯粹的程序正义中，不存在对正当结果的独立标准，而是存在一种正确的或公平的程序，这种程序若被人们恰当地遵守，其结果也会是正确的或者公平的，无论它们可能会是一些什么样的结果，② 其优势在于在满足正义的要求时，它不再需要追求无数的特殊环境和个人在不断改变着的相对地位，由此我们避免了将由这类细节引起的非常复杂的原则问题。③纯粹的公正的出发点是制度的普遍性立场，制度的设计不能破坏程序公正来满足一些特殊要求，因为在事实面前，任何问题都是平等的，不存在谁优先于谁的情况。就幼儿园教师资格考试制度而言，纯粹的公正是指制度执行者在教师资格考试考核过程中不偏向某一群体的报考者，并且在执行过程中要严格去操作，这样的结果就应该被认为是公正的。完善的程序公正具有两层意思，罗尔斯对这两层意思作出了具体表述：首先，公正是什么要有明确的界定，公正要有分配标准；其次，要设计出一种能够达到公正预期的程序。④就幼儿园教师资格考试而言，要想实现公正的操作需要存在决定幼儿园教师资格考核运行是否合乎公正的标准，同时还需要保障这一效果得以实现的程序。因此，完善的程序公正具有两个关键要素，即公正标准和保证幼儿园教师资格考试运行结果公正的程序。但在罗尔斯看来，这种既保证结果的公平，又保证程序的公正虽有可能，但在一般情况下做到完善的程序公正却是罕见的。不完善的程序公正是指存在一种公正的程序，但这种程序未必能够达成公正的效果，基本

---

① 文森特·奥斯特罗姆：《复合共和制的政治理论》，毛寿龙译，三联书店 1999 年版，第 46 页。

② ［美］约翰·罗尔斯：《正义论》，何怀洪等译，中国社会科学出版社 1998 年版，第 82 页。

③ 同上。

④ 同上书，第 81 页。

标志是："当有一种判断正确结果的独立标准时，却没有可以保证达到它的程序"，[①]也就是说我们认为的合理结果，依照现有的程序无法达成。

（三）幼儿园教师资格考试制度需要多方参与

通常，为使制度的公正理念和精神得到贯彻和落实，减少制度执行过程中的阻力是不可忽视的重要一环。制度很好地得到落实、减少实施过程中阻力的关键之处在于得到相关参与人员的认同、支持和理解。因此，在制定幼儿园教师资格考试的相关规定与要求时，应当让制度的相关人员参与，尤其要允许教师资格考试的目标群体有着充分参与的权利和表达意愿的机会，这样的制度才能充分调动目标群体的积极性，同时保证参与人员的沟通与交流。就目前我国制度的执行普遍情况而言，普遍采用"自上而下"的运行模式，特点在于：第一，从影响制度的因素分析。从"人"的因素来看，该模式注重制度执行的权力，致使执行者在制度的实施过程中出现"一言堂"或"口令"代替程序的情况，远远脱离了群众。就幼儿园教师资格考试而言，幼儿园教师资格考试制度相关负责的执行人员往往持有绝对权力，忽视了目标群体的声音与表达。从"机构"因素来看，该模式强调上层教育机构的绝对权威，极为重视上层教育机构对下层教育机构的领导和指挥作用。第二，从制度执行的过程角度分析。该模式重视制度执行的"上令下行"和"上情下达"，[②]过于推崇制度执行过程中的规范化和程序化。这使制度执行者呈现墨守成规、因循守旧等特点，以服从上级命令为己任，完全忽略了制度执行者个人在制度执行过程中的主动性、情境性和创造性。从制度执行的构建原则角度来看，该模式比较注重制度执行者的自由裁量权，倾向于以自己的价值选择和利益诉求取代制度机构的组织利益，从而实现制度执行者个人利益的最大化，在这背后则掩盖着制度不公的本质。由此，幼儿园教师资格考试制度相关参与主体的充分参与是体现制度公正的重要方面，尤其对幼儿园教师作为目标群体所表达的意愿与价值的尊重，是充分调动幼儿园教师参与资格考试的关键要素。此外，目标群体的有效参与体现出制度执行过程中的路径融合，打破

---

① ［美］约翰·罗尔斯：《正义论》，何怀洪等译，中国社会科学出版社1998年版，第81页

② 毕正宇：《教育政策执行模式研究》，博士学位论文，华中师范大学，2006年，第99页。

了以往绝对"自上而下"模式的垄断，为真正满足制度参与主体的利益需求奠定基础。

（四）幼儿园教师资格考试制度信息要公开透明

内部信息是否公开透明是衡量制度公正与否的另一个关键因素，即制度信息传达的对称与否问题。所谓信息对称，是指"群体或成员对于事关切身利益的信息具有平等知晓的权利。"[①]制度参与中的每个个体都拥有得到或公开得到团体内的信息共享，并且能够充分地说明获得信息途径的可靠性，作为制度的参与者，这些个体有权知道他在制度体系中接受何种处理方式，如果缺少这种信息途径，对目标群体的制约与规范是不被信服的。[②] 制度执行中的信息不对称有诸多不良后果：一是在选择制度执行者时会出现逆向选择问题，因制度制定者不能获得清晰、准确的信息，结果导致由不适当的人选具体承担政策执行的任务；二是会在制度执行过程中面临道德风险问题。政策制定者虽对人选作出了正确选择，但如果不能跟踪了解制度执行者的行为信息，制度执行者会利用其拥有的信息优势，将绝大部分的制度资源用于服务自身利益。[③] 为防止以上情况出现，需要将相关信息向有关群体或者个体公开，做到公开透明。只有制度公开透明，人们才明白自己应该做什么、怎样做、不该做什么，才能真正有效地遵守制度。因此，准幼儿园教师应了解资格考试制度的形成过程、具体内容、实施情况及具体要求与规范。相关负责机构应该如实、准确地反映以上问题，公开透明地让目标群体了解该制度中的具体问题。

（五）幼儿园教师资格考试制度需要有效监督

早在 100 多年前，美国著名政治学家伍德罗·威尔逊就曾指出："一个有效率的、被赋予统治权力的代议机构，应该不只是像国会那样，仅限于表达全国民众的意志，还应该领导民众最终实现其目的，做民众意见的代言人，并且做民众的眼睛，对政府的所作所为进行监督。"[④] 就我国的

---

① 崔波：《论高校教师考核制度公正》，《教育评论》2008 年第 1 期。

② 罗伯特·诺齐克：《无政府、国家与乌托邦》，何怀宏等译，中国社会科学出版社 1991 年版，第 107 页。

③ 丁煌，杨代福：《政策执行过程中降低信息不对称的策略探讨》，《中国行政管理》2010 年第 12 期。

④ ［美］威尔逊：《国会政体》，熊希龄等译，商务印书馆 1986 年版，第 164 页。

制度执行系统来看，监督机构一般实行双重领导体制：一方面，它受上级监督机关的领导；另一方面，又受同级党委和政府的领导。[①] 由于监督机关实质上是属于当地政府的工作机关，监督机关与当地制度执行部门有着密切的利益关系。因此，同级行政机关已经削弱了监督机关的指导作用，使监督机关成为当地政府机关的附属品。这种管理模式下，监督机关发挥的监督功效微乎其微。正如法国著名政治思想家孟德斯鸠所说："一切有权力的人或组织都容易滥用权力，而且他们使用权力一直到遇有界限的地方才休止。"[②]如果没有一定机构对权力的使用加以合理限制，监督的作用就很难体现出来。

现行管理体系中还存在监督"虚脱"和"弱化"现象，不采取一定的措施必然会导致制度的不公，从而影响幼儿园教师资格考试效能。鉴于此，首先应采取切实可行的措施从制度上确保专门监督机构的独立地位，为其监督功能的有效发挥扫清障碍。监督机构和体系不要完全依附于行政机构，要确保监督机构发挥专业的判断功能。学者丁煌认为，要将监督机构现行的所谓双重领导体制真正改变为垂直领导体制，从根本上改变监督主体与客体实际上共存于一个组织单元之中的不正常状况。[③] 因此，幼儿园教师资格考试制度的监督机构也要避免监督主体和客体共存于一个组织中，监督机构应保持独立的地位和专业判断的权利。其次，幼儿园教师资格考试制度的监督机构要明确自身监督职责，制定严格的监督程序，切实发挥其职能，为监督对象提供透明的监督程序与操作方案。

以上五点对如何贯彻幼儿园教师资格考试制度的公正作出了具体的阐释与分析，使我们从实践层面分析幼儿园教师资格考试制度的公正问题有了价值判断依据。

三　幼儿园教师资格考试制度公正的现实表征

通过对"公正"、"幼儿园教师资格考试制度公正的基本规定性"的

---

① 丁煌：《监督"虚脱"：妨碍政策有效执行的重要因素》，《武汉大学学报》（社会科学版）2002 年第 3 期。

② ［法］孟德斯鸠：《论法的精神》，张雁深译，商务印书馆 1982 年版，第 154 页。

③ 丁煌：《提高政策执行效率的关键在于完善监督机制》，《云南行政学院学报》2002 年第5 期。

解读，为幼儿园教师资格考试效能保障的实质出发点提供了判断依据和价值立场。制度公正作为幼儿园教师资格考试效能保障的实质出发点，在实践场域中如何表现，需要通过与负责幼儿园教师资格考试的行政人员沟通与交流，在这个场域中获得资格考试相关人员之间以及研究者与相关人员对该问题的意义阐释，在此基础上再现幼儿园教师资格考试的生动图景。

（一）幼儿园教师资格考试制度制定过程中对考试目标群体有失公平

自我国教师资格认证制度以及教师资格考试制度实施以来，幼儿园教师资格考试有两种途径：师范生的考试与非师范生的社会人员的考试。师范生的考试更多是考核，即师范生在学校期间完成相应学业，修过教育学、心理学两门课程，并通过"三笔一话"与体检的考核，自然可拿到幼儿园教师资格考试的证书。社会人员或者其他专业考生想取得幼儿园教师资格考试证书，必须通过教师资格考试，申请认定幼儿园教师资格的人员应当具备《教师法》规定的相应学历，即幼儿师范学校及以上学历。2011 年，国家启动新一轮教师资格考试制度改革，以浙江省和湖北省为试点，对报考幼儿园教师的报考条件做了调整，即报考幼儿园教师资格应当具备大学专科及以上学历。此外，政策还作出规定，改革后入学的师范类专业学生，申请中小学和幼儿园教师资格将参加教师资格考试。目前，幼儿园教师资格考试正处于改革变动的过渡阶段，负责幼儿园教师资格考试工作的相关人员都会按照国家政策对申请资格考试者进行审查，对符合报考条件的人员给予积极鼓励，并且做到认真对待。从这个层面来说，资格考试的目标群体得到了权利的尊重，政策执行者在执行过程中严格按照遵守国家与该市教师资格考试条例的规定。

> P1：我们以比较热情的态度来对待教师资格考试这件事情，不管是高校中即将毕业的学生申请教师资格认证，还是社会人员来参加资格考试，我们都坚持一视同仁的态度，积极鼓励有条件报考的考生参加考试。

由此可见，A 市幼儿园教师资格考试的管理人员能够按照上级政策的要求执行，并且尊重目标群体的基本权利，即参加考试的权利，同时通过某些特定方式让目标群体及时了解幼儿园教师资格考试制度的情况及流程安排，例如：

> P1：我们会通过电话热线和网络（我们的官方网站）来解答报考者在报名以及考试这个流程中遇到的问题，有些考生多次通过电话甚至来到我的办公室来询问，我们都给予一一解答。

A市的管理人员严格遵守国家政策的规定，不符合条件的坚决不予办理，符合条件的积极鼓励其加入教师队伍。

> P1：我们在这里也是严格按照国家的规定，对报考人员的条件进行把关，不符合条件的报考者我们不予受理，而凡是符合条件的报考者我们都积极鼓励，给予报考者最基本的权利，希望他们能够顺利报名，通过考试进入到教师这个队伍当中。

在幼儿园教师资格考试制度中，目标群体能否获得基本的权利是衡量制度公正与否的重要标志，只有目标群体的基本权利得到尊重与保障，才能说这个制度具备了公正的基本条件。而就该市的幼儿园教师资格考试制度而言，制度主体在观念上认同并在行为上维护目标群体的基本权利，通过多种途径满足目标群体了解该制度的情况。然而，一种制度不可能面对所有对象采取同一方式进行处理，有差别的对待才是真正的公正。

> P1：至于报考中师范生与非师范生的问题，这个不是我们能解决的，国家政策就这么规定，没有什么公平不公平，我们就是按照两种途径来分别实行认证与考试的，这是已经实行很久的政策了，也不需要太多质疑，虽然会产生一些不同的影响，但这就是政策规定呀。

由此可见，该市负责人清楚地认识到对于师范生与非师范生两类目标群体而言，现有的资格考试是不公平的，但这是国家政策的要求，按照惯性执行国家政策是理所当然的，毋庸置疑。

1. 对待教师资格考试目标群体内部不公

幼儿园教师资格考试的负责人员能够看到师范生与非师范生两种资格

考试互有优缺点，但大多认为这种做法理所当然，缺少对不同做法背后所体现出的理念和价值取向的反思。"国家政策就是这么要求的"足以阻挡万千质疑。表面上看执行人员已经意识到两种形式的程序不公，实质上是对幼儿园教师资格考试专业性导向的误读，结果导致了师范生免于考试导致门槛低，起点不公平，社会人员笔试和面试的考试方式是简单意义上的速成，违背了考试专业化的规律，同样是不公平的体现。

> P2：我们也负责一些教师资格认证的工作，在校生不需要另加考试，只有非师范生或者社会人员才要参加考试。师范生已经学了心理学、教育学等课程，师范生在校的 4 年就是系统学习教育理论的，那么我们凭什么还要他们再来参加考试。

执行人员缺乏对两种教师资格考试哪一种更可取、是否有新的要求或途径来突破以往瓶颈等问题的分析与反思。幼儿园教师资格考试的行政人员由国家和政府赋予其权力来行使职责，对"教师资格考试制度"最为了解和熟悉。因此，应要求他们在自己的工作岗位中发挥作用与职能，并对该政策在执行中存在的问题与困惑进行反思。还应要求他们通过专业反思向上级部门进行反馈与建议，例如，哪一种方式能够更为公平地对待申请幼儿园教师资格的人员？哪一种政策能够为报考者带来真正的平等，能够为他们服务，能够选拔合格的人才进入这个行业？这些思考是教师资格考试工作人员应当重视的。目前看来，申请幼儿园教师资格证书者需要参加统一的资格考试已成为一种改革趋势。尤其近年来，幼儿园教师的需求量在逐年增加，学前师资培养机构的数量也随着对幼儿园教师的需求增加而不断增加，但各层各类的培养机构质量良莠不齐，尤其对在校师范生的实习环节要求规范不一，造成学前专业师范生的培养质量每况愈下，学历教育已经慢慢丧失了优势。如果从选拔合格人才进入学前教育这个行业来看，师范生无须参加教师资格考试，而其他专业或者社会人员需通过考试取得教师资格证书，的确是值得我们深思的问题。

2. 考试处理的绝对化、标准化背后有失公平

2011 年前后可以作为幼儿园教师资格考试的一个重要转折点，由于政策的变化，幼儿园教师资格考试的改革正处于一个过渡与承接阶段。不

管教师资格考试的政策如何变革，报考的基本要求与规范是绝对性的标准。例如，学历不达标者不能授予，考试不合格者不能拿到教师资格证。教师资格考试追求规范性值得欣喜，这是一项工作能否制度化的重要体现。但在追求制度化所产生效率的同时，也应清醒地认识到如何在绝对化、标准化制度中照顾到不同群体对象的差异，"完全的"平等不是一种"真正的"公平。幼儿园教师资格考试处在改革的风口浪尖，申请教师资格的人员，将由省级自行组织改为参加全国统一组织的教师资格考试，"省考"升为"国考"。在这种"大一统"的形式下，似乎幼儿园教师资格考试的工作组织起来更为规范，由国家统一来实施，不管考生是来自何地、何种水平，只要是在初审的报考条件中通过，再通过国家标准化的考试，就可获得幼儿园教师资格考试证书。

　　P1：通常来说，考生的资质是存在差异的，相对偏远的区县的报考者确实由于受当地的经济、文化落后的影响，自身的能力与主城的各个区域的教师存在差距，这个是没有办法的，尤其是目前实行了全国统考，以后的趋势就是这样，规则面前，人人平等，我们也只能按规则办事。

　　仔细推敲，幼儿园教师资格考试在达成国家统一考试政策的同时，相应的配套政策也应跟进，否则一个新的政策会出现"孤立"或者"真空"状态。以该市为例，由于其特殊的行政区域划分，该市由40个区县组成，其中9个位于城市的主城区，下面还包括几百个乡镇。在这种多层次和差异性的范围内，报考者存在地区差异和水平差异，也就是所谓的起点不平等。如何在存在的差异基础上做到既不违反幼儿园教师资格考试政策普遍性的要求，同时还能关注和照顾弱势地区以及背景差异的报考者的需求，是一个不容忽视的问题。忽略了这一点就会造成通常认为的"起点不等，过程和措施相同，那么结果也会不等"的后果。目前，即便在A市统一组织的幼儿园教师资格考试中同样也存在这样的问题，然而却没有相应的政策措施给予补偿。

　　P1：关于不同区县的报考者这个问题，现在硬性的政策就这样。

从通过率上来看，的确存在主城区域的报考者通过率较高的情况，因为主城区的考生不管在信息掌握方面，还是在基础知识层面上，以及文化素养等方面都具有一定的优越性，其他区县的报考者只能自己更努力一些了。目前没有相应的倾斜政策或者措施来给予帮助。

在幼儿园教师资格考试一统化的趋势下，如何在起点上、过程中给予政策的补偿以避免因不同地区、不同文化、不同背景而产生的不公对待是政策制定者与实施者亟须考虑的问题。

（二）幼儿园教师资格考试制度目标群体参与性不强

幼儿园教师资格考试的目标群体是该政策的客体，是政策执行者的作用对象和服务对象。报考者对幼儿园教师资格考试的反馈应作为政策制定者和执行者重要的参考依据。报考者亲身经历了考试的报名、考试以及相应的管理工作，通过与政策执行者的沟通建构自己在资格考试过程中的意义阐释和感悟。作为重要的参与主体，报考者的感受与反馈应该成为一个重要的且不可忽视的考虑因素。该市幼儿园教师资格考试中报考者的"待遇"又是如何？

P1：一般来讲，政策上怎么要求，我们就怎么做，报考的人是不会给我们什么影响的，通常国家的《教师资格条例》实施办法颁布以后，我们会根据我市的现状作出微调，而这个过程基本上是教委中该部门的行政人员来做，不太可能有报考者的参与。

由上可以看出，制度执行主体和受作用的客体是平行关系，缺少双方之间的互动、交流与沟通。同时，缺少促成主客体之间交流的机制，过于重视严密的和单向的上下政策执行之间的模式与服从体系，忽视了政策中受作用的客体的信息反馈，这种模式是科层制的、集权制的和金字塔型的。报考者长期在这种模式的操纵下，丧失了质疑、争议的意识和能力，只会传达、贯彻甚至受训相应的任务。这种模式或者状态会导致政策失真，亦即政策执行的结果偏离了最初目标，[①] 政策失真是虚拟价值和现实

---

① 袁振国：《教育政策学》，江苏教育出版社 1998 年版，第 208 页。

价值之间的差距，虚拟价值或者理想价值是指政策在决策结束阶段所体现出来的理想价值状态，现实价值是指政策实施阶段结束之后所体现出来的现实性价值状态，[①]由于政策的理想价值和现实价值差距较大，在政策实施的过程中产生了普遍的严重不一致，当这种不一致的代价超过了政策价值主体的容忍程度，甚至会严重影响政策目标的实现。幼儿园教师资格考试制度缺乏作为制度参与主体的目标群体的"声音"，也会导致制度制定者与执行者在对制度实施效果评估时缺乏可信的依据，这是典型的"自上而下"政策模式的产物，究其原因在于 A 市缺乏制度主体与目标群体沟通的机制。

　　　　P2：怎么可能有报考者的意见呢，这些要求都是根据国家颁布的政策来实施的，而且教师资格考试过后，我们也没有办法再去询问报考者对这次考试的意见和反馈，我们都是按照工作的程序来进行，而工作程序中没有这个过程。换句话说，我们没有这样的途径，而且考生似乎也习惯怎么安排就怎么考，提出异议的人也较少。

　　缺乏沟通机制以及缺少目标群体——报考者的"声音"体现着制度"公正"中的多方主体参与理念的缺失。长此以往，这种模式不仅仅造成报考者的默认与驯服，更会造成该政策目标的偏离，造成政策效能大打折扣。

（三）幼儿园教师资格考试制度执行过程中信息不对称

　　一项政策或者制度在制定和执行过程中的信息对称与否，是制度公正与否的重要体现。为实现幼儿园教师资格考试的目标，资格考试政策的制定主体要监督与控制幼儿园教师资格考试执行主体的行为。同时，幼儿园教师资格考试执行主体为完成最终的工作也要控制报考者行为，这会不可避免地遭遇信息量在三者之间的分布不均的窘况。就 A 市的具体情况而言，A 市 2006 年以前由各区县自行组织教师资格考试，2006 年开始由市里来统一组织教师资格考试，出题和相应的考务工作都由市教委统管。2009 年实行全市统一命题，从只考教育学、心理学两科到考查教育学、

---

　　① 刘复兴：《教育政策价值分析》，教育科学出版社 2003 年版，第 176 页。

心理学、教育法律法规、教师职业道德、学科专业素质和综合实践能力。从行政分工来看，该市有关资格考试管理格局是一委三院，市教委负责政策制定与统筹，教育学院负责培训工作，考试院负责考试技术工作以及考务工作，评估院负责考试的评估并及时向市委反馈，我们认为这也是该市幼儿园教师资格考试管理格局的应然状态，各个单位部门之间的有机合作能够促进幼儿园教师资格考试的有效运行，确保教师资格考试的信息能够在各部门得到有效沟通。

在教师资格考试管理方面，尤其是幼儿园教师资格考试的管理格局并非这样，主要是教委统筹，教委通过工作小组形成后援机构，通过文件等方式把有关考试任务布置给各区县教委，各区县教委委托各区县教师进修学校（院）组织有关考务工作，区县教育行政部门的后援机构是进修学校。

　　　　P3：我们整个教师资格考试与认证的有关问题都是市教委在负责，我们只是具体在执行，从2001年就开始做这个事情了。市教委与我院的关系实际上不是直接关系，而是由市教育委员会到区教委，区教委再给我们，本来关系就是这样层层递进，我们只是具体在做事情。

　　　　P1：我市的幼儿园教师资格考试工作是由我们教委来总体负责，其他三院的行政级别是与我们平行的，只是由我们来统管这个事情。

由此可见，该市幼儿园教师资格考试管理部门的格局中由于三院是虚设的一种状态，那么教委基本上是与各区县进修学院直接联系，在这之中管理格局的应然与实然的矛盾导致幼儿园教师资格考试信息传达不畅。

　　　　P1：一般来说，教师资格考试都是我们教委来规划，我们一般是委托教师资格考试领导小组与各县进修学院具体来操作，其他三院实质上参与较少。

可见，市教委的信息传达基本上是与工作领导小组与进修学院来进行的。那么进修学院一方如何回应？

P3：比如说，让我们组织报名、组织培训、组织考试，都是要我们全权做这些事情。因为我们要报方案，方案报给他之后，他审批合格后，我们再做下一步的工作，就是这种关系。

市教委作为该市幼儿园教师资格考试的统筹管理部门与该市的教师资格考试后援队工作领导小组和各县进修学院的联系相当紧密，但其他三院与后援队的沟通相对较少。从几者间关系可以看出：市教委与其他三院在行政级别上是同级，四者之间有不同分工，市教委统筹管理幼儿园教师资格考试工作，但其他三院作用并不明显，形同虚设。在与下属单位的信息传达过程中，市教委也充当主要角色，其他三院更为少见。

P3：我们进修学院也具体不知道其他三院在负责什么，通常来说，市教委主要根据教师资格考试的相关条例来牵头做这些工作。具体的工作是分工来做，我们是按照教委的指示来开展工作。

由上可以看出，该市的教师资格考试后援小组（区县进修学院）承担着幼儿园教师资格考试的执行重要工作，受托于 A 市的市教委来实施资格考试，在与教委的工作汇报中，主要采用文件上交方式为主，面对面的座谈较少。

P3：我们这边的工作材料要上报到教委，等待教委检查和审批，教委也是通过这样的方式来了解我们的工作动态。所以，总结来说就是呈现最终的结果，较少采用座谈的方式。

P4：说实在的，我们只是清楚我们这个环节，其他的管理机构的职能我们也不是完全清楚，这个可能要问问市教委那边的人。

幼儿园教师资格考试的实施是在该市教委的统一部署下进行的，市教委分配单位各担其职。由于同层级或者不同层级单位之间的分工不同，缺少这些部门之间的信息沟通，存在信息不对称的潜在问题。首先，从同级行政分工来看，该市教委与其他三院之间的信息沟通较少，其他三院参与幼儿园教师资格考试制度的工作十分有限；其次，下属的各区县进修学院与其市其他三院存在不同层级之间的信息沟通不对称现象，这与三院的功能虚设有着很大的关系；最后，各部门与上级之间的沟通也限于材料和文件的回收以及下级向上级汇报工作。在这种简单和线性的政策制定与执行线路中，政策制定者不能从执行者那里获得清晰、准确的信息，会导致政策目标的偏离。信息不对称现象除了与幼儿园教师资格考试管理部门的职能以及履行方式有关，还与政策参与者自身的局限有关，即"经济人"人性使然。经济人追求自我利益满足，自私自利是其人性的现实反映。幼儿园教师资格考试制度中，制度的制定者与执行者都有着自己利益的追求，为了寻求自身利益的最大化，都会选择对自己有利的信息加以传递，规避对自己不利的信息。因此，几个机构之间的关系与沟通方式容易导致幼儿园教师资格考试在执行中的信息不对称现象。

此外，由人的有限理性所决定，人并不是万能的，人的认识是有局限的，人可以通过感官了解世界的万物，可是当人类在自然面前束手无策的时候，人们清楚地认识到自身的认识远远不足以征服世界。由于生理条件所限，人类大脑的信息存储量是有限的，对任务意识的加工能力也是有限的，政策制定者很难达到完全的、客观的"理性"状态，在制度执行过程中也难以完全地掌握与分析制度执行者的信息。[①] 由此，幼儿园教师资格考试制度中的执行人员会存在由于理性的限制而导致对信息掌握不全的情况，其关键在于几大管理部门之间的沟通与协调，这会在某种程度上打破信息的封闭，而缺乏有效的沟通与对话则会造成信息失衡。

（四）幼儿园教师资格考试缺乏第三方监督体系

作为现代社会的一种管理制度，监督对于组织高效率地实施其管理公共事务的功能具有重要作用。在实际的制度实施过程中，制度执行的有效性常常会由于这样或那样的原因而受到影响，甚至时常会出现执行活动偏离政策目标的不良现象，因而必须对制度执行活动加以有效的监督。

为保证幼儿园教师资格考试的顺利开展及其效能的发挥，应具有一个独立于政府的、专业的监督机构对幼儿园教师资格考试的运行给予监督。

---

① 丁煌：《政策执行过程中降低信息不对称的策略探讨》，《中国行政管理》2010 年第 12 期。

同时，也要给予监督机构一定的权利，既不完全脱离政府，也不附属于政府，一般被称为第三部门，包括：非政府组织、公民志愿社团、协会、社会组织、利益团体等。它们具有以下特点：1. 组织性。第三方部门内部有着较为完善的规章制度，有着较为专业的管理人员。2. 民间性。第三方部门不属于政府，不受制于政府，具有民间性。3. 非营利性。第三方部门不是以追求营利为目的的组织，是以服务为其基本使命。4. 自治性。由于第三方部门的民间性使其独立于政府，能够自己管理自己。第三部门作为一种缓冲力量，旨在弥补政府协调中的某些不足，发挥第三部门的专业性。

　　　　P1：我们的工作程序就是这种垂直形式的，我们把幼儿园教师资格考试的材料和文本上交给上级单位以示工作完成，上级部门也是通过上交的材料来核实我们完成工作的质量，所谓的"监督"就是部署我们工作的上级部门，不存在一个单独的、脱离这个体系（教师资格考试的行政主体）的监督单位。

就 A 市目前幼儿园教师资格考试制度来说，统筹的主体是该市教委，但并没有一个独立的监督机构。或者说，更多的监督权力和职责还在于 A 市教委，原因取决于市教委的行政地位。该市的幼儿园教师资格考试制度的监督机构是附属于行政体系的，更多是处于依附的状态而缺乏自身的独立管理与运行机制，不管是监督的权利还是途径都显单一。这种集监督权和执行权为一体或者监督单位与执行单位形成的从属关系，甚至包括平行关系，都会造成执行、监督一体，或者同一体系、部门之间的"亲戚夹带关系"，行政执行和监督低效，影响幼儿园教师资格考试的效能。

　　　　P3：上级布置工作我们就会去执行，这个过程缺少监督，比如我们是负责面试这一部分，更多的是面试官的主观判断，大家会有个基本的面试标准，但这个没有严格的规范和要求。我们最后把通过面试的名单确定后上报，上级单位也是通过这种方式来查看我们完成工作的情况。不同的部门负责不同的工作任务，不存在监督关系，如果有监督，那也是市教委来负责，不会是其他的独立的单位。

目前该市并没有第三方部门的专业性评价和监督机构对幼儿园教师资格考试的实施和运行进行评估，同时也缺乏这种监督理念，这与我们目前的行政体系和模式不无关系。缺乏独立于政府的专业性的监督机构，无疑使幼儿园教师资格考试的效能大打折扣。虽然目前在行政体系中，第三方的评价或监督体系还存在一定的困难，但打破权力一统局面的监督方式，对提升幼儿园教师资格考试工作的管理效能和资格考试的运行效能具有重要促进作用。

此外，访谈材料中体现出该市幼儿园教师资格考试监督属于事后监督和结果监督，缺乏过程监督和事中监督。监督是一项经常性和持续性的工作，应当贯穿于幼儿园教师资格考试制度执行主体行为的全过程。从教师资格考试的监督主体对客体监督的过程来看，监督方式一般被分为事前监督、事中监督和事后监督。监督的三种方式是互为补充、有机结合的关系，只有这样的配合才能取得良好的监督实效。该市幼儿园教师资格考试的监督方式呈现单一化倾向，监督主体将监督的重心放在了事后监督与结果监督。监督的焦点则集中于补缺与纠错层面上，忽视了过程监督与事前预防的监督方式。事后监督通常是待幼儿园教师资格考试执行中的问题发生后而采取的一种行动或者补救措施，这种监督方式不如过程监督方式在制度执行过程中的效果见效。忽略了事前的预防和幼儿园教师资格考试过程中的控制与监督，使监督工作陷入被动消极的不利局面。

第二节　制度规范：幼儿园教师资格考试效能保障的形式出发点

一　规范及制度规范的内涵

（一）规范

规范的研究是涉及多学科的综合性研究。在哲学内部，它与本体论、认识论、价值论、伦理学、法哲学和现代逻辑等二、三级学科有关。在一级学科之间，它与自然科学中的技术科学，与社会科学中的文化人类学、法学、政治学、社会学、宗教学和语言学等许多学科有关。[①]由此可见，

---

① 徐梦秋：《规范论的对象和性质》，《哲学动态》2000 年第 11 期。

"规范"一词在不同学科运用中存在着很强的情境性。在人文社科领域，研究者们基本上达成共识，认为规范相当于人的行为"模式"或"标准"的意思。凌文辁等人通过对文献的分析总结了规范，包括四种代表性的观点[1]：一是哲学领域观点，规范等同于范式，是群体成员所共同拥有的一整套规定，这些规定决定着成员的价值信念与标准；二是社会学领域的观点，规范是在历史的发展中逐渐形成的行为及活动准则，规范执行调节、选择、评价、稳定、过滤等一系列功能，约束与限定着人与人之间的关系；三是行为学领域的观点，规范是指社会的成员们共有的行为准则与规范要求，规范可以逐渐地深入人心，内化为个人意识，从而影响和约束人的行为；四是心理学领域的观点，规范是一种社会行为规范，它是组成社会成员可接受或者排斥的行为的文化价值标准。上述从不同的学科来界定规范，仔细推敲，人们对规范的理解具有内在的一致性，只是在不同的层面上具有差异。哲学视角下的规范是对规范形而上和抽象的理解，社会学视角下的规范是哲学视野下规范的具体体现，人的行为和心理的规范则又是社会规范的体现，只是人的行为规范体现的是显性的，心理学的规范则是一种隐性的体现。不可否认，这些学科视角下的"规范"都表征着标准、要求和模式之意。

（二）制度规范

后制度经济学家丹尼尔·布罗姆利曾经指出："一个社会可以没有充分而完全的公平和正义，可以没有基于独立人格身份平等的个人自由，甚至可以没有普遍的有效的法律，然而，它绝不能没有秩序和规范。很明确，没有社会规范和秩序，一个社会就不可能运转。"[2]制度最直接的功能并不是成就个人自由和正义，而是形成社会规范和秩序。并且社会秩序与规范是形成制度对个人自由价值实现的必经之路，没有规范也就没有真正的自由，二者是辩证统一的关系。无论是对社会还是对个人，制度的规范功能都比自由、公正具有优越性，因为规范功能操作性强、外化性强，虽然这种优先性具有工具性的意味。这里并不是说规范、秩序比公正和自由

---

[1]　凌文辁，郑晓明，方俐洛：《社会规范的跨文化比较》，《心理学报》2003年第2期。

[2]　丹尼尔·布罗姆利：《经济利益与经济制度——公共政策的理论基础》，陈郁等译，上海人民出版社1996年版，第55页。

的价值更重要，而是说制度的公正得以存在和发展的前提是要有制度的规范。

　　亨廷顿认为，处于现代化进程的国家，首要的问题是建立"一个合法的公共秩序与社会规范"。① 规范作为"社会得以聚结在一起的方式"能够给人们能带来和谐稳定的秩序和高效率。有了制度规范，大多数人在安排他们生活时都遵循着某些习惯，并按照一定的方式组织他们的活动和空闲时间。②制度的规范能够形成一个稳定的、连续的、有机的统一状态，它具有一致性、确定性的特点。首先，规范的一致性指制度使得其作用范围内的个人、组织的行为形成一致性和统一性。具有两种表现形式：其一，制度内的组织或者个人行为先后保持一致，不出现前后矛盾的行为，由于制度具有规定性作用，组织和个人不得不按照规定性保持行为的一致；其二，制度具有明确的规范要求和目标，制度内的组织或者成员为了完成目标要使其行为一致，否则就会因不能完成目标而以失败告终。其次，规范的确定性是指由于制度中规范的要求使得组织或者个人对自身的行为具有明确的预计性，从而减少成本投入，因而制度的规范功能可以提高信息的透明度，对别人和社会的行为可以作出判断。这正如马斯洛所认为的，"社会中的群众倾向选择对自我安全、有序、可预测、有组织的世界，因为这样的世界使个体可以依赖，形成稳定的心理秩序，出乎意料的、难以控制的、混乱的以及其他诸如此类的危险事情都不会发生。"③由此可见，社会群体对生活中的连续性与确定性的追求是人们向往稳定性生活的一种体现，与他们在相互关系中遵守规则有着密切的关系。无论何时只要人的行为受到规范的控制，重复规则性这一要素就会被引入社会关系之中，甚至会起到积极的效果。因此，制度的规范性提供了对于别人行动的保证，并在这一复杂和不确定的世界中给予预期的秩序和确定。④

----

　　① 塞缪尔·P·亨廷顿：《变革社会中的政治秩序》，王冠华等译，三联书店1989年版，第7页。

　　② 博登海默：《法理学：法律哲学与法律方法》，邓正来译，中国政法大学出版社1999年版，第223页。

　　③ Abraham Maslow, Motivation and Personality, New York, 1970, pp. 40.

　　④ 丹尼尔·布罗姆利：《经济利益与经济制度——公共政策的理论基础》，陈郁等译，上海人民出版社1996年版，第51页。

由此，"规范"应该成为幼儿园教师资格考试效能保障的形式起点，缺少了规范，幼儿园教师资格考试制度就会出现秩序混乱、难以控制、难以统一以及不确定的状况，定会阻碍幼儿园教师资格考试效能的实现。

二 幼儿园教师资格考试制度规范的基本规定性

（一）幼儿园教师资格考试制度应包括完备的体系

幼儿园教师资格考试制度是教师资格制度中的重要组成部分，是对具备条件的教师资格申请者进行的与教育教学密切相关的知识与能力的考核与测试。幼儿园教师资格考试效能的发挥需要一个完备的幼儿园教师资格考试体系，否则会大大地影响其效能的发挥。通常，一个完备的幼儿园教师资格考试制度应该包括幼儿园教师资格考试机构、机构之间的职能划分以及职能分工、专业化的管理制度以及与之配套的工作流程等。幼儿园教师资格考试的相关机构作为幼儿园教师资格考试的承担和实施主体，是幼儿园教师资格考试制度中不可或缺的一部分。教师资格考试机构承担着划分很多实体工作，比如上下传达政策、资格考试的考务以及技术工作以及教师资格考试的相应管理工作。教师资格考试的机构要想真正地发挥功效，还需不同机构之间的职能划分与分工予以保障。管理是互助与合作的艺术，不同职能部门之间的沟通与商洽在很大程度上决定着管理的成功与否，机构职能之间明确的分工与协调是在幼儿教师资格考试机构基础上衍生出的重要变量。幼儿园教师资格考试机构内部以及机构与机构之间的工作运行需要专业的管理与顺畅的工作流程，这事关着教师资格考试机构分工、协调与管理的成败。

（二）幼儿园教师资格考试制度体系要具备完备的要素

一个完备的幼儿园教师资格考试制度体系由与此专业或职能方面的规范性标准、流程或程序、规则性的控制等因素组合而成。具体包括幼儿园教师资格考试的目的、内容、对考生的要求、实施环节、实施程序以及幼儿园教师资格考试制度与其他制度的关系等。这些要素或者说因素构成了完备的幼儿园教师资格考试制度体系。因此，判定幼儿园教师资格考试制度是否规范不能不考虑这些因素是否存在及其存在的合理性。如图3所示的受理教师资格申请工作流程，流程中将幼儿园教师资格考试的具体要素与要求作出明确的规定。

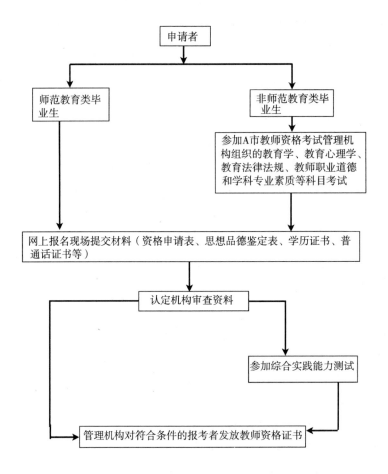

图3　A市受理教师资格申请工作流程

三　幼儿园教师资格考试制度规范的现实表征

（一）幼儿园教师资格考试的机构的设置以及规范性标准

通常来说，制度中的机构设置以及该制度中的规范性标准是制度的实体部分，也是制度中外显的部门。美国社会学家、结构功能主义的代表人物帕森斯认为，任何社会都存在着一定的结构，并且结构具有相应的功能。他从结构功能的视角出发来系统分析人类的行动理论，并建立了结构功能模型以求更为清晰地展现二者之间的关系。帕森斯认为："一个整体的、均衡的、自我调解和相互支持的系统，结构内的各部分都对整体发挥作用，同时通过不断的分化与整合，维持整体的、动态的均衡秩序。"①在这里，结构表现为一种功能。结构功能主义相当重视社会或者制度中结构与功能的统一，无论缺乏二者中的哪一个，制度都不能称之为"制度"。为此，我们首先讨论幼儿园教师资格考试制度中的基本结构，即机构设置的问题。

就 A 市而言，幼儿园教师资格考试的管理和执行机构以追求合法性为目的，以行政权力的分配为根本特征，是经过正式筹划的结果，一般都经过明确的决策和合法的程序产生的，具有法规性质。管理者确定机构组织的总格局，表述和规定机构的职能、职责、职权、责任及其关系至关重要，②这是幼儿园教师资格考试制度完备体系的基础要素。

> P1：教委负责政策制定与实施，考试院负责组织实施考试，教育学院负责对考生进行考前培训，评估院负责对各项考试进行评估。但是在具体的实施中，幼儿园教师资格考试主要是教委负责政策制定与实施，如对师范生资格进行认定、审查考试人员的资格、组织人员出题与考试，在具体执行中主要交给各区县的教师进修学院等去组织培训与考试，包括笔试与面试、试卷的批阅等。教委开展工作的过程中有庞大的后援机构，如区县进修学校，负责考务工作的教委相关部门以及各区县的教委等。

A 市的幼儿园教师资格考试管理部门的设置与运行是不相匹配的。A市中教师资格管理的顶层机构格局为"一委三院"，机构的设置多元且分工明确，但具体的制定与执行机构是教育委员会，其他三院虽然存在，然而其功能形同虚设。结构功能主义流派着重强调制度中实体机构的结构设置与功能合理兼容，互为作用。幼儿园教师资格考试机构仅有结构的存在，缺乏功能的运行，制度的整体运行效能大打折扣。

---

① Parsons . T, Social system , New York：Free Press, 1951, p. 221.
② 邓旭：《教育政策的执行研究：一种制度分析的范式》，教育科学出版社 2010 年版，第126 页。

P4：我们接受的指令主要来自区县教委或者市教委，市里的评估院与考试院不在我们这条管理线上，具体的教师资格考试的执行工作也在我们这里，比如组织考试、考务工作以及阅卷等。

幼儿园教师资格考试管理机构的结构设置以"垂直"方式为主，市教委直接领衔各区县教委与进修学院，这是一种以行政执行为主的制度管理与执行方式，作为平级单位的考试院、评估院形同虚设。在功能层面，幼儿园教师资格考试机构管理方式凸显行政化，专业性的考试院与评估院在整个功能链条上得不到体现，行政导向的管理方式有碍考试专业技术的开发与执行，违背考试原理。

此外，在机构链条中，有的行政部门既是上级部门政策的执行者，也是下级部门政策的制定者，承担着承上启下的作用。例如，市教委相对教育部师范司，它属于教师资格考试制度的执行角色，而相对于各县教委与进修学校，则属于教师资格考试制度的制定者。调研发现，不同层级的部门根据国家颁布的《教师法》、《教师资格条例》以及《教师资格条例实施办法》中的相关规定例行公事，缺乏自身职责的规范性文件。幼儿园教师资格考试管理中的上级部门没有对下级部门作出明确的规定，也没有明确交代幼儿园教师资格考试管理中的日常工作，仅仅用"结合实际认真贯彻执行"等字样模糊定位，缺乏相应的激励和约束性规则制度。

P1：我市的幼儿园教师资格考试制度的制定与执行是由我们教委来规划的，按照国家教育部师范教育司的规定来执行，有着一定的执行规范与标准的。

P4：我们进修学院是听从上面（教委）安排的，根据他们的要求例行公事，但你要说具体的规范文件确实没有，上面要你做什么你就做什么即可，我们会根据教委安排的事情主题来规划一个操作方案，但是你也清楚，目前教师资格制度改革也较大，说不定哪天这个工作又不属于我们负责的范围了。

幼儿园教师资格考试机构的结合与功能失调容易造成上下级工作传达的疏忽，形成幼儿园教师资格考试实质工作的"架空"，机构部门都是在走过场或者走形式，缺乏内在的约束性标准和规则，影响幼儿园教师资格考试效能。

（二）幼儿园教师资格考试构成要素分析

1. 幼儿园教师资格考试的目标定位偏差，考试内容针对性不强

（1）幼儿园教师资格考试目标定位偏差

教师资格考试一方面是衡量考生是否获得职业资格证的必要条件；另一方面是衡量考生的专业知识与能力的保障性条件。就目前来看，我国幼儿园教师资格考试侧重于师范生在校的课程学习考核与实习环节考试，更多指向学科知识的学习。师范生在师范教育中接受了系统的理论学习，也在一定程度上接受了实践能力的培养，但实践能力的培养作为幼儿园教师准入环节最为关键的要素却令人堪忧。目前师资培养学校的质量良莠不齐，尤其是大多数学校在实习环节的管理上存在弊端，如实习学校的资质不够、实习评价标准多样且参差不齐等问题。师资培养以及幼儿园教师资格考试过程中重知识学习轻实践的倾向造成教师专业结构的严重失调，究其原因在于缺乏对幼儿园教师专业准入的准确定位。

对于非师范专业的考生而言，考试内容侧重非师范专业所欠缺的教育学、心理学等知识，是基于一种补偿性的考试目的，即在对非师范生的考试中，侧重的对学科背景知识的补充，不管是在笔试还是面试环节缺乏对专业能力以及基本的专业价值判断的考核。如此定位是由幼儿园教师资格考试管理与执行人员对幼儿园教师专业标准的模糊性认识而导致的。

幼儿园教师资格考试目标的定位至关重要。教师资格考试目标对整个资格考试的内容、管理具有指引和导向作用，达成目标也是评价效能是否达成的重要标准。幼儿园教师资格考试选拔的人员应具备专业教师的基本潜质，要明确"专业"幼儿园教师的真正内核，才能在考试观念转化为具体行为时体现科学性与合理性，才能杜绝幼儿园教师资格考试目标定位偏差的现象。

（2）幼儿园教师资格考试内容针对性不强

教师资格考试的内容安排是其目标外化的具体表现，幼儿园教师资格考试内容是实现资格考试目标的重要载体。因此，幼儿园教师资格考试"应该考什么，为什么考"是关乎整个幼儿园教师资格考试最为核心的部分，幼儿园教师资格考试的内容从侧面反映了考核幼儿园教师准入的标

准。A 市从 2006 年起，幼儿园教师资格考试由市里统一组织，并从 2009 年起考试科目由原来的两门教育学、心理学到考查教育学、心理学、教育法律法规、教师职业道德、学科专业素质和综合实践能力六门科目。

> P1：我们自 2009 年起，对幼儿园教师资格考试的安排，从以前只考教育学、心理学两门更改为六门考试。首先要考教育学、教育心理学，这两门是国家规定的，后面还包括教师职业道德、法律法规、学科专业素质与综合能力四门。

> P2：这是我市教师资格考试的一个创新，增加了考核的内容与维度，是为了测查报考者真正内在的素质。现在教育事故较多，其隐患不得不引起人们重视，高校将教育法律法规考核纳入进来，我们也参考将教育法律法规考核纳入教师资格考试。教师职业道德的考核，主要是根据我市中小学教师职业道德的标准的文件，以这个为范本。目的是想通过测试，当然主要是隐性倾向测试，看一看报考者是否有做教师的特质，但这块的工作开展具备一定的难度，专业性的考查还有待提升。

可见，该市幼儿园教师资格考试的负责人员根据幼儿园教师素质结构已经对考试内容作出了调整，力求更加全面和科学。但就目前来看，A 市幼儿园教师资格考试的内容设置和形式安排更多体现为一种补偿性的目的，在具体操作层面管理者并没有内化基本的理念，并没有将内容外化为合理的行为，存在一定的偏差：

首先，幼儿园教师资格考试的内容附属于中小学教师资格考试的内容，缺乏针对幼儿园教师的素质结构方面的考试内容。

> P2：教师资格考试内容的参考标准是根据教育部师范司颁布的考试标准来制定的。有了这个标准的引领，我们请专家根据标准来编制试卷和出题。幼儿园教师资格考试这部分是涵盖在小学这一块内容里的，基本是放在小学教师资格考试这里，并没有针对幼儿园这个专业单列科目，只是在个别科目中有少量的考试题目是针对幼儿园教师的。

幼儿园教师资格考试内容虽然在维度上不断更新，考试科目也不断细化，但针对性不强，依附于中小学的教师资格考试内容当中，没有体现出独立性和专业性。该市教师资格考试中不能区分小学教师与幼儿园教师的资质，没有体现幼儿园教师选拔专业性的内在要求。

> P3：教育学、心理学50分，包括选择题、判断题、简答题、案例分析题、论述题等，大致情况就是如此。小学教师资格考试和幼儿园教师资格考试的区分不是很大，仅体现在我刚才说的简答题，比如说，谈谈如何观察幼儿。而其他都是针对小学教师的试题，幼儿园教师的考核也是这样。

以上是对进修学院负责笔试考试工作老师的访谈记录，从该教师的反馈来看，A市幼儿园教师资格考试试题分布确实存在一定的问题：幼儿园教师的内在专业素养并不能通过笔试的形式考核出来，卷面仅仅有极少的题目是针对幼儿园教师考核的。具体原因为何？

> P2：我们也知道存在问题，按道理来说，幼儿园教师的考试应该单列科目出来，可是幼儿园没有教材，也不像语文、数学有单独的科目，幼儿教育这块就只能这样。

幼儿园教师资格考试的科目和内容并没有以幼儿园教师的专业结构为标准，考试内容的设置与中小学教师的资格考试内容并没有区别。背后原因除了与国家关于教师资格考试的政策规定有关，还体现出社会大众对幼儿园教师专业及其资格的忽视。目前该市的做法只是在六门资格考试的科目中稍稍涉及幼儿园相关知识，这也充分反映出幼儿园教师资格考试的内容效度存在一定的问题。幼儿园教师与中小学教师有着本质的区别，其资格考核的内容与中小学教师应该差别对待。

其次，幼儿园教师资格考试的内容主要以知识学习为主，缺乏实践能力导向的考核。

目前该市幼儿园教师资格考试分为笔试和面试，笔试即以上探讨的几门科目的考试，面试主要是学科综合能力测验。综合能力测试主要关注报考者的思维能力、语言表达能力和仪态等。该市幼儿园教师资格考试在笔试环节以知识考核为主，在面试环节也缺乏对实践能力导向问题的考核。在美国，实行严格的幼儿教师资格考试制度，一般需要经过三个阶段：①1. 职前技能测试，此测试用以测量候选人基本的学业技能，包括阅读、数学和写作技能。2. 学科专业测试，该测试由学科评价、教学原理测试和教学基本功测试三部分组成。考试合格者能获得初级教师资格证书并在幼儿园实习一年，内容包括：学科评价，用以对一般和特定学科专业的教学技能和教学知识的测试；教与学原理测试，用来测量幼儿、幼儿园教育教学知识。试题注重考查候选人对教育学、心理学等的把握，教学基本功测试用来测量教师的教育教学知识功底。3. 课堂行为评价，此系列测试是一种由课堂教学评估人员对新任教师的课堂教学技能进行比较全面、客观的评价的体系，它要求在教室环境中测试教师的课堂教学能力。可见，美国幼儿教师资格考试共经历第一次考试（初检）、教育实习（一年）、第二次考试（复检）三个阶段，每个阶段都有明确的考试目标定位，每个阶段都有具体的考试内容，此种考试模式既考查了教师的专业知识，也测评了教师的实践技能，完善了幼儿教师的专业结构。这与我国的幼儿园教师资格考试是不同的，美国教师资格考试的内容以及考试阶段的安排对我国教师资格考试内容设计具有参考价值。在 A 市，报考者的实践能力考核情况又是如何体现的？

P1：就非师范生能否参与教育实习这个问题，我们是没有办法解决的。首先，我们没有指定的机构供这些考生去实习；其次，我们也没办法安排实习的指导教师，而且一般幼儿园也不会接纳这些人；最后，去幼儿园见习，会产生费用，这对政府、指导机构、考生来说都是额外的负担。

P2：师范生申请幼儿园教师资格认证时，只要学生出示了在校实习课程的分数，并且合格通过，我们就会认同和办理资格证书。而

---

① 程家福，董美英：《美国教师资格考试从考书本知识转向考教学》，《上海教育科研》2008 年第 6 期。

社会考生目前没有具体说明实践环节如何操作，只是在面试过程中我们会通过活动设计或者试讲来审核报考者的水平，来判断考生对幼儿教育以及活动设计的理解。我们只能采取这样的方式，因为目前还没有相关的实习机构提供给这些社会考生，这不是单单一方面的事情，操作起来比较麻烦。

面对研究者的问题"可否要求非师范生在笔试之前先到指定幼儿园完成一段时期的实习任务"时，该市负责教师资格考试的管理人员认为此举不现实，实习指导的师资以及费用安排是不能忽视的因素，只能在面试的环节考核一些基本技能以及教育观念。

> P4：我们认为通过教师资格考试的人员不等于说就可以马上去幼儿园当老师了，如果可以在教师们正式上岗前，由幼儿园来做岗前实践能力培训是不错的选择。就是说，不要把考生的实践能力考核全部压在我们准入这个环节，要考生既补修教育学、心理学，还要参加教育实践对我们的工作来说真的不现实。

在考官看来，社会考生在教师资格考试前既要补修教育学、心理学，还要参加教育实践的做法是不现实的。申请者即便是通过考试取得了教师资格证书也并不意味着即刻可以当老师了，他还要经过幼儿园的招聘，参加岗前的培训，而岗前培训后对教师实践能力的考核应作为上岗的重要考核指标，这就可以解决社会考生实践操作能力不强的现实。总而言之，A市的幼儿园教师资格考试执行人员认为对准入者实践能力的考核应放在岗前培训环节。仔细分析，这是两个不同层面的问题，准入环节的实践能力考核是入职考核，入职后的实践能力训练是职后培训问题，不可混淆。目前该市并没有幼儿园教师入职与职后实践能力培养的联动机制，如此推卸责任会造成幼儿园教师在准入环节实践能力得不到考核，职后实践能力培养得不到巩固的尴尬困境。国外通常在学历教育期间就关注学生的教育实践能力的培养，在准入环节也有实践考核的机制与安排，不能通过实践考核的考生将不能取得幼儿园教师资格考试证书。

总之，针对目前师范生实习质量下降以及社会考生缺乏实践能力考核的现状，如何加强幼儿园教师资格考试实践能力的考核是刻不容缓的问题。这不仅仅是教师资格考试内部的问题，还涉及制度内部的协调以及准入与职后衔接等机制的保障问题。

2. 幼儿园教师资格考试的形式单一，且面试过程缺乏时效性与针对性

在考试系统中，考试内容是关乎考试成败的实质性要素。除了考试内容，考试的形式也是关乎考试能否发挥实效的关键要素。一般而言，科学的考试形式是与考试内容以及学科专业息息相关的，合理的考试形式安排能充分提升考试的内容效度，进而提高考试效能。幼儿园教师资格考试要想发挥其功效，重点在于考试的内容与形式要与幼儿园教师的专业标准和基本素养相匹配。普遍来讲，幼儿园教师资格考试形式多样化能够从更多的层面和角度来考查考生。不管是哪种形式的考试，在评判的标准上应该有统一的要求，尤其是由考官主观判断的考试，更需要有严格的考核标准来避免因个人的主观判断而影响考试公平的现象。

目前该市幼儿园教师资格考试形式，主要包括笔试与综合考试（面试）。其中在笔试环节该市的幼儿园教师资格考试是以国家教师资格考试的标准和大纲为依据的。

P1：教师资格考试的标准和大纲是挂在我们教师资格网上公布的，按照全国统一标准来进行命题，就是教育部师范司统一规定的标准。

目前该市的做法是请专家进行试卷编制，但由于幼儿园教师资格考试附属于中小学教师资格考试，幼儿园教师资格考试的针对性不强。

P2：就幼儿园教师资格考试而言，因为从来没有单独列考试科目，我们把这个科目拆开就显得很怪。我们的做法按道理应该是根据一个考试标准，考试标准有别于中小学教师，但不现实呀。那么我们幼儿园考什么怎么做呢，我们只有请专家，对于我们来说永远拿不出一个合理标准，或者说行政部门根本就没有这样的标准，只有请专家，只能是这样的现实。

　　该市幼儿园教师资格考试标准也存在依附于中小学教师考试标准和考试大纲的问题，只是在具体试卷开发的过程中聘请专家来针对学前领域出考题。2011年10月，教育部师范教育司和教育部考试中心颁布了《中小学和幼儿园教师资格考试标准（试行）》，规定幼儿园教师所必需的职业道德、专业知识与基本能力。该《标准》从幼儿园教师职业道德与基本素养、教育知识与应用和保教知识与能力三个维度出发，并分别细化具体指标来展示了幼儿园教师资格考试涵盖的基本内容，此举是与幼儿园和中小学教师实行国家统一资格考试政策相一致的，在很大程度上会改变幼儿园教师资格考试标准依附于中小学的情况，使幼儿园教师资格考试的试卷编制与内容安排有了参考依据。

　　在面试部分，A市的幼儿园教师资格考试存在形式主义和标准不一的情况，易受面试官的主观影响。

　　　　P3：在面试环节，2009年以前是设计教学活动教案，2009年后，则是考查三道题：第一题是报告教师资格考试的缘由，后面两道题则是教育教学理念的把握，一般都是共识性的东西。所以，面试主要还是考查考生的形象、语言能力和思维能力。

　　A市的幼儿园教师资格考试面试环节改革后取消了教学活动设计能力的考核，增强了对考生整体性的把握，关注考生的基本功考核，比如形象与思维等。考官们认为面试只是一个过程环节，更多的专业知识是在笔试环节考核的。除此之外，幼儿园教师资格考试的面试问题不仅仅是学前教育领域的问题，有些题目是针对中小学教师领域提问的，面试内容的针对性不强，究其原因在于没有针对幼儿园教师资格的独立考试。此外，面试内容也没有体现幼儿园教师的专业性，例如：

　　　　P3：面试中有些题目不完全是针对幼儿园教师的，像面试官就直接问高中同学产生了早恋问题，你怎么看待这个早恋问题？申请幼儿园教师资格的准入者也要回答，共有三道题，有可能只有一道符合幼儿园老师，有两道题不符合。

在面试的具体考核标准中，考官的判断标准不一，且主观性较强，较为看重考生的外在形象与仪态，忽视了对更为关键的活动设计与教育教学能力的考核。

> P3：我们当专家或者评委，首先我们要关注报考者的气质形象，是不是落落大方，是不是有老师的儒雅气质，就是感觉一上台就很有气质的呀！表达清晰，语速不慢不快，而且口齿伶俐。

可见，考生的形象气质与仪态的展示是考官非常重要的环节，在这之后考官会再考查一些基本的教育理念。

> P3：在这个之后，我们会以问问题的形式来考查考生是否具备一些基本的教育观念，比如：什么样的学生是好学生？洞察考生背后的理念。

> P3：但不可否认，由于没有统一的规定标准，每个考官的评价标准也不一样，我参加过多次面试工作，每次遇到的同组教师的评价标准都不一样，因而也带有一定的主观性。

面试作为笔试的一种补充，能够弥补因笔试的"间接性"而造成对考生综合素质考查的不足。面试内容以及面试形式对于选拔合格的幼儿园教师至关重要，面试官作为在教师资格考试中与考生命运息息相关的人物，他在面试中的基本标准和价值偏好就决定了考生的未来。目前在该市的幼儿园教师资格考试的面试过程中还存在一定问题，突出表现在面试的形式化和封闭化，面试内容未必与学前教育相关。形式化主要是指幼儿园教师资格考试的面试并没有真正起到考核报考者内在专业能力的作用，更多的是停留在工作程序上。最为关键的是，面试官最为看重的是考生的气质和语言能力，而对幼儿园教师专业发展更为重要的专业性向及教育活动能力的考查较少，甚至在 2009 年后取消了对考生教育活动设计的能力的测验。国外，在幼儿园教师资格考试中的面试部分，美国 PraxisⅢ系统采用以新任教师在真实的课堂环境中授课为主的形式，然后以现场观察、查看书面材料和面谈等形式为辅来评价准教师教育教学实践能力。[①]

多元的考试形式更能体现报考者的能力水平。目前该市幼儿园教师资格考试的形式主要为笔试和面试，略显单薄。在日本，幼儿园教师资格考试形式除了笔试环节外，在面试环节采取个人面试、集体面试、模拟教学与集体讨论、大学推荐与自我介绍等方式，[②]多元的考试方式无疑为考官更深入地了解考生信息提供了途径。

---

① 董美英，董龙祥：《美国的职前教师资格考试体系及其启示》，《教育探索》年 2008 第 8 期。

② 李凤忱：《日本中小学教师资格制度之经纬》，硕士学位论文，东北师范大学，2006 年，第 27 页。

第三章 外显与强化：正式制度保障下的
幼儿园教师资格考试效能

为深化对幼儿园教师资格考试效能保障研究的认识，本研究按照新经济制度学中的制度分类把制度分为正式制度与非正式制度。本章主要从正式制度层面分析幼儿园教师资格考试效能保障问题。在正式制度层面中，研究者从教育法律法规制度、教育组织制度与运行机制三个维度讨论三者与效能保障的关系，同时对幼儿园教师资格法律法规、组织制度与运行机制在现实中存在的问题进行分析，以探寻幼儿园教师资格考试效能的保障问题。

第一节 教育法律制度保障下的幼儿园教师资格考试效能

一 幼儿园教师资格考试的法律法规制度及其作用

幼儿园教师资格考试的法律法规制度不仅包括与幼儿园教师资格考试相关的法规文本和政策文本，还包括这些法规文本和政策文本的执行。目前国内关于法律制度与政策的定义主要从静态角度理解。例如，教育的法律或行政责任的组织及团体为实现一定时期教育目标和任务而规定的行为准则，[①]大多数人把制度理解为某种"文本"或者文件的总称，即一种行为依据、准则和措施。这种理解主要是对制度作静态的认识，突出制度作为行为准则的强迫性，原因在于"文本"是人们理解法律制度最为形象可观的实体。然而这种思维方式对制度的理解和认识并不全面，原因之一在于阐释各种行动依据和准则的文本仅仅是教育法律制度的表面形式，一般被

---

① 成有信：《教育政治学》，江苏教育出版社 1993 年版，第 101 页。

称为教育法律制度的"现象形态"。① 然而，仅仅依靠这种现象形态是不可能完全认识和把握幼儿园教师资格考试法律法规制度的实质内容和本质意义的。此外，研究者们更多地把法律制度理解为必须遵循的强制性文本，即在制度制定和执行中只体现出以行政关系为特征的命令和服从关系，缺少相互作用的机制，利益主体缺乏表达自身利益需求的途径和机会。因而，在考虑幼儿园教师资格考试法律法规制度静态层面的同时，也不能忽略法律法规贯彻的过程，这是我们理解幼儿园教师资格考试法律法规制度的一个重要维度。任何一项制度要想真正发挥作用，一定是在其贯彻与执行过程中完成的，是通过动态持续、主动选择的贯彻过程完成的。因而，幼儿园教师资格考试效能要想得到更好的实现，宏观层面上法律法规的保障是不可或缺的。但在分析路径上要从静态与动态两个视角来看待，即首先分析幼儿园教师资格的法律法规与政策文本；其次探讨幼儿园教师资格考试法律法规的贯彻情况，以全面认识幼儿园教师资格考试法律法规制度。

首先，幼儿园教师资格考试的法律法规对幼儿园教师资格考试具有规范性作用。它能够为资格考试提供某种标准与范式，在某种层面上起着规定性作用。教育法律法规以文本的形式对行为起规范作用，体现出文本所固有的特征。同时，法律法规文本总是带着鲜明的规范性，规范着受作用对象应该做什么和不应该做什么，应该怎么做和不应该怎么做。例如，国家层面的《〈教师资格条例〉实施办法》颁布后，各地区教师资格考试的具体实施办法都会按照它的要求和指示来调整、规范本地区的幼儿园教师资格考试管理。其次，法律法规在规范教师资格考试制度的基础上逐渐对行为主体形成指引作用，使受作用对象形成稳定性和连续性的特点。这种稳定性一旦形成，教育行为就在教育法律法规的指引框架下得到强化和内化。最后，法律法规对幼儿园教师资格考试具有保障性功能。教育法律法规使幼儿园教师资格考试在执行过程中有法可依、有据可参，为幼儿园教师资格考试制度改革和发展提供法律上的支持与保障。

二　幼儿园教师资格考试效能需要教育法律法规的保障

教育法律法规为教育活动提供了行动纲领与规范。学前教育方面的教

---

① 刘复兴：《教育政策的价值分析》，教育科学出版社2006年版，第40页。

育法律法规为幼儿园教师资格考试效能的完善提供了刚性的规范和保障，使幼儿园教师资格考试在具体的运行过程中有了可参考的依据。

幼儿园教师资格考试制度不是一个完全具备"自组织"和"自我调节"功能的内生制度。首先，由于幼儿园教师资格考试制度正处于改革的浪潮阶段，在新旧改革的交替作用下，资格考试的基本价值理念与具体的操作规范处在转化与变革阶段，需要更为完备性和更具时代性的法律法规给予调节。其次，就幼儿园教师资格考试的系统运作来说，也需要法律法规进行调控。例如，幼儿园资格考试的报考者资质、幼儿园教师资格考试的内容设置以及幼儿园教师资格考试的管理规范等。倘若缺乏相应的法律法规保障，会使整个幼儿园教师资格考试的运行也缺乏相应的规范依据。最后，在幼儿园教师资格考试的运行过程中，由于存在着各种不可控制因素，会导致因执行限度而造成的效能"亏损"。比如，制度执行主体的职能缺失问题，亟须有效的法律法规支持系统。具体说来：

（一）幼儿园教师资格考试改革需要法律法规的保障

一项政策或者制度在更新与改革阶段，是制度内部要素重组的过程，也是各种改革理念与措施不断变革的阶段。新的举措、方式不断出现，对以往制度或者制度内成员行为起规范作用的法律法规并不能完全覆盖或适应新措施的要求，会存在原有法律法规与新制度和措施"脱节"的现象。幼儿园教师资格考试效能要想得到提升，离不开外在强制性、规范性的法律法规。当前幼儿园教师资格考试正处于新旧交替的阶段，教师资格考试的内容、方式，尤其是管理的变化，需要相关法律法规的调节和更新以保障其效能的实现。

（二）幼儿园教师资格考试的规范性需要法律法规保障

制度的规范性对效能有着重要的影响。一方面，效能的发挥需要有序的工作组织；另一方面，幼儿园教师资格考试制度运行中阻力的消除也是保障效能提升的重要条件。因此，对幼儿园教师资格考试规范性进行全面的法律规范是保障其效能顺利实现的重要前提，也有助于提升教师资格考试效能。基本的规范性主要体现在以下几个部分：幼儿园教师资格考试的标准与内容设置、幼儿园教师资格组织机构的设置及其职责安排、幼儿园教师资格考试的流程安排等。如果这些关乎幼儿园教师资格考试的基本元素没有法规的保障，势必会影响幼儿园教师资格考试效能，而法律手段则可以有依据地决定这些要素的规范性，使其有章可循、有据可依。

此外，在制度执行阶段，必然会遇到很多复杂的，甚至意料不到的问题，这些问题在法律的框架下得到解决，就不会出现随意性和盲目性。例如：幼儿园教师资格考试管理结构之间的协调与组织工作、幼儿园教师资格考试执行中的应急处理，诸多问题都需要法律框架的保护。

（三）幼儿园教师资格考试参与主体利益调节需要法律保障

一方面，幼儿园教师资格考试制度的制定主体、执行主体及目标群体都有各自的利益考量。这一过程中，不同利益主体都会最大化地追求自身利益，使幼儿园教师资格考试制度出现利益分布不均及弱势群体利益受到侵犯的局面，这会影响幼儿园教师资格考试效能。另一方面，由于幼儿园教师资格考试制度中制度制定主体与执行主体认识的有限性，幼儿园教师资格考试制度难免会出现因为人的认识局限或错位而导致低效的状况。古典经济学家亚当·斯密认为，利己主义是人性的基本原则，每个人都最关心自我的利益，并尽力追求自身利益。社会由许多个人组成，因此社会的利益便是这许多个人利益的总和，个人愈是追求个人利益，社会的利益就愈大。人性中有互通有无、物物交换、互相交易的"自营"性，还有有意识追求个人自身利益的倾向，即"自利"、"自营"、"自利"通过严格的核算追求利益的最大化。交易活动中，"自利"是每个人的根本目的，著名经济学家奥塔·锡克精辟地指出了其本质，"利益是人们为满足客观产生的一定的需要而集中的持续较长的目的；或者这种满足是不充分的，以致对其满足的要求不断使人谋虑；或者这种满足（由于所引起的情绪和情感）引起人的特别注意和不断重复，有时甚至是更加增强的要求。"[1]因而，在幼儿园资格考试制度中，其参与主体也会存在经济人假说的情况，亦即只要有良好的法律和制度的保证，经济人追求个人利益最大化的自由行动会无意识地、卓有成效地增进社会的公共利益。[2]

第二是政治人假设。亚里士多德曾经指出，人是天生的政治动物。

---

① ［捷］奥塔·锡克：《经济—利益—政治》，王福民等译，中国社会科学出版社 1984 年版，第 263 页。

② 杨春学：《经济人与社会秩序分析》，三联书店 1998 年版，第 11—12 页。

在政治人的观念中，权力决定着一切，人们在追求权力的最大化，把获得控制别人的权力作为最大的追求。① 马克斯·韦伯认为，权力是"社会交往中一个行为者把自己的意志强加于其他行为者之上的可能性"。② 罗伯特·达尔把政治体系定义为"任何在重大程度上涉及控制力、影响力、权力或权威的人类关系的持续模式"。③ 由此看来，虽然不同流派对政治人的认识上有自己的见解，但背后都存在认识的一致性，即政治人与权力是分不开的。政治与权力有着密切的联系，对权力的占有成为政治影响力的重要指标，社会政治化进程的关键也在于权力控制的程度。在一切社会活动中，以追求政治利益为目的的主体对权力都有着极高的崇拜。除此之外，在制度设计中还存在"政治人"假设。美国学者布坎南进一步指出，政治过程就像市场交换一样，包括来自自愿交换的互惠性质，是一种正和博弈。每个具有独立价值和利益的个人，以自身的利益要求参加政治决策，以谋求实现其个人的目标和利益。④ 由此可见，"政治人"同"经济人"一样无止境地去追求自身利益，有着不懈的内在动机。但作为政治人，追求自身利益的最大化方式不是通过货币、金钱等物质享受，他们更加在乎包括权力、尊严、名誉和社会地位在内的难以用经济尺度衡量的"利益"。也就是说"政治人"在追求自身利益的对象与"经济人"存在差异，而这种差异也会导致政治人在其所在领域的独特性。

幼儿园教师资格考试制度作为制度中的一种，在其制度设计中同样会存在"经济人"、"政治人"假设等现况。为了调和制度内参与主体间的利益，规避个人利益最大化，需要相关法律法规提供纲领性的规范与指导，在宏观的层面调节不同主体之间的利益，完善制度参与主体的认识能力，从而更好地保障幼儿园教师资格考试效能的实现。

---

① Abraham Kaplan, Power and Society, New Haven: Yale University Press, 1950, p. 7.

② ［英］戴维·米勒、布莱克维尔：《政治学百科全书》，邓正来译，中国政法大学出版社1992年版，第596页。

③ ［美］罗伯特·达尔：《现代政治分析》，王沪宁等译，上海译文出版社1987年版，第12—13页。

④ ［美］丹尼斯·缪勒：《公共选择理论》，韩旭等译，中国社会科学出版社1999年版，第303页。

三 幼儿园教师资格考试效能法律法规保障的现实表现

（一）幼儿园教师资格考试相关政策法规考察

1986 年 9 月 6 日，国家教委发布《中小学教师考核合格证书试行办法》，规定不具备国家规定合格学历的中小学教师要参加考核考试，获取考核合格证书。

1986 年 9 月 11 日，国务院办公厅转发《国家教委、国家计委、财政部、劳动人事部关于实施〈义务教育法〉若干问题的意见》，第 26 条规定："建立教师考核制度。对不具备国家规定学历和不能胜任教学工作的中小学教师，应组织他们在职进修学习，并进行考核。省、自治区、直辖市教育主管部门应根据国家有关规定，制定具体考核标准和考核办法，考核合格者，发给证书。努力做到只有具备合格学历或有所任学科专业合格证书的，才能担任教师。"

1993 年 10 月 31 日，颁布《中华人民共和国教师法》，第 10 条规定："国家实行教师资格制度。中国公民凡遵守宪法和法律，热爱教育事业，具有良好的思想品德，具备本法规定的学历或者经国家教师资格考试合格，有教育教学能力，经认定合格的，可以取得教师资格。"第 11 条规定："不具备本法规定的教师资格学历的公民，申请获取教师资格，必须通过国家教师资格考试。国家教师资格考试制度由国务院规定。"第 12 条规定："本法实施前已经在学校或者其他教育机构中任教的教师，未具备本法规定学历的，由国务院教育行政部门规定教师资格过渡办法。"第 13 条规定："中小学教师资格由县级以上地方人民政府教育行政部门认定。中等专业学校、技工学校的教师资格由县级以上地方人民政府教育行政部门组织有关主管部门认定。普通高等学校的教师资格由国务院或者省、自治区、直辖市教育行政部门或者由其委托的学校认定。具备本法规定的学历或者经国家教师资格考试合格的公民，要求有关部门认定其教师资格的，有关部门应当依照本法规定的条件予以认定。取得教师资格的人员首次任教时，应当有试用期。"第 14 条规定："受到剥夺政治权利或者故意犯罪受到有期徒刑以上刑事处罚的，不能取得教师资格；已经取得教师资格的，丧失教师资格。"

1995 年 3 月 18 日，颁布《中华人民共和国教育法》，其中第 34 条规定："国家实行教师资格、职务、聘任制度，通过考核、奖励、培养和培训，提高教师素质，加强教师队伍建设。"

1995 年 12 月 12 日，国务院发布《教师资格条例》，对教师资格种类、教师资格条件、教师资格考试、教师资格认定等做了相关规定。

1995 年 12 月 28 日，颁布《教师资格认定的过渡办法》，主要从教师资格过渡的范围、教师资格的分类及适用范围、教师资格的申请、教师资格的认定、教师资格证书、实施教师资格过渡工作的要求等方面作出规定。

1999 年 6 月 13 日，中共中央、国务院发布《关于深化教育改革全面推进素质教育的决定》，第 19 条规定："建立优化教师队伍的有效机制，提高教师队伍的整体素质。全面实施教师资格制度，开展面向社会认定教师资格工作，拓宽教师来源渠道，引入竞争机制，完善教师职务聘任制，提高教育质量和办学效益。"

2000 年 9 月 23 日，教育部发布《〈教师资格条例〉实施办法》，对教师资格认定条件、资格认定申请、资格认定及其资格证书管理等作出了具体规定。

2001 年 5 月 29 日，国务院发布《关于基础教育改革与发展的决定》。《决定》第 30 条规定："大力推进中小学人事制度改革。全面实施教师资格制度，严把教师进口关。优先录用师范院校毕业生到义务教育学校任教。"

2001 年 8 月 8 日，教育部颁发《教师资格证书管理规定》，对教师资格证书管理作出具体规范。

2002 年 4 月 14 日，国务院办公厅发出《关于完善农村义务教育管理体制的通知》。《通知》第 13 条规定："全面实行教师资格制度。农村中小学任教人员必须具备相应的教师资格，对不具备教师资格的人员要及时调整出教师队伍，积极吸引高校毕业生到农村中小学任教。积极推行教师聘任制度，实行按需设岗、公开招聘、平等竞争、择优聘任、严格考核、合同管理。限期清退农村中小学代课人员。"

2011 年，《国家中长期教育改革和发展规划纲要（2010—2020 年）》更是明确提出完善并严格实施教师准入制度，严把教师入口关，国家制定教师资格标准，明确教师任职学历标准和品行要求，建立教师资格证书定期登记制度。2011 年 10 月，教育部师范教育司与教育部考试中心颁布了《中小学和幼儿园教师资格考试标准》和《中小学和幼儿园教师资格考试大纲》。

从 1986 年开始，我国教师资格制度经历了由以行政命令、政策规定的弱强制性程度阶段向法令规定的高强制性程度转向的法制化阶段。1986 年到 1993 年，是我国教师资格制度法制的初步建立与发展阶段，1993 年到 2000 年，是我国教师资格制度法制建设完善的阶段，直到 2000 年 9 月，我国颁布《〈教师资格条例〉实施办法》，标志着我国建立起了一整套教师资格制度的法制规范体系。《实施办法》与《教师法》确立的"国家实施教师资格制度"的原则规定、《教师资格条例》确立的教师资格制度的实施规划，共同构成了我国教师资格制度法制规范的完整体系，即《教师法》、《教师资格条例》确立了实施教师资格制度法制规范的原则性宏观架构，而《实施办法》则是依据前两者确立的指导思想和一般框架设计而拟定了的全面实施教师资格制度的程序、方法、原则，指导思想，程序与方法构建起教师资格制度的完整的法制规范体系。[1]可见，教师资格制度的法制化进程在过去的 20 年间取得了一定的发展，已经走上正轨。具体来说：

1. 法律保障体系逐步形成，但有待完善

1986 年之前，国家对教师的选拔和任用无严格要求，关于教师选拔与任用方面的规定与政策并不多见。直至 1986 年《义务教育法》的颁布，我国首次提出建立教师资格证书制度。随着 1995 年《教师资格条例》、1997 年《关于教师资格过渡工作中若干问题的处理意见》以及 2001 年教育部《关于首次认定教师资格工作的若干问题的意见》的颁布，我国教师资格制度的法律法规体系才逐渐形成。

2. 教师资格考试逐渐凸显，但缺乏专门规定

在相关政策文本中，对教师资格考试的规定呈现出从无到有的趋势。1986 年《义务教育法》提出"教师应当取得国家规定的教师资格"。1995 年国务院发布《教师资格条例》，对教师资格的类型、认定条件进行了相关规定。1997 年 7 月，原国家教委下发了《关于教师资格过渡工作

---

[1]　吴全华：《我国教师资格制度的法制化进程》，《当代中国史研究》2002 年第 1 期。

中若干问题的处理意见》，对教师资格过渡中的认定权限、实施范围等问题作了规定和说明。直到 2001 年 5 月 14 日，教育部印发《关于首次认定教师资格工作的若干问题的意见》，在对教师资格认定的范围、程序、学历条件、教育教学能力等方面问题作出规定的同时，也对教师资格考试的方式及重点有所提及。2011 年 10 月教育部师范教育司与教育部考试中心颁布了《中小学和幼儿园教师资格考试标准》和《中小学和幼儿园教师资格考试大纲》属于政策性文本。可见，在已有的政策文本中，幼儿园教师资格考试的具体形式、内容、组织管理等层面尚没有形成系统的政策规定和法律保障。

（二）幼儿园教师资格考试政策法规现存问题

1. 相关的法律法规体系不健全，难以为幼儿园教师资格考试效能提供保障

目前我国幼儿园教师资格制度可借鉴的法律法规有《教育法》、《教师法》、《教师资格条例》、《〈教师资格条例〉实施办法》、《教师聘任办法》以及各地政府教育行政部门颁布的《〈教师资格条例〉实施办法》。幼儿园教师资格考试制度是国家实行的一种法定职业准入制度，它在国家法律层面上规定了职业准入的基本要求和前提条件，体现着国家的意志。其中，仅有《教育法》与《教师法》是全国人大及其常委会颁布的教育专题法律，《教师资格条例》是由国务院颁布的教育专题行政法规，而《〈教师资格条例〉实施办法》则是由国家教育行政主管部门教育部颁布的部门规章。《教师法》开列专门一章，即"第三章'资格和任用'"中提出教师资格制度的法制规范。其第 10 条、第 11 条、第 12 条、第 13 条、第 14 条分别对取得教师资格的对象及其条件、教师资格的认定机构、教师资格过渡办法、教师资格的取消等事宜作了规定。[①]《教师资格条例》从《教师法》中分离出来，标志着我国教师资格制度的第一部专门性法规的诞生，提出了实施教师资格制度的具体规划。2000 年 9 月 23 日颁布了《〈教师资格条例〉实施办法》，并决定于颁布之日起正式实施。《〈教师资格条例〉实施办法》的颁布与实施，标志着我国教师资格制度的法制规范体系得以确立。《教师法》颁布后出台的《教师资格条

---

① 吴全华：《我国教师资格制度的法制化进程》，《当代中国史研究》2002 年第 1 期。

例》、《过渡办法》、《实施办法》都以《教师法》确立的"国家实行教师资格制度"为最高原则来制定教师资格制度的相关条款，"依法治师"的意识明确而强烈，体现出国家权力意志所赋予的权威性。

我国教育法律专家劳凯声教授认为，当前的教育法律建设面临着双重任务：一方面，要继续完善教育法制，真正做到有法可依；另一方面，由于社会变迁，原来制定的法律法规中的一些条文已经过时，或与变革中的新制度设计相抵触，应该适时加以修正。①就目前的幼儿园教师资格考试相关法律法规来说：

（1）我国教师资格考试的相关法律要求依附于《教师法》和《教师资格条例》等法规，其自身缺乏完备的法律法规保障。从目前的法律法规来看，不管是《教师法》还是《教师资格条例》和《〈教师资格条例〉实施办法》，更多是从教师资格制的报名、考试、管理和认证等视角来对教师准入环节作出规范，没有单独针对教师或者幼儿园教师资格考试的相关法律法规。比如，在《教师资格条例》的第四章提及了教师资格考试的报考者资质、资格考试的考务和管理工作以及资格考试的报考工作，但并没有完备地针对教师或者幼儿园教师资格考试的法律法规文本。2011年10月教育部师范教育司与教育部考试中心颁布了《中小学和幼儿园教师资格考试标准》和《中小学和幼儿园教师资格考试大纲》，这是在实行全国统一的教师资格考试的背景下所作出的配套举措。但不难看出，文本更多属于政策性和行政措施性的通知、决定等规范性文件。此外，《中小学和幼儿园教师资格考试标准》和《中小学和幼儿园教师资格考试大纲》只是针对幼儿园教师资格考试中考试内容的规范与统一。幼儿园教师资格考试不仅仅是一种卷面的笔试和面试，还包括考试的准备、实施、管理等一系列活动。因此，针对幼儿园教师资格考试整体的规范性法律法规文本暂时是缺失的。

（2）幼儿园教师资格考试法律法规的时效性不强。我国现有的关于教师资格考试的法律法规已不能较好地规范幼儿园教师资格考试发展中的新关系，解决出现的新问题。随着幼儿园教师资格考试改革的不断进行，幼儿园教师资格考试制度自身也在不断变化。一方面，这些变化的背后体

①　劳凯声：《改革开放 30 年的教育法制建设》，《教育研究》2008 年第 11 期。

现出幼儿园教师资格考试在内容、形式、工作组织、违背规则的相应处罚等方面的变化。针对变化应该如何调整相应的法律法规是不容忽视的内容。另一方面，凡是与考试相关的问题都离不开培训，幼儿园教师资格考试也不例外。但在目前的《教师资格条例》和《〈教师资格条例〉实施办法》中都没有涉及教师资格考试前期的相关培训问题，只是由各省市根据自身的情况来组织。访谈中，负责该市幼儿园教师资格考试的行政人员明确指出，培训问题不在他们的管辖范围内。具体如下：

　　P1：关于培训机构的问题，目前还没有权力过问。换句话说，社会机构是为了培训教师资格考试而设立的，只要它得到了培训资质，具有培训业务能力，只要在它的培训业务内操作，我们就还无权干涉。因为国家没有说授权给我们，我们也就没有权力去干预此事。国家反过来往往是非常欢迎或鼓励它们的。去年我们收到一个检举，说谁在办教师资格考试考前培训班。对我们来说，我们有什么依据不允许人家办？那些机构不是强迫考生去的，对吧？虽说它宣传过关率很高，但这个培训机构里面没有我们的命题教师，我们必须确保命题教师不在任何机构培训，这个是有要求的。如果命题教师要参加这个培训机构，那他要面临着丢掉自己工作的危险。

从中可以看出，目前教师资格管理部门并没有权力干预幼儿园教师资格考试的培训机构，而教师资格考试的培训机构的资质问题也无从考证。此外，非师范生在资格考试前要补修相应的课程学分，这就需要在市里面的进修学院进行补修，而补修的情况也不容乐观。

　　P4：针对非师范生，我们的做法是提高他们教育学方面的水平。因为他们是非师范专业的考生，教育学、教育心理学知识比较缺乏，肯定要补充。授课内容应该市里面定的，就是《教育学》、《教育心理学》。我们用的是规定的适合教师资格考试用的书籍，内容就是教育学嘛，就是考试大纲，教育心理学嘛，所以说内容是市里统一制定的。

　　P4：但我们这里高中、初中一个教材，小学和幼儿园是一个教材。然后在上课的时候，就是高中初中，因为中学教材基本上是一本，区别不是很大。我们根据学习人员的总量，分成高中、初中和小学。但如果人数很少，比如今年总共小学和幼儿园才几个人，就只能几个人开一个班。因此，很少专门针对幼儿园教师资格考试的考生专门开办培训补修班。

由此可知，目前在幼儿园资格考试与培训之间缺乏相应的规范性管理，也没有明确的法律条例予以保障，考生更多是接受知识层面的培训与学习，是"应试"做法的重要体现。这种方式明显降低了幼儿园教师资格考试中考生的资质和能力，即便是通过了资格考试的考试在最初也很难适应幼儿园的工作。考生在不具备学科背景和学历条件的要求下，没有经历过学前教育专业内在核心素养培训与学习是无法胜任幼教工作的。鉴于此，有必要在教师资格考试与教师资格考试培训之间作出相应的规范来提升考生的水平和资质，确保合格的人才能够进入幼教这一行业。

最后，随着幼儿园教师资格考试的不断变化与发展，近期国家开始对幼儿园教师资格考试进行的改革，实行师范生与非师范生统一参加考试的做法，考试方式和考试管理发生了变化。考试是教育的一个"标尺"和"导向"，尤其是在当前社会功利主义和效率主义盛行下，考试的导向在很大层面上会影响到教育。目前的高考就是这种情况的真实写照，学校和学生成为应付高考的机器，而非一个真正享受教育和理解教育的机构或个人。在目前教师资格考试改革的大趋势下，处理好师范教育质量与教师资格考试导向之间的关系是不容忽视的问题，更是教师资格考试制度改革亟须解决的问题，否则可能会出现"以考为中心"的教师教育的情况，违背了幼儿园教师资格考试改革的初衷。诸多问题是教师资格考试制度改革变动带来的新矛盾、新困惑，这些问题影响着幼儿园教师资格考试效能。因此，随着幼儿园教师资格考试的改革与发展，相应的法律法规也应进行调整与更新，以解决教师资格考试改革中出现的新问题。

（3）我国现有的学前教育法律法规中，涉及幼儿园教师资格考试的相应规定本身具有疏漏和不完善之处。首先，法律效力整体偏低。从目前幼儿园教师资格考试的法律法规体系来看，教育部是主要的立法者之一。

全国人大颁布的《教师法》中只是确定了教师资格制度与教师资格考试制度的指导方向。《教师资格条例》由国务院颁布，《〈教师资格条例〉实施细则》由教育部颁布，《中小学和幼儿园教师资格考试标准》和《中小学和幼儿园教师资格考试大纲》则由教育部的具体部门师范处与考试处颁布。教育部制定的"法"属于部门规章，在法律层次中是比较底层的，现行的幼儿园教师资格考试的法律法规效力是比较低的。其次，内容空乏。现行幼儿园教师资格考试的相关法律法规不少内容空洞无物，或者过于简单、笼统，操作性较差。例如：《教师资格条例》第 9 条规定教师资格考试科目、标准和考试大纲由国务院教育行政部门审定。教师资格考试试卷的编制、考务工作和考试成绩证明的发放，属于幼儿园、小学、初级中学、高级中学、中等职业学校教师资格考试和中等职业学校实习指导教师资格考试的，由县级以上人民政府教育行政部门组织实施。这里规定了教师资格考试不同层面工作的行政主体，但只是笼统提及教育行政部门。此外，对具体的审定工作、考务工作和程序都没有作出明确的规定。

2. 幼儿园教师资格考试相关法律法规执行的规避与阻滞问题

克鲁斯克认为："从政策的起始到最终执行政策的各个不同阶段间的距离使政策过程在一系列级别上出现差错，也给出现差错提供了机会。"[①]因为从政策或者法律法规的制定到执行，再到法律法规效果的实现是有相当长的一段时间的，虽然人们普遍地认为行政管理机构自觉地执行着立法机关或其他政策制定者制定的政策，但事实却并非如此。[②]

幼儿园教师资格考试制度执行的过程中有太多不可忽视的因素，这些对法律法规造成阻碍的因素，我们姑且统称为执行规避。所谓法律法规的规避问题是指对法律法规执行偏差、法律法规执行走样及一切背离政策目标的法律法规执行行为的理论概括。[③]幼儿园教师资格考试执行规避与否对法律法规执行的成败起着重要作用，是指幼儿园教师资格考试的执行主体和执行对象在政策执行过程中，采取有意偏离、违背政策目标的行为或者以消极不作为来逃避、妨碍、干扰政策对相关利益的调整和分配，从而

---

① ［美］克鲁斯克·杰克逊：《公共政策词典》，唐理斌等译，上海远东出版社 1992 年版，第 65 页。

② ［美］詹姆斯·安德森：《公共决策》，唐亮译，华夏出版社 1990 年版，第 115 页。

③ 王国红：《论政策执行中的政策规避》，《唯实》2003 年第 2 期。

使政策目标不能实现的现象和情形。①幼儿园教师资格考试法律法规的规
避，一方面体现为执行主体在实现法律法规目标的过程中，尽管在形式上
符合法律法规的要求，但实际上却偏离、歪曲了法律法规目标，甚至与其
目标是相悖的；另一方面体现在执行主体在不顾客观现实条件的情况下，
机械地照搬法律法规致使政策目标不能实现或不能完全实现。

法律法规执行阻滞是指在法律法规执行过程中，因某种消极因素的影
响而出现的不顺畅乃至停滞不前，进而导致出现政策目标不能圆满实现甚
至完全落空的情形。② 它具有以下三个基本特点：其一，内容的失真性，
即原定的内容在实际执行过程中变形、走样，甚至落空，失去其原有的真
实性或其原有的真实性没有完全表现出来；其二，行为的隐蔽性，即法律
法规执行者在执行过程中使其发生变形、走样乃至完全停滞，其行为往往
不是以直接公开的形式同法律法规及其目标发生冲突，这一点是由法律法
规本身的原则性和强制性的运行规则所决定的；其三，活动的相关性，即
法律法规执行者所从事的活动通常并非完全与既定政策无关，而是执行者
一方面为了维护局部利益而对代表整体利益的法律法规随意取舍；另一方
面又不得不使自己的执行活动与既定法律法规发生这样或那样的关系，以
免其个人自身利益遭受损失。③ 总之，法律法规的执行规避与阻滞是影响
其执行效果的重要因素，也是法律法规在执行过程中出现的最为常见的问
题。幼儿园教师资格考试的相关法律法规的具体执行情况同样存在一定的
问题：

首先，存在一定的政策照搬倾向。幼儿园教师资格考试的相关法律法
规在执行过程中，执行主体过于机械地照搬，忽略或者没有考虑本地区的
现实状况，而是一味地迎合上级规定，按照上级的要求原原本本地落实下
去。制度主体如此机械和呆板地执行，容易造成执行效果不佳的问题，也
会使执行者对制定者设计的法律法规产生质疑，把责任推给法律法规本身
或者制定者。对比该市教委颁布的《教师资格条例实施细则（试行）》与

---

① 王国红：《政策执行中的政策规避研究》，博士学位论文，中共中央党校，2004 年，第
34 页。

② 丁煌：《我国现阶段政策执行阻滞及其防治对策的制度分析》，《政治学研究》2002 年第
1 期。

③ 同上。

教育部颁布的《〈教师资格条例〉实施办法》，研究者发现就幼儿园教师资格考试的问题，二者在陈述上要求基本相似，该市的《实施细则》并没有在教育部颁布的《实施办法》的规定下展开与操作。不仅在该市存在这样的问题，研究者通过网络搜集了全国几个城市的《教师资格条例实施细则》，发现各地的《教师资格条例实施细则》基本上是全国《〈教师资格条例〉实施办法》的模仿版，在篇幅与字数上与全国的《〈教师资格条例〉实施办法》极为相似，并没有根据各地自身的情况作出有针对性的、详细的与具体的工作部署和安排，存在照搬教育部颁布的《〈教师资格条例〉实施办法》的嫌疑。

　　　　P2：我市的《教师资格条例实施细则》是严格按照国家颁布的要求来撰写和开展的，这是毋庸置疑的。上面要求怎样，我们就怎么样来弄，至于哪些部门做哪些工作，这些具体的细节并没有体现在文件中。原因在于，一方面，我们要保持文件与国家的文件高度统一；另一方面，其实你们不了解，行政部门的工作也是要保持一定的弹性，可变性较多的，不能完全固定或者僵化，一句话说到没有回头路，因此也没办法在具体设计了。

　　　　P4：在教师资格考试制度执行过程中，我们而且为了避免误解上面的规定和要求，我们就按照国家的要求进行，力求一致性，这样的做法是最为安全和有效的，其他省市也应该差不多是这种情况。

　　由此来看，该市存在幼儿园教师资格考试制度执行的照搬性倾向。为了与国家政策保持高度的一致，表明对国家政策的认同与拥护，因此各个地区的《教师资格考试条例》与《教师资格考试条例实施办法》都是大同小异。幼儿园教师资格考试制度执行人员虽然在观念上认识到地区与国家、地区之间差异性的问题，但在实践过程中仍出现只要是国家规定的幼儿园教师资格考试要求，就在本地按部就班执行的情况，缺乏结合当地实际情况灵活处理的能力与做法。此外，教师资格考试执行人员认为，政策文本只要规定了基本情况即可，其他问题是由具体部门的分工合作来完成的，不需要在政策文本中很具体地呈现，这也为执行工作留有一定的空间。

其次，执行敷衍。即在法律法规实施过程中，执行主体故意只做表面文章，不采取法律法规中具有操作性的执行措施。[①]就幼儿园教师资格考试制度而言，执行主体或被动静观上级政策的指示，或者消极等待新政策的出台，或者能拖就拖，缺乏主动调整的意识和态度，或者采用趋利避害的策略，选择对自己部门有利益的方案来执行以获得利益中的生存而缺乏全局的考虑。

　　　　P2：在幼儿园教师资格考试制度执行过程中，我们也是根据教育部的规定来采取实施办法的，大的方向肯定是要一致的，我们也会观望其他省市教师资格考试制度的做法，大家都在一个大的频率上，既不冒进，也不落后，达到平衡即可。但教育部一旦开始改革教师资格考试制度，我们绝对是大力配合并执行的。
　　　　P3：我们负责面试环节的考官也一致认为，目前幼儿园教师这块的面试考核存在一定的问题，即针对性不强。但是我们也不可能强出头，全市其他的区县也是这么做，我们也是随着大的方向这样做。

此种情况是教师考试资格考试制度中利益不均导致的结果，是制度设计中"经济人"假设在具体场域中的表现，法律法规不易发挥其功能，直接影响问题解决和法律法规目标的实现，使法律法规成为一纸空文，影响幼儿园教师资格考试效能的实现。此举恰恰验证了荷兰学者布雷塞斯和霍尼赫所指的"象征性合作"，即地方政府假装合作，而实际上并未合作。在实际执行中，这种情况包括口头上支持上级政策，或以书面形式表态，但实际中没有按照上级政府的期望做任何事情，[②]这是提升幼儿园教师资格考试效能不容忽视的问题。

第二节　教育组织制度保障下的幼儿园教师资格考试效能

根据上文对正式制度的界定，本节主要分析第二个层次，即教育组织

---

① 范国睿：《政策的理论与实践》，上海教育出版社2011年版，第158页。
② ［荷］H. 布雷塞斯、M. 霍尼赫：《政策效果解释的比较方法》，《国际社会科学杂志》（中文版）1987年第5期。

制度保障下的幼儿园教师资格考试效能。分析路径表现为：首先要界定幼儿园教师资格考试的组织制度，即"是什么"的问题；其次要分析目前幼儿园教师资格考试组织的运作路径，即"怎么样"的问题；最后要探讨组织制度保障下的幼儿园教师资格考试效能是如何体现的。通过以上三个层次的分析，系统展现教育组织制度下保障的幼儿园教师资格考试效能。

一　幼儿园教师资格考试组织结构：效能保障中的实体

（一）组织的内涵

在行为家巴纳德看来，组织不是人简单的集合体，而是人相互协作的关系，是相互作用的系统，是有意识协调两个人或更多人的行为或各种力量的系统。[①]在组织学派看来，制度执行的过程就是一个组织的过程，制度执行一般都是在复杂的组织过程中实现的。[②]西蒙则认为组织活动包括决策和业务操作两部分，是人们不同层次的决策活动和权限的分配与组合，是人类群体当中的信息沟通与相互联系的复杂模式。组织向每个成员提供决策所需要的大量信息、决策前提、目标和态度，它还向每个成员提供一些稳定的、可以预见的信息使成员能够预料到其他成员将会做哪些事情，其他人对自己的言行将会作出什么反应。[③]古典组织理论注重的是组织的表面结构，研究的是组织的形式部分，这可以用组织系统或者部门化原理表示出来。现代组织理论不仅关注组织的表面结构和设置问题，还更加关注这些结构的功能，以及这些结构是通过何种方式作用而产生功能的，此外还会关注组织中人的行为与组织行为的一致性问题。正如巴纳德所言，组织的实体是组织行为，即组织中的人的行为，我们称之为组织的体系是由人的行为构成的体系，[④]其观点为我们分析幼儿园教师资格考试组织制度带来启示与思考：我们在分析幼儿园教师资格考试的组织制度时，不能仅仅关注组织机构的设置以及其结构问题，

---

① 孟繁华：《教育管理决策新论——教育组织决策机制的系统分析》，教育科学出版社 2003 年版，第 5 页。

② 金太军、钱再见、张方华等：《公共政策执行梗阻与消解》，广东人民出版社 2005 年版，第 208 页。

③ ［美］西蒙：《管理行为》，杨砺等译，北京经济学院出版社 1988 年版，第 2 页。

④ ［美］巴纳德：《经理人员的职能》，孙耀君译，中国社会科学出版社 1997 年版，第 62 页。

还要重点考察幼儿园教师资格考试组织机构的功能、运行方式、执行方式甚至是组织当中的关键人物的行为方式，诸多因素对幼儿园教师资格考试的组织机构都具有影响。

（二）幼儿园教师资格考试组织及其特点

幼儿园教师资格考试的组织不是一个封闭的系统。幼儿园教师资格考试的组织符合组织的基本特性、特点和要求，具备自我调节能力，同时要具备适应环境的能力。幼儿园教师资格考试的组织是一个以追求合法性为目的、以行政权力的分配为根本特征，具有正式筹划的结构。它一般经过合法程序和明确决策而产生，并且确定了幼儿园教师资格考试组织的总体格局，表述和规定了幼儿园教师资格考试组织的职权与职责。从现在幼儿园教师资格考试的组织构成看，纵向分析，我国的幼儿园教师资格考试组织机构呈现金字塔结构，教育部—省教育厅（教委）—市教育厅（教委）—区县教育厅（教委）—区县的进修学院。通常，国家教育部的教师工作司负责全国幼儿园教师资格以及教师资格考试的统筹管理工作，拟订各级各类教师资格标准，并指导教师资格制度以及教师资格考试的实施。省级教育厅或教委的师范教育处根据教育部的指示和要求，贯彻全省或直辖市的教师资格制度以及教师资格考试制度。省级教育厅的政策由上到下，传达到市级教育厅和区县级教育厅，进而具体贯彻和落实教育部关于教师资格制度以及教师资格考试制度的规定。区县进修学院一般协助区县教委组织开展幼儿园教师资格考试的考务工作。就横向的行政区域来看，以研究者所调研城市为例，该市教委的师范教育处负责全市的幼儿园教师资格考试的统筹和管理工作，同时市教委还统筹该市的考试学院、教育学院以及各区的进修学院来协助其完成幼儿园教师资格考试的工作，形成"一委三院"的格局。在市教委的统筹安排和领导下，三院具有不同的任务分工，完成该市教委安排的幼儿园教师资格考试工作。

幼儿园教师资格考试的组织机构，作为幼儿园教师资格考试的重要实体，其合理的设置及其运作机制对幼儿园教师资格考试效能具有实质性意义。组织机构自身的规则与职责是开展幼儿园教师资格考试的重要保障。幼儿园教师资格考试组织机构由具备相应资格的行政人员负责管理，有相应的工作和服务流程为报考者服务，同时也为幼儿园教师资格考试提供相应的指导与监督。作为幼儿园教师资格考试的管理实体，幼儿园教师资格考试的组织机构不可或缺。组织机构的设置通常反映着教师资格考试制度实施主体的角色、表征着教师资格考试制度主体的利益、彰显着其权力，正是具有这种角色和权力支撑着教师资格考试的组织机构发挥其功能。幼儿园教师资格考试的相关工作和运作是在纵横交错的、网状的组织机构协作下开展的。

幼儿园教师资格考试的组织机构具有以下特点：（1）幼儿园教师资格考试的组织机构是开放的系统。封闭系统的组织理论仅仅从内部结构和责权的正式关系来分析组织，而系统理论则认为幼儿园教师资格考试的组织机构与环境是相互影响的。一方面，组织要从外界输入各种信息，进行转化输出；另一方面，组织机构也同样会依据外在环境来调整、改革内部结构，以适应环境的变化。幼儿园教师资格考试就是在组织与外部环境的循环过程中不断发展的。（2）幼儿园教师资格考试的组织机构具有边界性。所谓的边界性是指每个组织都具有结构与功能的规定性，是区分组织与组织差异的重要依据。但组织的边界并非固定不变，它会根据外界环境的变化而产生变化，从而不断实现组织结构与功能的升华。（3）幼儿园教师资格考试的组织机构是一个反馈系统。反馈是对目标实现的监督，通过反馈可以了解组织机构在运行过程中存在的问题，再通过不断地调整目标使组织行为避免出现错误的导向。（4）幼儿园教师资格考试的组织机构是一个新陈代谢系统。组织总是不断地从环境中摄取资源、能量和信息，再将它们转化为新的资源输出到环境中去，这一过程使组织机构得以持续下去。（5）幼儿园教师资格考试的组织机构具有适应与维持功能。组织为了与环境保持一致，必须具有适应功能。同时，为了组织的相对稳定，又必须具有维持功能。只有这样，幼儿园教师资格考试的组织机构才能在其作用期间内发挥其功能，为幼儿园教师资格考试效能提供实体平台。对组织的理解从组织的结构问题，转向与结构、运行机制以及外在环境关系的问题，体现出我们对幼儿园教师资格考试组织机构的研究从静态到静态与动态相结合的趋势。

二　幼儿园教师资格考试组织的运行机制：变异了的"科层制"

（一）科层制及其对幼儿园教师资格考试机构组织的启示

科层制英文为"bureaucracy"，这一词语在西方社会科学的使用中表示为行政和生产管理的组织形式。科层制在资本主义国家中是一种非常重要的组织形式，尤其在行政管理与生产管理中其影响力甚大。科层制不仅仅包括组织机构的设置，还包括组织内部人与人之间的关系管理与行为规范。最初，"科层制"是一个中性词，受十月革命前后苏联对这一组织形式持否定态度的影响，我国一直把这个词翻译成"官僚体制"，一直带有负面的感情色彩和全然否定的态度。其实，科层制中体现的官僚之意与马列主义经典著作中的官僚之意并不相同。科层制是为了协调多人合作与工作的制度，科层制已经成为主流的组织模式。正如彼得·布劳所指出的："在当今社会，科层制已经成为主导性的组织制度，并在事实上成为现代性的缩影，除非我们理解这种制度形式，否则我们就无法理解今天的社会生活。"①因此，科层制是一把双刃剑，既有其优势，又存在不足。科层制中的结构化特征的确能够保证组织制度有效的运行，实现组织制度的运行效能。在幼儿园教师资格考试的组织机构中，科层制保障组织机构正常运行，其优势特征对幼儿园教师资格考试效能的提升有着重要启示：

1. 幼儿园教师资格考试机构应形成目标导向的专业分工。幼儿园教师资格考试组织机构能够根据任务对日常工作进行划分，并且说明工作的职责，分配给工作人员。教师资格考试的组织机构有明确的分工，可以使工作人员有着明确的任务意识，并使每一个教师资格考试管理者能够有效地完成自身任务。在幼儿园教师资格考试机构组织的科层制体系中，人们能够根据具体的任务分配适宜的工作，并配备受过专业训练的执行人员来完成，这就提高了工作完成的效率，形成团队的合力。因而，在教师资格考试的管理结构中应该明确管理的职责与技术分工，并且有专业的训练作为保障来提高执行人员的工作能力，使其在特定领域有着可靠的胜任能力。

2. 幼儿园教师资格考试组织机构的运行需要规范的规章制度给予保障。组织活动是由"一些固定不变的抽象规则体系来控制的，这个体系包括了各种特定情形对规则的应用"。②这其中对组织中的每一成员的责任

---

① ［美］彼得·布劳、马歇尔·梅耶：《现代社会的中的科层制》，马戎等译，学林出版社2001年版，第8页。

② 同上书，第17页。

及其相互关系作出了说明，这些规章制度是为了保障群体在从事某项工作时能够取得一致的结构，还能够促进不同工作之间的协调和规范运转。而调研发现各个层级之间的幼儿园教师资格考试组织结构的规章制度不明确，在具体操作时对工作的把握性不强，往往致使不同工作之间的转化存在困难。

3. 幼儿园教师资格考试的组织机构存在严格的等级性，群体内部的成员有着清晰的上下级关系，这也是科层制的重要体现。机构一定是要存在等级性，在科层制里面每个职位的等级性是非常明显的，而且员工要严格地遵守，高一级的员工对低一级的员工具有监督与管理的责任。①在这一体制内，上级对下级有发号施令的权力，下属则有服从的义务，同时上级也要为自己的下属工作承担责任。上级对下级具有权威性，但这种权威性仅仅限于工作范围内，超出这一范围，这种权威性就没有合法的规定。幼儿园教师资格考试的组织机构需要这样的等级制度来确保工作的运行，但这种等级制度不是传统封建意义上的完全的控制与服从，而是建立在科学地管理与运行基础上的制度。

4. 科层制业务的处理与传递主要依靠文书。即使能用口头形式在个人之间进行业务传递的情况下，也必须运用文书的形式，例如通知、指示、报告书、传票等规范化文书，而不能采用个人形式处理。这启示我们在幼儿园教师资格考试的管理过程中都要以文书为依据，始终保持准确性，使用大量的复制、保存和传递，以保障权力运行的畅通性。在这一点上，科层制追求办公的自动化与便捷化，文书的形式是各个部门公认的信息传达方式，"见书如见人"，这对组织高效率的运转无疑是有效的。

（二）幼儿园教师资格考试组织机构运行的异化

韦伯指出，科层制与其他组织相比具有一定的优越性，科层制是较为容易实现组织目标的组织形式，因为一个组织的构造与功能越接近科层制，操作起来就越有系统性。韦伯对科层制的解读更多是从其优势来分析，消极后果则忽视不计，这引起后来一些研究者的非议，对科层制的研究逐渐呈现褒贬兼顾的局面。默顿的研究发现，正是科层制的若干内在因

---

① ［美］彼得·布劳、马歇尔·梅耶：《现代社会的中的科层制》，马戎等译，学林出版社2001年版，第17页。

素对其自身的平稳运转产生着有害影响，他把这种现象称之为功能失调。首先，在幼儿园教师资格管理的科层组织中，教师资格考试的管理人员形成了固定的工作模式，一套完全按照行政化的成文规则与程序训练、上传下达的模式尤为突出。科层制的封闭性与模式化造就了管理人员，不习惯根据具体的情境作出及时的判断以寻求创造性的方式，墨守成规成了他们的代言词，标准化、模式化的格局会导致所谓的"科层制仪式主义"。其次，过于遵守科层制的规则，就会产生过于重视科层程序而忽略目标达成的现象。完全固守封闭已有程序工作，可能会造成员工失去解决问题的最佳时机，关注了程序细节却对全局考虑不周，这对组织的总体把握是不当的，会造成组织目标实现的阻滞。最后，人的异化，人情味缺乏。马克思认为"异化"是由于切断了劳动者和他的产品之间的联系。对单调的工作失去认同，对自己的产品失去了支配。组织对待员工是将员工作为一种角色或地位，让他遵守规则、承担责任，而不是作为一个人，所以员工可能觉得自己更像一个物而不是一个人。科层制要求成员办事过程中去除个人思想和情感，避免由于主观性带来各种不确定性因素。但过于强调这一点，会使成员感到缺乏人情味，自己的个性得不到体现，主动性和积极性得不到发挥，组织成员之间产生疏离和冷漠。此举既不利于个人的发展，也不利于组织的发展，导致对外界变化反应迟钝。科层制强调组织规章制度的稳定性，但组织外部环境不断变化，滞后的制度往往不能及时适应环境变迁，这将降低组织的调节和适应能力。

通过对韦伯科层制的解读，理想科层制的建构确实提升了行政的管理效率和效果，并且能够使行政组织机构内部的行为达到一致。尤其在事关全局、处于重大危机期和要求效率至上的时候，这种组织制度具有很强的执行效力，会起到立竿见影的效果。然而，我国教师资格考试的组织制度不是完全意义上理性的科层制，在其执行过程中仍存在一定的问题。

首先，幼儿园教师资格考试管理过程强调"人"治。幼儿园教师资格考试组织在执行过程中忽视了法治，人情的优势超过了法律的规范，科层制的管理呈现个人人格化趋势。在这个过程中，幼儿园教师资格考试的上级组织对下级进行控制、指挥、监督与命令，下级组织则忠实地顺从上级或领导的个人权威和要求。此举忽视了下级组织中参与者的主动性、积极性和能动性，使他们成为唯命是从的被动接受者，忽略了下级组织中个

体的内在观念和价值倾向对整个组织运行的影响。因此，幼儿园教师资格
考试组织的运行不是把执行的主要动力放在组织制度的完善上，而是更多
依靠组织中的权力主体或者组织中领导者的个人权威。上级行政机关的独
断性趋向明显。作为该市幼儿园教师资格考试的管理机构，是国家教师资
格考试制度的执行单位，但对 A 市幼儿园教师资格考试制度来说，不管
是从行政地位还是职能管理，市教育委员会都具有权威性，作出全面系统
的规划与管理。

　　　　P3：市教委具有绝对的权威，这个是市教委根据教育部出台的
　　文件来做教师资格考试这个事情。2001 年以来，市教委不断地进行
　　教师资格考试的调整。这个过程中，基本上是他们上级部门作出的决
　　定，我们这个层面是很少能参与的。
　　　　P4：他们要怎么调整和改革教师资格考试制度，颁布个文件指
　　示，我们按照这个要求来执行即可，我们直接受他们领导。你要说我
　　们是否有发言权，发言权是有，关键是上级采纳与否，上级部门是否
　　听我们的意见。

　　从上可见，A 市的幼儿园资格考试执行的管理流程、具体的工作安排
体现出管理人员的独断性。下属单位较少有参与与规划的权利与机会，执
行部门人员的意见基本不能通过自下而上的程序被采纳，这是科层制极端
化的体现。等级性制度过于放大，造成层级之间互动交流与反馈机制的缺
乏，源于上级行政单位的权威与控制性是不可挑战的，下层单位只需按部
就班地执行命令即可。

　　　　P4：像我们从事这个行业 10 年了，你要是说一点发言权没有也
　　不可能，毕竟我们经历着这些政策的变化，也体验着这些政策到底有
　　没有效果，因为我们是与考生们直接接触的人员，而且自身也参与这
　　个政策的执行。至于我们的建议能否被采纳是我们能力之外的事情，
　　上级部门是有自己的一套逻辑的。上级部门换了领导来负责这个事
　　情，那么幼儿园教师资格考试的一些内容和方式甚至大的环境都有变
　　动，这个我们深有感受的。例如，我们市的教师资格考试科目由原来

的两门增加到六门，其实我们觉得没什么必要。因为不管是法律法规还是其他科目，其实是包括在教育学中的，只是考试结构调整的问题，没必要这样多考几门。但上级部门说怎样就怎么样，我们只能照办。

幼儿园教师资格考试的组织机构除了在行政权力上具有优越性、等级性外，组织机构内部领导者的权威性也得到彰显。该市教师资格考试相关政策的改革应该照顾全局，管理者、制定者、执行者、专业团体通力合作，如果仅以团队中的领导者为主，而忽视了其他行为主体的意见，幼儿园教师资格考试效能会大打折扣。通常来说，一个组织或者团队中的领导者对组织效能的实现有着重要的影响，其领导风格与方式直接影响着组织运行的方式。领导者个人的性格倾向于独断性，那么组织更多是严格的等级制度，自上而下的运行方式；领导者个人的性格倾向包容性，则可能会吸纳各类行为主体的意见以全面考虑。

　　P4：国家颁布了《教师资格条例》文件后，各地自身情况不同，而且教育部颁布的文件只是一个纲领性的文件，操作性不强，由地方教育厅和教委这个层面来解决具体操作的问题。因此，教育厅和教委中负责教师资格考试的部门具有较大的决定权。

西方的科层制组织中非常注重避免人情和人际关系的影响，也尽量会杜绝领导者的个人权威对组织运行的影响，因此它们具备较为完备的规范和体系，使得组织内部的员工照统一模式来操作。在我们文化传统以及行政体制下，科层制的一些特征似乎发生了"变异"。在幼儿园教师资格考试组织的运行中，呈现出自上而下的运行路径，最高层面并没有规定具体的操作程序，留给各地政府和教育部门很多空间，由此地方部门相关领导的管理业务和专业水平就显得至关重要。如果个人的管理风格比较独断和专控，且不易听取不同部门包括最为基层的执行人员的意见，那么是不利于政策的组织运行、实施和落实的。这样的方式还极易形成个人主义，即领导个人的"一言堂"，形成了所谓的"人"治。

其次，幼儿园教师资格考试组织的运行呈现"政治化"倾向。组织机构行政化运行的全方位控制是教师资格考试管理的一个显著的特点，尤其是坚持行政权力对教师资格考试管理全局的控制，特别强调一元论，不赞同二元论。现代理论指出政治系统与科层管理系统是国家管理体系中两种不同的方式，如果二者有机结合能够提高管理的效率，提升国家制度的制定与执行效能；反之，则会造成政府执行效能低下以及行政化权力大包大揽的局面，不利于制度与政策信息的传递，容易形成官僚化管理模式。①因此，就幼儿园教师资格考试组织机构来说，在其运行过程中如果太过凸显管理的行政性，会使整个教师资格考试的机构处于行政与强化的控制内，极易形成集权化的倾向，导致专业的管理处于行政的附庸下。就目前来看，该市幼儿园教师资格考试组织机构在管理过程中存在行政化倾向。一方面，表现在幼儿园教师资格考试组织的人员构成上，大多负责该政策的相关管理人员通过行政程序获得相应的职位，而不是该行业的专业技术人员；另一方面，幼儿园教师资格考试的专业管理工作与行政性事务工作冗杂在一起，缺乏边界限制与分工。该市教委作为幼儿园教师资格考试制度的统筹主体，在具体的考试考务工作、技术层面工作上都作出了相应规定与规范，但这些要求和部署是附属于其行政权力控制之下，专业化团体的发挥空间不大。该市幼儿园资格考试管理组织的运行本质上是行政化的管理覆盖了有效的科层取向管理，二者之间的功能与运行机制交杂在一起，弱化了科层制的功能与运行效果。马克斯·韦伯提出的"审级"原则无法体现，使得制度中的监督功能得不到体现，科层制的结构和功能涣散，教师资格考试管理机构运行效能大打折扣。

最后，幼儿园教师资格考试管理机构组织运行呈现机械化与形式化倾向。一是机械化问题。科层制这一严密如同机械的社会组织，对人类的社会生活产生重大影响。但它过于考虑活动的效率和技术可能性，而不会附加价值因素实现的可能。科层制撇开价值因素只注重追求技术合理性的做法，会使科层制的运转陷入一种价值目标"缺少"的状态。于是，幼儿园教师资格考试管理的组织成员便很容易地将对制度规章的遵奉假想为组织的价值目标，从而导致将幼儿园教师资格考试制度实现目的的手段转化为

---

①　李德全：《科层制及其官僚化过程研究》，博士学位论文，浙江大学，2004 年，第 80 页。

目的本身的异化现象。阿尔布罗在谈到莫顿（Robert Merton）的观点时也指出，"莫顿认为，强调行政中的精确性和可靠性，很可能导致自我拆台。统治，本来是被用作达到目的的手段，但它却可能自身就成为目的"。①用刚性的制度和规则构建的科层制的"铁笼"来约束教师资格考试管理组织内部的群体，一个层级负责一个层级，按照这样的方式传递下去，形成了严格而封闭的线性管理和被管理体系。在这种机械化的组织运转下，人与人之间的交际和行动就如同机器一样，有着共同的目标和技术指导，却没有内在交往和合作的"实在"意义。组织内部上下级之间出现缺乏交流、协商、合作的现象就不足为奇了，更不要说听取和采纳幼儿园教师资格考试管理机构中组织下层部门的意见反馈，互作式的网络路径在科层制的"级层"观念中是不可能实现的。二是形式化问题。科层制极容易导致对制度和规章的过分强调甚至崇拜，由此产生的形式主义却以其形式合理性的外表掩盖了价值合理性的内在虚无。国家和社会管理的目标，也由此变成了一种苍白的管理过程，丢弃了它的实质内容。因此，"恪守规则处理业务是实现组织目的所必不可少的条件，但过分强调和墨守成规，必然会使遵守规则这一实现目的的手段变为工作的目的，从而缺乏应变力和灵活性，使事务的处理变得烦琐，最终导致形式主义"。②实际上，"把人员束缚于僵硬的规章之内，并不能保证效率。只有使人员与整个组织对目标认同，使其根据自身对情势的理解调整行为，高效率的管理才能实现"。③随着现代应用科学的发展，教师资格考试管理机构的制度与规章的刚性也有了相应的调整和变化。例如，行政机构在工作范围的确定和处理问题的过程中更具有灵活性，而技术官僚也被赋予更多的自由裁量权。但自由裁量权同样也给科层制规章的执行带来困惑，也就是说，在执行规章时，如果管理者按照自己的判断来决定其行动，这往往会使他们陷入一种两难的境地。如果忠实地依从于条文规章，通常要被指责为官僚作风；过分地依赖创造性的情境实现法规的精神，通常又被指责为滥用权力或干预立法权。④但是，无论如何，随着幼儿园教师资格考试管理的公共事务日趋复杂化，管理机构

① ［英］马丁·阿尔布罗：《官僚制》，阎步克译，知识出版社1990年版，第43—44页。
② ［日］博森·矢泽修次郎：《官僚制统治》，吴春波译，民族出版社1988年版，第5页。
③ ［英］马丁·阿尔布罗：《官僚制》，阎步克译，知识出版社1990年版，第48页。
④ ［英］同上。

应当保有一定的自由裁量权，才能应对复杂的情势和突发事件。如果教师资格考试管理者们固守规章而墨守成规，科层制就会变成一种僵硬的组织，当它在面临的情境与环境不断变化时，就会表现出"无能"。

第三节　教育机制保障下的幼儿园教师资格考试效能

教育运行机制指教育系统中能够保持正常运行所需的各种功能的组合，以及教育系统的构成要素之间、环节衔接、层次之间多元复杂的制约关系总称。教育运行机制是幼儿园教师资格考试正式制度实现自身价值与功能的路径，对幼儿园教师资格考试效能有着重要影响。本节借用孙绵涛、孟繁华二人的观点从教育的运行机制来分析幼儿园教师资格考试效能保障问题。

一　幼儿园教师资格考试运行机制内涵

"机制"一词来源于希腊文"mechane"，意指机器的构造和动作原理。机制最初始于动力学中"机器的结果及其运行原理"之意，而后经由生物学、医学的发展，机制被认为是个体组织结构内部、结构内部与外部之间相互作用中发生的变化过程。对机制研究更为深入和透彻的当属系统论理论，机制是系统运行的一种方式，决定着系统运行的方向与路径，促使系统中各个要素间相互制约、相互作用，形成系统良好的循环发展路径的程序总和。控制论则从机制与环境的关系，揭示了机制是系统接收反馈的信息，并能够形成自组织的调节能力，抵抗外部环境对自身不利的干扰因素，形成稳定的自我与外部环境相互作用的、有序的稳定的功能。综合以上不同学科与理论对"机制"解读的观点，我们认为机制的基本含义包括以下几个层次：一是从静态层面看，组织作为一个整体，是由若干元素按照一定的方式整合的，机制可以看作是一种构成方式；二是作用方式，组成事物的各要素总是按照一定的方式相互作用；三是运行方式，按照某种方式组合在一起的各要素，通过有规律性地相互作用而引起系统整体的生成、运行并发挥功能[1]；四是调节方式，可以按照人们的要求来运

---

[1]　吴潜涛、刘建军：《新时期思想政治教育史论》，安徽人民出版社 2004 年版，第 183 页。

行和发展适合人们要求的一种调节形式。本研究采用"机制"动态层面的界定，倾向于对机制的作用方式与运行方式进行考察，因而教育机制是教育现象各部分之间的相互关系及其运作方式。

通常来说，正式制度中的机制是在组织制度的平台上促进幼儿园教师资格考试效能实现的助推器。在制度组织这个平台上存在不同的运行机制，不同的运行机制对幼儿园教师资格考试制度有着重要影响。不同运行路径产生不同的教师资格考试运行方式，这些方式合理、科学与否对幼儿园教师资格考试能否发挥实效、能否选拔合适的幼儿园教师有着至关重要的作用。

目前，对教育机制的系统研究当属孙绵涛与孟繁华二位学者，他们的观点与见解对本研究有重要启示。孙绵涛认为教育机制从现象运行的基本方式和内在逻辑结构上看，主要有教育的层次机制、教育的形式机制和教育的功能机制。教育层次机制是从教育的结构来分析，包括宏观的教育机制、中观的教育机制和微观的教育机制，此类标准的划分并不太适合本研究路径的分析；形式机制主要发生在教育政策的执行主体层面，包括"行政—计划"式机制，这是通过周密的计划安排，采用行政的手段整合教育体系的各种要素，使得教育能够顺畅进行，这种方式主要在中央集权制的国家中使用。"指导—服务"式机制的运作方式，这是基于服务理念的运行方式，通常采用指导、服务的形式去协调教育体系中各种要素的关系，这种运行机制一般以地方分权的国家采用为主。最后一种是"监督—服务"式机制，通过监督、服务的方式去协调教育各个部门之间的关系。教育的功能机制则主要针对政策执行的目标群体而言，主要包括激励机制、制约机制和保障机制。[1]孟繁华认为这些划分是从各部分之间的关系角度，即从集权和分权的角度展开的，强调运作方式的形式方面，却没有对运作方式的本质作出说明。他以思维范式的两个维度为坐标系，通过系统目标、系统环境和系统功能三大模块，派生六种运行方式。[2]如表3所示：

---

① 孙绵涛、康翠萍：《教育机制理论的新诠释》，《教育研究》2006年第12期。

② 孟繁华：《教育管理决策新论——教育组织决策机制的系统分析》，教育科学出版社2002年版，第141页。

表3		教育机制的运行方式图表	
维度	目标模块	环境模块	功能模块
机械范式	计划—规范模型	动力—均衡模型	行政服务—机能模型
适应范式	可能—满意模型	动力—适应模型	整合创新—适应模型

本研究从不同研究者的争论与质疑中寻找对幼儿园教师资格考试运行机制的启发和理解，提供分析幼儿园教师资格考试运行机制的学理依据。

二　幼儿园教师资格考试运行机制现存的问题分析

（一）幼儿园教师资格考试运行过于倾向"计划—规范"机制

教育计划是指为未来教育活动准备一套决定的程序，主要在于目标的达成。[①]西恩则认为计划模式必须是针对整个教育系统的，它需要联系教育各个方面，把教育政策协调起来。"计划—规范"机制包括全局的总体目标，分层体系以及综合协调各种活动的子目标，共同服务于总体目标的达成。为达成计划目标，要依靠各级教育行政机关和领导者的权力，通过强制性的命令来执行幼儿园教师资格考试制度，具有较强的科层制倾向。当确定了幼儿园教师资格考试的总体目标后，层层分解、层层规划、具体落实。这是一个单向过程，由上级给下级规定目标，并付诸实施的过程。就 A 市幼儿园教师资格考试制度的运行来看，充分体现出计划—规范的倾向，A 市幼儿园教师资格考试机构的行政设置以及该市教师资格考试凸显行政性的管理等问题都是这种倾向的表现。

另外，该市幼儿园教师资格考试组织部门在执行教师资格考试过程中缺乏"指导—服务"机制。仅有的指导与服务主要集中在通过网络提供教师资格考试相关规定的解答，电话答疑等方式以解决教师资格考试报考者的困惑。

P2：一般来说，我们的官方网站都会有教师或者幼儿园教师资格考试的相关解答，这些解答基本上是针对近几年在教师资格考试制度实施过程中考生容易出现的问题，我们通过网络的方式给予解答。

---

① 金国辉：《教育计划管理》，中国科学技术大学出版社 1992 年版，第 15 页。

但并不是以在线的方式解答，主要是呈现考生容易出现的问题，我们给出建议或方案，让考生明确报考的相关信息以及考试的基本安排。此外，在报考的阶段，我们也会通过电话的方式给予解答相关考试安排。我们只负责这些方面的解答与服务，至于具体的技术环节，是其他部门，例如考试院等负责。

　　P1：我们只是提供一些信息服务，至于具体的操作，我们只能是给个信息服务。此外，很多老师并没有仔细去阅读相关信息，我们对她们说了多遍，他们还是不明白，我们在网上也发布了信息，可是他们就是读不懂，这个就没办法呀。我们只能提供考试咨询，其他的我们怎么可能去做呀。

　　该市幼儿园教师资格考试的"指导—服务"机制还处于外在的表象层面。教师资格考试的管理者仅仅对考生提供建议，仅仅给考生提供信息方面的参考。"指导—服务"机制，不是一项工作或者一个部门的指导或贡献，而是教师资格考试的管理部门对整个教师资格考试对象的服务运行机制，是基于"指导—服务"型理念的管理方式而产生的操作行为。这意味着幼儿园教师资格考试的管理者在观念层面上要改变，将自身角色从完全意义上的行政者转化为制度的推动者与服务者。这需要幼儿园教师资格考试管理的各部门通过协作与分工为考试提供服务，改变以往自上而下的行政性执行路径，尤其是褪去作为高高在上的"专家"的优越感。不同层级和分工的部门应该明确自己的服务角色和服务职责，主管部门要做好同级部门之间服务工作的统筹与协调，以便形成服务型的幼儿园教师资格考试管理部门。此外，除了幼儿园教师资格考试的信息咨询与建议，该市的教师资格考试管理部门，可以从促进教师资格考试效能提升的角度来思考：如何调节和规范教师资格考试的培训，如何提供更为科学化的考试报名程序以减少考生的投入等问题。

　　（二）幼儿园教师资格考试的运行机制过于倾向"动力—均衡"模型

　　上文从机制运行的内部因素进行分析，但机制的运行脱离不开外在环境的影响，环境的变化对幼儿园教师资格考试的运行有重要影响。机制运行的内部因素固然重要，但幼儿园教师资格考试的外在环境对资格考试运行机制的影响也不容忽视。

幼儿园教师资格考试的系统既有内部结构因素，又受外部环境的影响。教师资格考试的内部结构是内力，外部环境通常充当动力角色，在内力与动力之间寻求平衡。外在环境的变化会对幼儿园教师资格考试的决策产生信号和影响，幼儿园教师资格考试体系会针对这一信号作出反应与回馈。这种反应可以是及时的，也可以是延迟的；可以是轻度的，也可是强烈的；可以是单一的，也可是广度的。"动力—均衡"模型属于反应均衡型，包括对外部环境反应时间、强度和广度上的均衡。时间上的均衡模式由美国学者林德布鲁姆提出。他认为，政策应该在过去经验的基础上作出小步骤调整，因为政策的决策者掌握人力和物力的能力是有限的，不可能在规定时间内作出全部的选择方案，也不可能理解其决策的全部后果或他们选择的方案所要产生的全部价值因素，因此在时间上要采用循序渐进的策略。强度上的均衡层面，英国学者穆尔认为，信息的准确性和全面性主要取决于外部环境变化的剧烈程度。[1]一般而言，外部环境变化较强烈时，不太容易获得较为充分的信息。如果外部环境信息的准确性较大，决策的把握性就较大；如果外部的环境信息不容易把握，就应该给决策更大的空间，以应对外部环境的变化。就广度均衡而言，如果外界信息具有较强的准确性，决策的广度可以大一些；如果外部的信息不够准确，可以缩小决策广度，在小范围内实施，逐步再扩展。由此可见，教师资格"动力—均衡"机制运行方式的核心是关注外在环境变化，力求平衡外部环境与幼儿园教师资格考试制度实施间的关系，以被动均衡的方式应对外界环境。该机制运行的基本目标是保证系统的内部平衡，寻求稳定，避免变化和挑战。

幼儿园教师资格机制运行的"动力—适应"模型则试图打破平衡的系统，寻求目标的可变性，而不是仅仅从一个平衡到达另一个平衡。该机制依靠系统与外在环境的交换来应对干扰，教师资格考试系统可以获得对干扰适应的能力。这种适应性不仅仅是对待变化的简单调整，而是调节、修改或从根本上改变环境以及系统本身的诸多方面。适应模式比起均衡模式更具变通性和灵活性，是对待外界环境变化更为开放的方式。幼儿园教师资格考试的运行机制必须适应周围环境的变化才能有生命力，通过输入与输出方式不断地与周围环境发生物质、信息的交换，并能够根据外界环

---

[1]　黄孟藩、王凤彬：《决策行为与决策心理》，机械工业出版社1995年版，第27页。

境的变化进行自我调节和修正。

自 2001 年起，我国开始筹划制定教师资格相关政策，一系列政策变动都在不断地寻求更为科学、更为合理的制度设置，以确保幼儿园教师资格考试的有效运行。在这一发展脉络中，我们似乎一直在寻找着更为灵活和动态的适应模式，努力在与外部环境的相互作用中不断汲取能量和信息，使幼儿园教师资格考试的内在系统更为完善。但在改革背后，隐藏着一些不能忽视的因素，例如：幼儿园教师资格考试改革的主动性与被动性问题、幼儿园教师资格考试系统内部人员的积极性问题等，这些内在因素影响着幼儿园教师资格考试运行机制的适应模型能否更好地贯彻。通常，政策执行者与制定者之间的沟通不畅，或相互之间的衔接不当，易造成幼儿园教师资格考试改革的参与人员尤其是执行者积极性不强，被动地接受外在环境和变化。幼儿园教师资格考试制度外在改革"热火朝天"，内在执行"暂不认同"是影响"动力—适应"机制有效运行的重要因素。

P4：所谓上有政策，下有对策。我们认为，幼儿园教师资格考试的改革是有必要的，但是在实践中只是有些形式化的措施。考试科目的增加，其实有什么大的价值呢，无非是让别人看到我们的制度中增加了新的科目。增加的内容，在我们以往的考试以及培训中都是存在的，我们统一放在教育学这门科目里面，现在分离出来只是一种形式罢了。诸如此类的变革，我们操作的积极性并不大，一方面是因为变动的效果并不明显，另一方面是因为不想那么麻烦。但幼儿园教师资格考试的考试标准以及考试形式，包括考官的资质标准这些比较有实际意义的问题，更应该花时间去研究。

P3：其实对我们执行层面来说，不喜欢太大的变动。一方面，原因在于我们形成了一套比较稳定的工作模式和操作模式，变化之后又要调整和适应；另一方面，这种变化也并非有效。

此外，切忌避免"拍脑袋做决策"的行为倾向，这种方式看似迎合了外在环境的变化并迅速采取应对外在环境的策略，但这种行为方式是随意性的和不可控的，缺乏调研的变动会造成制度改革的失败。

第四章 内隐与默化：非正式制度保障下的幼儿园教师资格考试效能

以内生性和潜在性为特征的非正式制度是制度体系的重要组成部分，也是正式制度产生、发展和有效运行的前提。幼儿园教师资格考试效能保障的非正式制度不仅仅包括道德、文俗等因素，在幼儿园教师资格考试制度微观层面的人与人、机构与机构之间的关系对教师资格考试效能有着更为直接和重要的影响。虽然非正式制度这一载体是无形的，但它却能够对某一特定领域的行为起到真正的约束作用。本章从幼儿园教师资格考试的执行人员身份、执行机构权力、利益相关者的博弈三个层面来分析非正式制度保障下的幼儿园教师资格考试效能问题。首先，身份是一种"标签"，是表征幼儿园教师资格考试执行人员的符号。身份本身是静态的表现，但身份与身份之间形成了一种互动，更为准确地说是一种"关系"，研究者试图探寻幼儿园教师资格考试制度执行人员间的身份关系对幼儿园教师资格考试效能的影响；其次，分析幼儿园教师资格考试机构权力对幼儿园教师资格考试效能的影响；最后，通过对幼儿园教师资格考试利益各主体间的博弈分析，最终形成较为系统、全面的非正式制度层面的图景。

第一节 身份关系影响下的幼儿园教师资格考试效能

一 幼儿园教师资格考试执行人员的身份

（一）身份的内涵

"身份"作为一个独立的词语和概念，在不同的语境、不同的学科背景下有着不同的意义。身份对应的两个单词为 identity 和 status。Identity 表示一致、本身、同一性之意；而 status 则译为身份、地位。Identity 由于其意义表示的丰富性，在不同的学科背景下都有使用，比如哲学、心理

学、文化学、社会学，而 status 则主要是在社会中使用较多，是社会学的
基本术语。就目前来说，社会学中对"身份"的研究大体分为三个层面：
（1）从地位和角色来分析"身份"。个体的身份通常是通过一定的地位和
角色来体现的，这两个方面也构成了身份的重要成分。地位是身份构成的
静态因素，角色则是身份构成的动态因素，地位侧重的是个体在社会中所
处的位置，而角色则是个体在社会行动中所体现出来的身份表现。
（2）从"社会分层"这个视角来揭示"身份"的等级性。社会分层是指
社会成员处在高低不等的身份层次的现象，它主要是根据社会分层中存在
的不平等现象以揭示身份的不平等问题。（3）从"社会流动"的视角来
分析身份的变化。社会流动是指个人或群体社会地位的变化，包括垂直流
动和横向流动。垂直流动是个体或群体自身地位的上升或下降，而横向流
动则是指同一地位的横向流动。因而，从个人角度而言，每个人都会有身
份的变化，只是变化的途径和方式存在差别。本研究选取身份的社会学视
角来分析幼儿园教师资格考试效能的非正式制度保障问题。

　　社会学对"身份"的研究，主要考虑到一个人在社会等级中处在何种位
置，因而社会中的身份，主要是"自身所处的地位"或"受人尊敬的地
位"。[①]　身份主要是指人在社会上或者法律上的地位和资格。[②]幼儿园教师资格
考试执行人员的身份分析路径是从个体或群体的角色和地位这个层面来展开。
这是基于两个因素的考虑：首先，在幼儿园教师资格考试效能保障的非正式
制度层面分析中，教师资格考试执行人员本身就是一种潜在的身份象征，而
这种身份象征在教师资格考试的运行当中有着内隐的影响；其次，在幼儿园
教师资格考试运行系统中，执行人员的角色和地位是关键的变量。因此，我
们从幼儿园教师资格考试执行人员之间的身份以及执行人员与目前群体之间
的身份关系，来分析身份关系对幼儿园教师资格考试效能的影响。

　　（二）身份的特征

　　"身份"作为人的一种社会属性，以无形的方式渗透在幼儿园教师资
格考试系统中，它作为一种隐性因素对教师资格考试的运行产生影响，进
而影响着幼儿园教师资格考试效能。在现实幼儿园教师资格考试系统的运

---

① 《现代汉语词典》，商务印书馆 2002 年版，第 1119 页。

② 《新华词典》，商务印书馆 2001 年版，第 871 页。

行中，存在两种人员的身份关系：首先是幼儿园教师资格考试执行人员之间的身份关系；其次是幼儿园教师资格考试的执行人员与目标群体之间的身份关系。

1. 社会性。看似由基因和遗传而来的"身份"，其实深深打着社会性的烙印，它是在社会中发展起来的，表征着社会的意义。就人的个体成长而言，随着人接触社会的广度和深度逐步扩展，个体身份的社会性意义更加明显，社会环境和文化背景赋予个体身份的意义。就幼儿园教师资格考试效能而言，教师资格考试内部系统的有效运行是保障其效能实现的基础，系统有效地运行离不开教师资格考试系统中的人。教师资格考试执行人员与目标群体被社会赋予了一定的身份意义，这种身份彰显着教师资格考试系统中人与人之间的关系，被赋予了社会意义。

2. 角色性。身份是与角色联系在一起的，正如爱德华指出，自我身份的建构总是牵涉到与自己相反的他者的"身份"建构，而且总是需要对与"自己"不同的事物的性质进行诠释，总是在通过不断创造"他者"来重构自己的身份。在幼儿园教师资格考试系统中，幼儿园教师资格考试的执行人员个体在这个系统中都具有角色身份定位，从而形成彼此的关系。比如教师资格考试的执行者与受作用者的角色，教师资格考试的执行主体中不同层级执行人员之间的角色等。

3. 差异性和层级性。身份是具有社会意义的，社会又是多元化的，身份恰恰反映了这种不同的关系，因而身份也具有差异性。在这种差异性的基础上，身份也打上了层级性的烙印，几乎任何身份都会表现出某种等级性和层级性，这是一种客观现实，身份的层级性与个体在社会中的地位和位置密不可分，不同的身份标识了个体在社会中的不同地位和位置。幼儿园教师资格考试制度中，教师资格考试的执行人员与资格考试的报考者存在着身份差异。就教师资格考试的执行人员而言，由于其职能分工和管理权限的不同，也存在着执行人员身份的层级性。这种身份的差异是客观事实，但幼儿园教师资格考试制度中执行人员的身份表现过于层级化，就会出现执行过程中的障碍与异化的现象，在某种程度上会影响幼儿园教师资格考试执行人员的执行效果，也会对幼儿园教师资格考试效能产生影响。

（三）身份的功能

1. 幼儿园教师资格考试参与人员身份是一种象征，具有群体识别和个体区分功能。身份是一种边界，将群体与群体、个体与个体之间的关系作出明确的划分，赋予群体与群体之间的关系边界，区分个体与个体之间的差异。通常来说，由于个体或群体具备生物性上的差异，能够得到最为基本的区分，比如年龄、性别、种族。然而个体与群体不仅是以生物式的方式存在，更为重要的是其个体与群体的社会属性。身份代表着一定的社会意义，个体或者群体是依靠身份来被外在的客体识别的。在幼儿园教师资格考试制度中，对教师资格考试产生影响的不是这些人员的生物身份，如性别、种族，而是这些人员在教师资格考试制度中所被赋予的身份。不同的执行人员由于其身份不同，也就为个体与个体之间划分了界限。身份的区别功能使执行人员的角色有了区别，但同时为教师资格考试内部执行人员提供了指向性，明确不同主体的角色与职责，从而能够帮助人们明确幼儿园教师资格考试制度内部执行人员之间的关系。

2. 幼儿园教师资格考试执行人员身份的获得能够促进人际交往。随着社会的不断发展，个体接触的环境越来越丰富，交往的圈子也越来越大，打破了传统社会中的社区交往或者封闭式的交往方式。在信息社会快速发展的同时，个体在不断扩大他们的交往圈子。个体为了更为有效和准确地获得交往对象的信息，身份就成了一个较为方便的途径，因为个体的身份被赋予了一定的社会属性，表征着一定的社会交往意义，也透露着个体的社会信息，也就为个体的交往提供了前提条件。没有身份，个体之间的互相认识以及社会往来是不可想象的。幼儿园教师资格考试制度工作的安排、管理与执行是在执行人员的交流互动中完成的。

二　幼儿园教师资格考试执行人员的身份影响

身份的功能既有正向的也有负向的，关键在于个体或群体的身份是如何运作的。正如学者陆益龙指出的："身份的区分是客观存在的事实，个人与个人、群体与群体之间的区别是社会的基本结构形式，是不以人们的意志为转移的，也不会随着社会制度的变化而消除，它是一种自然而然的现象，不会成为人们社会交往的障碍"。① 但在现实的社会当中，身份不可能随时保持着中立的状态，身份会与不平等、社会分层联系在一起，这

① 陆益龙：《户籍制度——控制与社会差别》，商务印书馆2003年版，第432页。

源于人们对身份看法的变异，人们固有的观念中存在着歧视与偏见。现有的制度安排和严格的等级制度设置，使身份打上了外在的主观烙印，身份被外在的因素夸大和异化，从而制造了身份的等级和不公。

当幼儿园教师教师资格考试执行人员的身份中的某种差异被凸显时，人们对他人的认同已不具有普遍意义，而是一种被扭曲的认同。当资格考试执行人员的身份被某个主体肆意地带有目的诠释时，当身份成为某些群体或者个体获取不平等资源的凭证时，或者人们利用身份的客观价值而为自身利益服务时，身份功能就已经被负向化了，成为某些群体和个体不择手段获取对自身有利的资源的工具。幼儿园教师资格考试中的执行人员之间的身份关系、执行人员与目标群体间的身份关系，都会在某种程度上影响着教师资格考试的效能实现。

（一）执行人员间身份等级化的夸张与异化

幼儿园教师资格考试执行人员的身份等级化包括两个层面的问题：其一是同级执行单位中的不同层级的人员身份；其二是不同层级单位之间人员的身份。

第一个层面中，幼儿园教师资格考试制度同级执行单位中的不同层级执行人员，其社会角色和地位已经在这个群体中有了明确的身份定位，这是社会以及生态群体发展的必然结果和客观事实。身份等级的存在是客观的事实，这也是群体及其功能结构运行的必然诉求。然而在这种身份层级的客观事实下，幼儿园教师资格考试的运行及其效能的顺利实现，需要在一定程度上抑制人为对身份异化的做法。幼儿园教师资格考试执行人员这个群也不例外，如何抑制人为对身份的异化和夸大是保障教师资格考试效能的关键要素。在幼儿园教师资格考试执行人员之间，执行者身份代表了地位和资源，这种摸不到、隐性的社会符号对幼儿园教师资格考试的效能有着重要影响。

P3：在一个单位部门中，这一点还是蛮重要的，而且也是比较细微的关系。在我们这个地方，领导的话语权还是很有分量的。教师资格考试的相关工作环节和规则都基本沉淀下来了，如果出现了一些偶然的事件，也是领导一句话的事。这个毕竟是现实，领导的身份和意图是重要的，领导的经验也是重要的，因此拥护领导的做法也就不足为奇了。

　　P4：上层怎么说就怎么做呗，其实我们基层的一些职员在教师资格考试工作中积累了大量的经验，因为我们也是亲身体验的，但在献策的时候还是会察言观色的，因为我们要把握好领导的意图，基本上上级部门认准的观念和做法，我们是不能违背的，这种身份化的影响还是蛮大的。

　　A市幼儿园资格考试的执行人员之间，尤其是同级单位之间的不同层级职员之间的身份与团队中的管理者有着密切的关系。当领导者个人身份被夸大时，全体内部成员会碍于这种身份的影响而不能呈现客观的事情，造成幼儿园教师资格考试制度执行人员之间的信息传达不到位，影响着教师资格考试效能的实现。

　　在幼儿园教师资格考试的执行人员中，高控制和高位的执行人员的正确定位及其适宜的管理氛围是极为重要的。幼儿园教师资格考试执行人员的管理方式除了通过正式制度中的规章规则体现出来，还在执行人员的身份关系中有所体现。管理者"身份"背后凝聚着权力与地位，身份的标签识别功能极为显著。幼儿园教师资格考试管理者的身份被异化或者夸大会出现几种现象：a. 身份具有了完全的权威象征。处在幼儿园教师资格考试执行人员群体中的高位管理者的专断风格会影响这个群体内部的其他成员，管理者的身份表征、彰显着重要地位，"我想怎么做就可以怎么做"的独断式决策基本成为群体内部之间的"潜规则"；b. 任务的目标偷换为领导者的需求。在一个身份被无限放大的群体组织中，群体成员的任务目标易被领导者个人的喜好需求所替换，而非工作的远景规划。身份的背后彰显着权力与地位，一个过于依据"身份"来运行的组织机构往往会导致群体内部成员对管理者阿谀奉承，忽视了群体工作任务的实现；c. 身份等级化过于明显的群体缺乏创造力。身份本身意味着区分，也标志着自身在群体中的地位，但过于强调身份等级的群体太过重视标签的功效而忽视了群体内部人员的合作与创造。尤其是在群体中领导者的个人垄断和控制欲都较强的情况下，极有可能形成与该领导"一致"的思维模式，而成员的建议在这种氛围中被磨灭。

　　第二个层面中，幼儿园教师资格考试不同层次单位人员的身份与第一个层次相比，身份的标签功能更为显著。由于不同层级幼儿园教师资格考试执行单位的人员不在同一环境中工作，对彼此双方的信息获得较少，甚至并不相识。在此情况下，能够获得对方信息的唯一途径就是对对方的社会身份的识别。在幼儿园教师资格考试这种较偏向行政化的执行机构里面，管理者的身份等级彰显为行政权力和权威。执行人员之间可以不了解对方的背景和经历，但只要洞悉该管理者所在单位的层级身份，就赋予了该管理者相应的身份。此种情况下，幼儿园教师资格考试不同层级单位执行人员在工作的衔接与处理过程中，存在着潜在的"身份"影响。下层单位的执行人员由于这种体制中"身份"影响，会对上级单位执行人员"投其所好"。此外，下级单位执行人员会对上级单位执行人员掩盖工作本真的事实，所谓"报喜不报忧"，这对幼儿园资格考试工作获得系统性的回馈信息以及工作的改进是极为不利的，影响着幼儿园教师资格考试效能。

　　　　P3：不同层级教师资格考试管理部门执行人员之间的工作往来基本存在着一套潜在的默认规则。大多数人在处理公务事情时，表现得不会过于极端，原则上既不太偏向理性，也不会特别偏向感性，而是希望在两者之间作出平衡和调和。

　　　　P4：我们在把工作经验总结汇报上级单位的时候，基本上是采取以汇报取得的成绩为主基调的，就是在基本的规范下中规中矩地呈现我们所做的工作，当然也会部分说明目前的不足以及未来要努力的方向。

　　以上两位访谈者是 A 市的幼儿园教师资格考试的笔试官和面试官，二者所在单位是 A 市区县的教师进修学院。由于 A 市教委统管着教师资格考试工作，而区县的教师进修学院则是教委直接统筹下的执行人员，因而两位考官相对于教委是执行人员的身份。而在于目标群体的交流过程中，两位考官兼有行政性与专业性的角色身份，在复杂的身份关系链中，两位考官作为幼儿园教师资格考试运行中的衔接者身份，对教师资格考试的具体情况非常了解。可由于身份这种潜在的影响，体现到幼儿园教师资格考试行政运行机制上，则表现为行政决策的"领导至上"，"事无大小，皆决于上"，实行集中领导、指挥、行动。在这种身份明显的宝塔形的体制结构中，教师资格考试执行人员上尊下卑，界限分明，不容僭越。作为幼儿园教师资格考试的考官，在身份的影响下只能是形式性地向上级行政单位以及管理者汇报资格考试情况，碍于身份的权威影响，考官对行政人员的指示也是毕恭毕敬。在身份等级凸显的行政体制内，教师资格考试制度执行人员间身份的隐性作用是不容忽视的，这在某种程度上影响着幼儿园教师资格考试效能的实现。

（二）幼儿园教师资格考试执行人员与目标群体之间的身份关系"失当"

作为幼儿园教师资格考试制度中的两种要素，执行人员与目标群体之间有着极为密切的关系。执行人员作为幼儿园教师资格考试制度的操作者，对教师资格考试效能的实现起着主导作用，目标群体作为幼儿园教师资格考试的客体，在一定程度上也影响着教师资格考试效能的实现。幼儿园教师资格考试发生作用的对象是目标群体，在幼儿园资格考试执行的过程中，必须对目标群体涉及的范围及其构成有充分的了解。此外，还要关注幼儿园教师资格考试目标群体的价值取向，目标群体对幼儿园教师资格考试的认同度。因而在教师资格考试中，执行人员与目标群体之间身份关系处理的恰当与否，是关乎着教师资格考试效能实现的关键。在这种关系的处理过程当中，作为主体的执行者如何摆正自己的身份来对待目标群体则更是重中之重。目前 A 市的幼儿园教师资格考试执行人员的身份定位过于凸显考试执行的操控者倾向，将目标群体作为机械的操作对象或完全定位为受控制者身份，缺乏对目标群体的观念、价值取向以及认同感的了解，极易造成幼儿园教师资格考试执行受阻以及效能低效的情况。

P4：我认为政策要想取得好的效果，除了执行的合理，还应考虑到目标群体是否支持，即在合理性、规律性与目标群体的认同度上都要考虑，否则肯定会有困难。我们负责的资格考试笔试部分，有很多考生认为考试科目由两门改六门的形式导致学员学习的东西过多，可是很多考核在幼儿园也用不上。

P3：其实在面试环节，有的考生在私下议论，面试环节怎么删掉了幼儿园教育活动设计的内容，这块考核的内容非常关键，是考查考生专业能力重要的指标。考生作为制度的受作用群体，其身份与声音很难在制度执行链中得到体现，考生只能被动地接受制度改革的要求。

由此可见，幼儿园教师资格考试目标群体的声音在实际操作中是悬空的，教师资格考试执行人员按照上面部门要求来执行考试，至于上级部门要求是否合理，既不需要请示上级，更不需要对目标群体作出具体的解释，其结果是考生对幼儿园教师资格考试内容与方式的合理性产生质疑，幼儿园教师资格考试制度目标群体的专业发展需求被忽视。如果教师资格考试的执行者一味把自己定位为高高在上的管理者角色，这就很难从目标群体的角度来看待教师资格考试问题，目标群体的身份也很难被执行人员放在同一参与者的位置上，即便是参与者的身份，也是被动参与，得不到应有的身份对待。

第二节　权力影响下的幼儿园教师资格考试效能

一　权力的内涵

权力在英文中被认为是控制某种事物的能力，通常被当作能力，是一种旨在影响外部环境并能产生持续效果的能力。在汉语中，"权"是指衡量、权衡、审度之意，所谓"权，然后知轻重"，指衡量轻重、是非和利害。权力被视为个人、群体或更大社会结构拥有的一种品质或属性。在学术界，关于权力的界定可谓是流派众多。首先，以"控制说"为代表的流派。《现代汉语词典》对权力做如下解释："一是指政治上的强制力量；二是指职责范围内的支配力量。"[1]权力即一种强制性的社会力量，拥有这一力量的主体依靠它来实现对客体或别的主体的控制，这是从控制论的视角对权力的论述；其次，是以"影响说"为代表的流派。该流派中的学者认为权力就是一种对他人的影响力以及保障自己言行的自由力量。一个人或一群人按照他所愿意的方式去改变其他人或者群体的行为，以防止他

---

[1]　吴华：《课程权力：从冲突走向制衡》，博士学位论文，东北师范大学，2008 年，第 5 页。

自己的行为按照一种他不愿意的方式被改变的能力。①马克斯·韦伯把权力理解为"是一个人或若干人在社会活动中即使遇到参与该活动的其他人的抵制，仍能有机会实现自己的意愿。"②我国学者认为权力意味着某些社会实体对其他类似实体具有特定的影响，权力与社会资源分配保持着一种特定的关系。权力之所以存在，是因为它本身是一种社会关系，属于关系范畴。权力存在于社会关系之中，并作为一种特定的社会关系而存在，体现为影响者在一种社会关系里，贯彻自己意志的机会。③其实不管"影响说"，还是"控制说"，都是在谈权力的影响，只是"控制说"表现出更为深刻的影响。

我们更倾向把权力理解为某些人对他人产生预期效果的能力。④在这个概念的基本逻辑下，我们试图去分析权力的基本规定性：其一是权力具有目的性。权力运行总是为了维护某一群体或者个人的特定的利益；其二是权力的潜在性。潜在性可以通过一个例子来说明，如果管理者并没有给执行者发布行动的讯号或者命令，而执行者却能获得实施管理者的意图与目的，这说明管理者的权力潜在地影响了执行者的行为；其三是权力关系的非对称性，权力关系的非对称在于掌权者对权力对象的行为实施较大的控制，权力在权力掌控者与受控者之间的关系不对等；⑤ 其四是整合性。权力的实质就是一种价值控制和资源控制的整合，权力主体通过控制能够迫使权力客体服从自己的支配。

二　幼儿园教师资格考试机构权力运行表现

从权力的产生来说，权力是根植于一定的价值系统当中的，而权力产生作用则依赖于一定的价值判断，这种价值评判通过制度化成为一种权力秩序，而制度本身就是人们设计出来调节主体权力关系的社会机制。在幼

①　[美]罗伯特·达尔：《现代政治分析》，王沪宁等译，上海译文出版社1987年版，第36—37页。

②　[德]马克斯·韦伯：《论经济与社会中的法律》，张乃根译，中国大百科全书出版社1988年版，第323页。

③　[德]马克斯·韦伯：《经济与社会》，林荣远译，商务印书馆1997年版，第161页。

④　[美]丹尼斯·朗：《权力论》，陆震纶等译，中国社会科学出版社2001年版，第3页。

⑤　Peter M, Exchange and power in Social life, New York: John Wiley and Sons, 1964, p.118.

儿园教师资格考试制度中，研究者从教师资格考试机构间的权力来分析幼儿园教师资格考试的效能问题。在教师资格考试机构中，权力的非对称性存在是客观存在的事实，使教师资格考试机构体现出上下层级关系。但正如前文所述，在幼儿园教师资格考试制度的法律法规制度、组织制度还尚不完善的现况下，幼儿园教师资格考试机构之间的权力过于非对称，势必会对幼儿园教师资格考试效能产生影响。

（一）政府权力在幼儿园教师资格考试机构中高度集中

在幼儿园教师资格考试主体权力场域中，政府在考试的决定权、执行权、监督权的控制上过于强势，打破了权力均衡的状态。任何一种形式的考试，政府都应该在考试的活动中起着主导甚至决定的作用，这是由政府的公共地位及其服务性质所决定。权力具有目的性，权力运行总是为了维护某一群体或者个人特定的利益。政府有自身利益的诉求，表现为对幼儿园教师的有效甄别与遴选、促进人才有序竞争与合理流动，从而促进教育事业的发展与国家社会的稳定团结。从这个层面来看，政府对幼儿园教师资格考试的职责及权力是至关重要的。然而，当幼儿园教师资格考试制度的决定权、执行权与监督权都集中在政府权控下时，权力主体的单一性是存在局限性的。

> P3：政府部门的行政机构完全控制着教师资格考试权力，会使政府部门的工作负担加重，程序烦琐、行政集权，其实是不利于教师资格考试管理各个部门之间的沟通的。看似统一的管理，实则会造成很多烦琐的事情，有些工作不是政府行政部门能处理的问题，比如考试技术的开发等，这些权力应该下放给考试院或者其他的专业部门。

幼儿园教师资格考试机构之间应该密切相关，形成合力才会实现幼儿园教师资格考试效能，但这种合力不是表现为主体的一致性或者主体之间的切割，而是各幼儿园教师资格考试机构之间内部的有机协调、权力之间的制约与平衡。单一主体性存在一定的弊端：其一，表现为权力的过度膨胀。在政治学和管理学领域中，学者们达成共识，认为解决权力过度膨胀的路径为权力的分权，打破权力主体的唯一性。这是因为当一个组织把决定、执行与监督的权力集为一身时，极易忽视制度其他对象的意见与权力；其二，权力膨胀过度表现为权力的异化。权力异化主要体现在权力关系的非对称性已经超过其域限。一般来讲，权力的形成离不开载体之间关系的非对称。在权力域中，掌权者对权力的受控对象有着较强的控制，但这种非对称力量超过一定的域限就会造成掌权者的权力异化，在非对称的关系中走向极端；其三，权力的单一主体性缺乏外部信息的流通与反馈，容易造成故步自封。权力是人们看不到却能切身感受的东西，政府作为幼儿园教师资格考试权力控制的主体，这种带着命令、控制与服从的权力在教师资格考试的运行中有着不可忽视的影响作用。幼儿园教师资格考试的其他主体，比如考试技术部门、考试专业团体等部门的权力是很难得到彰显的，在权力非对称关系失调的状态下，行政机构对权力大包大揽，责权界限不明确，对教师资格考试的技术开发与考试的观念更新是不利的。在教师资格考试执行机构中，三种权力之间的有机结合对幼儿园教师资格考试的管理与运行是至关重要的，也直接影响考试效能的实现。尤其政府部门的权力作为教师资格考试权力控制的主体，其权力运作的取向及适当放权，对幼儿园教师资格考试效能的实现是至关重要的。

（二）幼儿园教师资格考试目标群体的权力过于弱化

幼儿园教师资格考试系统中，考试行政机构的权力得到充分重视，目标群体的权力却遭忽视。幼儿园教师资格考试组织机构的权力具有公权力性质。公权力是指在一定范围内受公众委托，为公共利益而行使的权力。考试实质上是为统治阶级服务的阶级考试，自其产生后就是国家上层建筑的有机组成部分，并以行政或法律手段予以推行和维护，是国家培植、甄选、任使、管理人才的重要措施。[1] 从这个意义上理解，幼儿园教师资格考试权显然具有公权力的属性。作为统治阶级代表方的幼儿园教师资格考试机构是推行国家意志和价值取向的重要载体。考试机构的权力一般包括考试录用的程序决定权、目标群体的资格审查权、考试设计权、考试实测权。其中决定权主要包括考试计划招生的颁布、考试信息发布、考试科目的公布、考试资格的审定以及考试流程公示发布等；考生资格审查权一般是了解考生是否有资格，通常对报考者的学历、身体健康情况、个人基本素质等一些最为基本要素进行考核的权力；考试设计权，一方面是指以幼

---

① 廖平胜：《考试学原理》，华中师范大学出版社2003年版，第76页。

儿园教师的专业素质为基准，在幼儿园教师资格考试大纲的指导下，按照各个科目的要求，确定命题的基本范畴，并以此为依据组织命题人员进行试题编制；另一方面是指教师资格考试的管理机构制定命题编制、施行、阅卷、成绩公布、考试反馈等一系列的方案过程；考试的实测权，即在考试设计权的基础上把考试方案付诸实践的权力，通常通过相应的考试形式、规范的考试管理来实现考试目标。可以说，以上几种考试主体的权力，是以幼儿园教师资格考试作为一种公权力，通过对考试客体施加影响来完成教师资格考试的执行。

幼儿园教师资格考试目标群体作为主体权力的受作用对象，也具备一定的权力。比如：考试知情权，即通过各种渠道了解考试的安排与要求，为自己顺利通过考试奠定基础；考试参与权，即在符合报考资格要求的基础上，考生有着参与考试的权力，考试管理机构不得因考生的背景、性别等歧视考生；考试反馈权，作为幼儿园教师资格考试系统中的重要因素，目标群体对考试系统的运行有着自身的体验，其自身经历着幼儿园教师考试活动。但就目前的幼儿园教师资格考试制度来看，考试执行机构的权力得到了充分的重视，而目标群体即考生的权力却得不到充分的体现。比如，研究者在与参加幼儿园教师资格考试的非师范生交谈中听到"考的都不是幼儿园的东西嘛""这样的面试形式不合理嘛，先进去面试的人肯定是最不好的"等话语，目标群体作为教师资格考试的重要参与者对教师资格考试的运行有着自己的感受与想法，但目前缺乏表达的途径。究其原因在于代表着国家意志的考试执行机构被赋予了公权，且公权被放大，使得考试管理机构在幼儿园资格考试的运行中明显具有主控的权力，而考试客体的权力则大打折扣。

P1：在执行幼儿园教师资格考试制度过程中，我们作为政府的职员在规范这项制度的时候，就是在行使着国家所赋予我们的权力，因而在权威性上与统摄性上还是占有一定的话语权。相对于考生来说，更多是按照我们既定的方案来参加考试和操作基本的程序，有的考生也会对幼儿园教师资格考试的安排与设计提出质疑，但这都是一些无关紧要的问题，比如考场设置远、考试时间冲突了等。但考生想通过幼儿园教师资格考试，必须要自己去协调与克服这些困难，至于关乎到考试的内容、程序与技术的问题，考生们也存在一定的质疑，但更多是我们自己来规范。

P2：国家与教育部已经对教师资格考试的相关文件作出指示，因此到了地方城市的管理部门，就按照这样要求与程序来实施，变动不大。我们也会在考试结束后，对考试的设计与管理等问题上进行反思，但主要是参与考试的这些工作执行人员对教师资格考试的一种反馈。目标群体的意见我们还是较少得到回馈的，一方面，考生只是作为幼儿园教师资格考试活动一个终端，参加了这次考试，缺乏对考试的整体性和过程性的看法；另一方面，我们认为考生缺乏对幼儿园教师资格考试活动的专业看法，他们只是根据自身的情况来判断考试的难易。

由此可见，幼儿园教师考试管理机构把自身定位为教师资格考试制度建设话语权的掌控者。对目标群体来说，似乎仅仅具有参与权或者知情权，即"你们按照要求做就可以"的方式，而目标群体对幼儿园教师资格考试反馈的权力得不到充分的体现。一方面，考试的管理机构并没有针对考生群体或者部分样本进行分析；另一方面，考试的管理机构也并没有充分发挥目标群体反馈的权力。

第三节　利益影响下的幼儿园教师资格考试效能

追求利益是人类最一般、最基础的心理特征和行为规律，是一切创造性活动的基础。[1] 任何社会都无法回避的问题是个人利益与社会利益之间的关系，个人动机和社会要求之间的关系。[2]博弈主要考察的是人与人之间、组织与组织之间利益相互制约下策略的选择及其相应的结局。一直以来，利益博弈都是研究政策问题极为重要的路径，尤其在对非制度层面因素进行剖析时，能够为我们厘清制度中人们行为背后的原因以及这种原因

---

① 张文显：《法哲学范畴研究》，中国政法大学出版社 2001 年版，第 220 页。
② ［美］丹尼尔·贝尔：《资本主义文化矛盾》，赵一凡译，三联书店 1989 年版，第 309 页。

是如何影响制度的基本规范的。就幼儿园教师资格考试制度而言，教师资格考试主体间的互动与交流，资格考试过程中问题建构、方案制订、内容实施以及监督评价等环节始终贯穿着利益的冲突与矛盾，其背后体现的是各种利益的博弈与均衡。因而，利益博弈视角是非正式制度层面分析幼儿园教师资格考试效能保障的重要突破口，而且贯穿于幼儿园教师资格考试制度始终，潜在的利益关系对幼儿园教师资格考试效能有着重要的影响。

一　利益与利益博弈

（一）利益内涵

作为社会历史变迁的基本诱因和内在动力，[①]利益目前已经成为哲学、管理学、社会学、政治学、经济学等学科共同关注的领域。在西方，利益最初被理解为人们得到吃穿住行等物质生活方面的满足，到了文艺复兴阶段，许多思想家开始对利益的概念进行了丰富的探索，利益逐渐在不同学科领域中崭露头角，到了 20 世纪 70 年代，西方学者赫西曼、曼斯菲尔德等人认为利益已经超过法、权力、善、美德等社会哲学概念，在西方知识领域产生重要影响。[②]

在我国，利益一词最初也是侧重于物质方面，在《辞海》和《现代汉语词典》中，利益均被解释为"好处"。但随着人们对利益的研究不断深入，在东方与西方均出现从不同的视角来理解利益，综合起来有以下几个观点：物质利益观。此种观点认为物质利益是人们的首要也是根本利益。主要代表流派是唯物史观，他们认为物质利益应当是人们的基本利益，物质利益关乎着人的基本需求，是人生存的前提条件，其他的利益需求一定要建立在物质利益基础上，物质利益不能满足，其他利益需求也很难形成[③]；利益需要观。此种观点认为，利益是人们通过社会关系所表现出来的不同需要。[④] 需要构成了人最为基本的特性，伴随着人的成长，是人类生命活动的表现。因而需要是人们对外在环境生理的、心理的需求，

① ［法］爱尔维修：《十八世纪法国哲学》，商务印书馆 1963 年版，第 537 页。
② 高鹏程：《西方知识史上利益概念的源流》，《天津社会科学》2005 年第 4 期。
③ 曾祺林：《马克思利益理论与其当代诠释》，《武汉工业学院学报》2005 年第 4 期。
④ 《中国大百科全书》（哲学卷），中国大百科全书出版社 1982 年版，第 483 页。

在内容上表现为人们对外部环境的能动反应①；利益关系观。利益在本质反映的是一种社会关系，有些学者认为"利益就是一定的客观需要对象在满足主体需要时，进行分配时所形成的一定性质的社会关系的形式"。②利益是处于不同生产关系、不同社会地位的人们由于对物的需要而形成的一种利害关系，虽说利益最初是物质利益，但是利益的分配需要一定的社会关系，需在一定的社会关系中形成；利益体验观。此种观点认为利益就是每一个人根据自己的性情和思想，使自己的幸福观与之联系的东西；换句话说，利益其实就是"我们每一个人认为对于自己的幸福是必要的东西。"③利益表达了主体对客观事物的价值判断，表达了主体对外在于自我的客观事物的体验。

虽然不同的学者和流派对利益界定的视角不一，但不难看出，几者内在具有一定的逻辑性。首先，利益是对客观事物的一种需求；其次，利益具有一定的层次，最初表现为吃穿住行的物质利益，到后来的社会资源分配。因而，客观事物满足主体的程度成为衡量利益大小的重要因素。幼儿园教师资格考试制度中同样存在着利益博弈的情况，各个利益主体存在的客观性与多元化决定他们总是通过积极或消极的措施去影响制度的运行方向，影响着幼儿园教师资格考试效能，因而有必要就幼儿园教师资格考试制度中的利益博弈进行分析。

（二）利益博弈

博弈是研究"决策主体的行为发生直接相互作用时的决策以及这种决策的均衡问题。"④博弈主要考查的是人与人之间、组织与组织之间利益相互制约下策略的选择及其相应结局。就普遍意义而言，博弈是"个人、团队或其他组织，面对一定的环境条件，在一定的约束条件下，依靠所掌握的信息，同时或先后，一次或多次，从各自可能的行为或策略集合中进行选择并实施，各自从中取得相应收益的过程"。⑤在幼儿园教师资格考试制度中，利益主体包括教师资格考试管理的各级行政部门、师资培

---

① 谢炜：《中国公共政策执行中的利益关系研究》，学林出版社 2009 年版，第 37 页。
② 王伟光：《利益论》，人民出版社 2001 年版，第 74 页。
③ ［法］霍尔巴赫：《自然的体系》，管士斌译，商务印书馆 1964 年版，第 271 页。
④ 张维迎：《博弈论与信息经济学》，三联书店 2004 年版，第 2—3 页。
⑤ 范如国、韩民春：《博弈论》，武汉大学出版社 2006 年版，第 4 页。

养单位、考生等，这些利益主体根据幼儿园教师资格考试制度的现实情况，在仔细分析与评测其他利益主体的决策行为时，选择适合自己的行为方式以求得自我利益的最大化。在幼儿园教师资格考试制度中，利益主体存在着相互依存性，制度利益博弈行为的决策要建立在预测其他利益主体的反应之上。

二　幼儿园教师资格考试制度中的利益相关者

制度中的一个利益主体，将自己置身于其他利益主体的位置上，预测其他利益主体的行为，在这个基础上决定自己的理想行为。在幼儿园教师资格考试制度中其利益相关者表现为：

（一）国家利益

国家利益诉求由中央政府代表，表现为对幼儿园教师的有效甄别与遴选、促进人才有序竞争、合理流动，从而促进社会团结稳定、带动教育事业的发展。不同的历史时期，教育发展对教师的数量、规格需求不一样，但无论何时，为国家甄别与遴选出合格的、数量适宜的幼儿园教师是教师资格制度的职责。此外，社会各阶层的流动与社会分工是社会发展的客观需求，教师资格制度应该促进幼儿园教师之间的有序竞争与合理流动。

（二）地方利益

国家代表整体利益，地方代表局部利益。地方利益有其独特性：一方面它是国家的重要组成部分，与国家利益有一致性；另一方面它还具有鲜明的独立性，各个地区具有不同的经济、政治以及教育等发展的客观现状以及与此相应的利益需要。

（三）培养单位的利益

培养单位是促进教师专业化发展不可或缺的因素。理想中，政府与培养单位之间是合作共赢的关系，但实际环节上存在博弈关系。培养单位的主要任务在于职前培养"准教师"的专业能力，为了增强自己的办学效益，总在谋求更多的资本投入与办学成本的不断降低。但政府总是希望培养单位能够用最少的投入，培养出专业能力更高的人才，以满足社会教育教学机构工作的需求。

（四）目标群体利益

幼儿园教师资格考试的目标群体作为资格考试政策的作用对象，有着自身的利益追求，目标群体希望通过教师资格考试获得教师身份的认可，以便在未来的职业发展中获得有效的凭证。此外，有无教师资格证书在一些地区成为教师能否获得更为可观收益的重要因素，获得了教师资格证书，不仅仅使得教师们有了明确的身份，也会获得经济收入的保障。

三　幼儿园教师资格考试制度中的利益博弈分析

（一）幼儿园教师资格考试中央管理部门与地方管理部门之间的利益博弈

就委托—代理关系来看，在幼儿园教师资格考试制度中，中央管理部门类似于委托方，而地方管理部门则类似于代理方的角色，幼儿园教师资格考试的地方管理部门通过中央管理部门的适当放权在一定程度上获得决策的自主权，教师资格考试的地方管理部门会根据本地区的具体情况进行全面管理。幼儿园教师资格考试的中央管理部门希望实现自己利益的最大化，对幼儿园教师进行有效的甄选，促进教育事业的发展，因此希望作为代理方的幼儿园教师资格考试地方管理部门能为中央管理部门实现其利益最大化做出努力。对于幼儿园教师资格考试的地方管理部门而言，不仅要完成中央管理部门的相关要求，还要通过自己的努力完成该地区的利益最大化，促进该地区幼儿园教师资格考试的顺利进行和教育事业的发展。从幼儿园教师资格考试的发展进程来看，中央管理部门与地方管理部门是在博弈中寻求着各自利益的最大化。在我国的行政体制下，教师资格考试的中央管理部门会对各地管理部门进行利益关系的权威性分配，这也必然涉及中央部门与地方部门利益关系的调整与平衡。由于幼儿园教师资格考试的中央管理部门还不具备承担全部改革风险的能力，需要外在的援助，需要选择一个与自己的利益和想法接近的代理人来承担一部分的风险，即幼儿园教师资格考试的国家管理部门会有意识地通过放权来促进地方教师资格考试改革的发展，以共同完成利益需求，进而形成合力，减少利益摩擦。在2011年以前，该市教委根据该市的幼儿园教师需求以及素质等情况确定了考试内容，市教委负责统筹，各区县教委将幼儿园教师资格考试落到实处，权力不断在下放，教师资格考试的地方部门在委托—代理的关系中帮助上级管理部门实现着利益，地方政府也在寻求着自我的利益。因而，在幼儿园教师资格考试中就会出现以下情况：首先，教育部制定的教师资格考试是自上而下执行的，使得该制度中的精神与内容层层在递减，能够传达到政策目标群体以及利益关系人的信息越来越少，导致信息掌握在少数人手中；其次，该地的教师资格考试管理部门在选择中央与地方的资格考试政策时，倾向于选择地方的教师资格考试，而在诸多的中央政策中，则倾向于选择对地方管理部门有利的政策；最后，该市幼儿园教师资格考试执行过程中，由于主体之间的利益关系需求，常常会出现政策执行的附加现象，表现为"搭便车"现象。地方政府在推行幼儿园教师资格考试政策的时候往往打着中央部门指示的旗号，为了实现地方政府的自身利益，它会宣称是在中央部门的要求下执行，然而其出发点却往往与中央部门的管理相悖。

（二）幼儿园教师资格考试地方管理部门之间的"公用地悲剧"

"公用地悲剧"一词是由英国学者加雷特·哈丁提出，其意义在于形象地阐述了在理性地追求最大化利益的个体行为时如何导致公共利益受损的恶果，[1] 而此观点对于解释幼儿园教师资格考试的地方管理部门在追求最大化利益时采取集体行动的困境是非常贴切的。地方政府在政策执行中为了追求更好的业绩，往往会采取"以邻为壑"甚至是"挖墙脚"的方式。[2] 由于 A 市的特殊行政划分，存在多个大大小小的行政区县，其中主城区有九个。幼儿园教师资格考试管理工作由市教委统筹安排，而区县的进修学院成为该区县教师资格考试的执行部门。从研究者对个别区县的访谈中可知，不同区县的教师资格考试情况存在着一定差异。幼儿园教师资格考试管理部门会根据其他地区的教师资格考试管理部门的情况来安排工作。一般来说，如果管理机构之间在教师资格考试的运行过程中，能够采取合作中的博弈，则各自能够增加自身的收益；如果几者中有一方或者几方逆着政策而行，则可能造成幼儿园教师资格考试制度的整体利益受损；如果几者都各行其是，短期内可能获得各自利益，但是长远来看无益于整个幼儿园教师资格考试制度的运行。比如面试环节，研究者通过对面试官的访谈发现，由于缺乏统一的面试标准，面试官会根据本地教师的需求情况来调整面试要求，短期来看，此举措促进该区县教师资格考试的发展，

---

① Gattett Hardin, "The Tragedy of the Commons" science, No. 1234—1248, December 1968.

② 谢炜：《中国公共政策执行中的利益关系研究》，学林出版社 2009 年版，第 100 页。

可是长远来看，会造成准入教师的质量良莠不齐，造成教师质量的整体失衡。

（三）政府与培养单位之间的利益博弈表现

通常来说，政府与培养单位有着共同的利益追求，即培养能够为教育事业作出贡献的高质量的学生。正是因为双方有着这样的利益诉求，二者之间才会合作，但政府与培养单位之间也存在着利益的冲突。随着教育改革的发展，高校作为培养人才的单位，独立自主的权力逐步在发展，高校对政府的依赖逐渐减弱。高校为了获得更多的发展，在其自身利益上获得更多，需要在一定的投入下产出更多的效益。学生的培养质量是高校的声誉和效益至关重要的因素，但目前在幼儿园教师准入环节，准入人员的培养既可在专业的师范院校，也可在非师范院校。因而，师范院校对准教师培养的专业性逐渐丧失，甚至在走向一般性，其利益收益并不能立竿见影，因而在政府的利益需求与培养单位的利益需求中存在这样的博弈关系。

（四）政府与目标群体之间的利益博弈表现

政府与幼儿园教师资格考试的目标群体有着共同的利益追求，政府希望通过教师资格考试选拔优秀的人才进入幼儿园教师群体，完善幼儿园教师的结构，提升师资质量。考试的目标群体希望通过教师资格考试获取教师的身份与凭证从而享受该制度带来的效益保障。但二者博弈合作的达成是建立在幼儿园教师资格考试效能的实现基础上的，就目前幼儿园教师资格考试而言，存在报考者资历低、考试内容与形式缺乏专业性、教师资格考试管理凸显行政化等问题，难以选拔合格的幼儿园教师，尤其是对层次不同的教师区分度不够明显，对一些资质、能力水平高或者低的报考者是不公的，不能实现考生的利益需求。此外，准入幼儿园教师的质量不等，但教师资格证书却是通用的，该地优秀教师的价值得不到体现，就会促使这部分优秀教师寻求更高的平台来实现自我价值，寻求自身的利益最大化。优秀幼儿园教师的流失以及过于流动的教师群体，对本地教育质量的提升是极为不利的，其结果也有悖于政府选拔优秀教师，促进教育质量提升的利益出发点。

第五章 聚合与权衡：幼儿园教师资格考试效能制度保障的构建策略

作为制度视域下的研究，新经济制度学从制度分类的视角开辟了制度学领域研究的新范式，使研究者的视角从单一的正式制度层面到正式与非正式制度研究的融合。制度是正式制度与非正式制度相互交融的整体，制度保障最终体现出的不是机械的、被割裂的正式制度与非正式制度。正式制度功能的实现离不开非正式制度的调节，而非正式制度也离不开正式制度的约束，幼儿园教师资格考试效能制度保障是有机聚合的整体，这是研究者想要表达的基本理念。只有做到幼儿园教师资格考试效能保障的正式制度与非正式制度的有机结合，才能确保效能的顺利实现。本章基于效能保障的正式制度与非正式制度融合思路，力图从整体上为幼儿园教师资格考试效能制度保障提供构建策略。

第一节 考试效能保障中制度公正与制度规范的诉求

幼儿园教师资格考试制度本身合理性的分析是个本体问题，也是关键问题。如果幼儿园教师资格考试制度本身的价值取向、制度具体安排及其规范都存在问题，那么对于效能的保障是不现实的。

研究者认为制度合理性一定是价值性与科学性的统一，二者缺一都不能构成合理性。幼儿园教师资格考试制度同样是制度的价值性与科学性的统一，制度的价值性决定了制度的基本立场与走向，制度的科学性是制度技术层面的问题。因而制度的价值取向是首要澄清的问题，在此基础上才是制度内在的具体规范。

一　追求公正的制度价值取向：幼儿园教师资格考试制度实质合理性的必然选择

公正作为幼儿园教师资格考试制度的实质合理性是一种价值判断，在构建效能的分析框架时，研究者就把"公正"作为幼儿园教师资格考试制度实质合理性的必然诉求。

（一）科学的人性假设是幼儿园教师资格考试制度公正的前提

制度要调节的对象是人，因此在进行制度设计时就不可避免地涉及人性因素。对人性假设的不同，就会出现不同的制度设计，人性假设对制度设计起着重要作用。西方社会的人性假设大致经历了三个阶段：希腊罗马时代的"政治人"假设；中世纪的"原罪人"假设；近代社会的"理性经济人"假设。每个阶段对人性的理解不同，就会形成不同的制度设计理念，从而也形成了每个阶段的不同制度设计。现实的社会生活是制度及其设计的基础，现实的生活赋予人性的复杂，对人性复杂的分析以及人性问题的假设成为制度设计的逻辑起点，错误的人性假设会影响制度运行，只有科学的人性假设，才不至于使制度流于表面。因而，人性是影响制度制定及其运行的重要变量，我们应该充分重视人性在不同社会、文化情境下的变化，及时作出调整，才会使幼儿园教师资格考试制度运行更加顺畅。

幼儿园教师资格考试制度中涉及制度的设计者、执行者与目标群体，每个群体中的人都具有人性的复杂性，不仅是单纯的经济人与道德人，他们之间的相互作用构成了更为复杂的人际关系。我们无法保证教师资格考试制度的参与主体都是道德人性假设下的体现，需要制度的约束以避免"经济人"的贪婪需求。因而，在幼儿园教师资格考试制度中为了确保制度的实质合理性的实现，制度的设计者要充分理解参与幼儿园教师资格考试的主体，他们既不是纯粹的经济人，也不是纯粹的道德人，制度应该在既有的范围内规范与约束制度内部人们的行为。

（二）恪守公正之要义

公正作为幼儿园教师资格考试制度的价值选择，不应仅仅作为一种理念体现在制度设计之初，而是应该贯穿在制度的设计、制度的执行、制度的监督与反馈等一系列过程当中。在幼儿园教师资格考试制度设计之初，设计者应该明确认识到在人的社会中,"正义是社会体制的第一美德"。^①有一种东西,对于人类的福利要比任何其他东西都更重要,那就是公正。^②人类对公正的追求构成了人类生活的目标,人类追求公正的过程成为人生活的目的与价值本身,人们对公正的追求体现出对人性本身的尊重。公正是人性存在的至高准则,最终目的是人自身的发展与人的完善。作为选拔幼儿园教师的资格考试制度应该以追求公正为价值目的,在制度的设计之初就体现出对人性的尊重,对人类美好生活的向往,使得幼儿园教师资格考试制度走向更为合理、有意义的路径。

如何把公正的价值理念贯穿在幼儿园教师资格考试过程当中是实现制度实质合理性的关键一步,在幼儿园教师资格考试制度执行过程中要落实三条原则:其一是要坚持民主—平等性。幼儿园教师资格考试制度中的平等是指参与主体具有平等的权利,反对特权。而民主性则是平等性的更为根本的保障,只有在民主的社会体制中,才能为教师资格考试制度的参与主体提供平等地享受权利和履行义务的机制;其二是坚持公开—透明性。制度执行出现的阻滞问题与制度执行的信息公开程度有着重要关系,作为教师准入环节的幼儿园教师资格考试制度,在执行过程中要确保政策信息的公开与透明。这要求制度制定主体与执行主体之间保持着信息的公开,制度主体还应对目标群体介绍幼儿园教师资格考试制度的相关要求与问题,此外,要确保教师资格考试制度执行主体的不同层级单位以及执行人员之间的信息合理对称,使得幼儿园教师资格考试制度的信息顺畅沟通,保证其效能实现;其三是制约—监督性。根据制度的流程可以分为制度的设计、制度的执行与制度的监督等环节,从设计到执行再到监督形成了幼儿园教师资格考试制度运行的循环体系。监督作为制度运行的终端环节,对制度功能的有效发挥起着重要作用,制度反馈的机制促使制度执行者不断调整目标。在监督环节,监督的主体与监督的方式对制度监督的实效有着重要影响。幼儿园教师资格考试制度为了实现监督的效能,应该避免监督主体的单一性与主控性,即在以政府作为教师资格考试制度制定与监督

---

①　[美]约翰·罗尔斯:《正义论》,何怀宏等译,中国社会科学出版社1988年版,第3页。

②　周辅成:《西方伦理学名著选辑》(下册),商务印书馆1987年版,第534页。

主体的同时，政府应适当放权为教师资格考试的专业团体与组织提供监督的空间，这种双主体或多主体的监督主体能够避免单一主体所带来的监督效度不高等问题。在监督方式上，目前幼儿园教师资格考试中大多以事后监督为主，对事前的监督较少。有效的监督应该贯穿在制度的执行过程当中，并且强调监督的过程性而不仅仅是结果性，只有及时反馈才能有效地保障幼儿园教师资格考试制度公正。

二　强化制度的约束与规范功能：幼儿园教师资格考试制度形式合理性的诉求

正如罗尔斯所言，"制度是一种公开的规范体系，这一体系确定职务和地位及它们的权利、义务、权力、豁免等。"[①] 制度的直接功能在于为人们的主观行为选择以及社会行为提供规范，就个人来说，制度作为人们参与社会的行为准则，它为人们在环境中规定了应该做什么，不应该做什么，怎么去做，如何去做等问题；就社会来说，制度是人类生活模式的缩影，它规定着人与人之间的相处之道，个人如何与外界环境交往，如何在众多利益中平衡个人与他人利益，以及如何能够作出合理的利益分配。一套完备的制度，不仅明确地规定了人们为之努力奋斗的目标，而且还提供给人们实现目标和追求的方式、方法与路径。制度具有约束和规范功能，幼儿园教师资格考试制度也是由一系列规则构成的，并形成了一系列规范体系。在具体的制度安排上：

（一）加大幼儿园教师资格考试的执行力度，切实保障其效能实现

克鲁斯克认为："从政策的起始到最终执行政策的各个不同阶段间的距离使政策过程在一系列问题上出现差错，也给出现差错提供了机会。"[②] 因为从政策或者法律法规的制定到执行，再到法律法规效果的实现是有相当长的一段时间，虽然人们普遍地认为行政管理机构会自觉地执行立法机关或其他政策制定者设计的政策，但事实却并非如此，[③] 在法律法规执行

---

① ［美］约翰·罗尔斯：《正义论》，何怀宏等译，中国社会科学出版社1988年版，第50页。

② ［美］克鲁斯克·杰克逊：《公共政策词典》，唐理斌等译，上海远东出版社1992年版，第65页。

③ ［美］詹姆斯·安德森：《公共决策》，唐亮译，华夏出版社1990年版，第115页。

的过程中有太多不可忽视的因素。由此可见，完善幼儿园教师资格考试制度，除了要关注教师资格考试制度设计的合理性，更为重要的是在制度执行过程中能否发挥其实效。就 A 市来说，目前资格考试制度的执行情况存在照搬倾向，这是源于 A 市管理部门对国家政策的热衷与顺从，缺乏主观能动性的把握。鉴于此，首先，A 市幼儿园教师资格考试管理部门在认真贯彻和执行国家有关幼儿园教师资格考试制度的同时，还要具备分析本市教师发展具体情况的能力，做到有的放矢；其次，在宏观层面把握管理方向的情况下，要给予执行者适当的权力充分发挥其职能；最后，建立不同层级执行者之间的沟通机制，使得幼儿园教师资格考试制度的执行信息在不同层级的执行主体之间形成网络互动，有利于不同执行主体的参与，防止政策照搬。

（二）尽快落实国家统一的幼儿园教师资格考试

鉴于当前我国高等师范院校培养质量参差不齐及各省市自行组织考试的实际情况，2011 年以来，国家启动了新一轮教师资格考试制度的改革，并将浙江省和湖北省作为两个试点进行教师资格考试改革。改革的政策中规定，改革后入学的师范类专业学生，申请中小学和幼儿园教师的考生将参加教师资格考试，通过全国统一考试后，才能取得获取幼儿园教师资格证书的资格。相信此举会给我们国家的幼儿园教师资格考试改革带来新的动力和血液，是规范幼儿园教师资格考试的重要举措。但由于新一轮的幼儿园教师资格考试改革刚刚起步，各种途径和保障措施还在不断探索中，A 市在师范教育改革、经费投入、教师资格证的保障措施上总结经验，以更积极主动的方式提高考试效能，让它朝着更为规范、更为科学的方向发展。举办全国统一考试颁发全国性教师资格证书，既保证并加强教师资格考试的权威性和筛选功能，又充分体现教师资格审查制度的专业性，并以此切实规范和推进教师证书及其考试的标准，促进教师资格考试制度的健康发展。此外，实行国家统一考试，能够有效形成全国统一的、规范的教师人力资源库和人才交流市场，并有利于节约资源和成本，减少各地财政和报考者的负担。

（三）确定科学合理的幼儿园教师考试标准和考试内容

幼儿园教师资格考试的标准应该体现教师的综合能力，它是以实现幼儿园教师专业化的目标和要求为基准，以教师专业素质的内容为基本组成范畴。为促进幼儿园教师专业发展，建设高素质的幼儿园教师队伍，根据《中华人民共和国教师法》，教育部于 2011 年 12 月制定《幼儿园教师专业标准（试行）》从教师专业理念与师德、专业知识、专业技能三个维度规定了幼儿园教师应该具备的基本素养。《幼儿园教师专业标准（试行）》应该成为教师资格考试标准的重要参考。

考试内容作为幼儿园教师资格制度考查教师的核心部分，对整个考试制度有重大的影响。前文中分析考试内容存在主观随意性、片面性等问题，我们认为科学合理的考试内容应该在充分考虑当前我国实际情况、幼儿园教师职业特质的基础上，体现教师专业精神、专业知识、专业能力、实践能力等方面的内容。就 A 市幼儿园教师资格考试而言，应该尽快明确幼儿园教师与一般的教师既具有共性又具有特性，幼儿园教师的从业标准是与中小学教师的从业标准有着明显的区别。因此在资格考试标准和考试内容设置上要凸显出幼儿园教师自身的特殊性。通过此举才不会出现幼儿园教师资格考试的内容依附于中小学的教师资格考试中的做法。此外，在校师范生要参加全国的统一考试，根据考试标准进行考核，顺利通过考核的师范生才可获得幼儿园教师资格证书。对于社会人员而言，社会人员可以参加考试，但前提必须到指定的师资培养学校研修并完成学前教育的学科知识，完成规定的学分方可参加国考，通过这样的考核与考试的方式，幼儿园教师资格的考试标准才能落到实处。

（四）平衡幼儿园教师资格考试的组织和管理，充分发挥专业团体的职能

幼儿园教师资格考试的组织与管理是关系着幼儿园教师资格考试制度正常运转的重要因素，教师资格考试组织与管理的合理性与科学性对完善幼儿园教师资格考试制度具有重要意义。目前 A 市幼儿园教师资格考试管理凸显行政化倾向，建立教师资格考试管理的专业团体是基本的解决路径，同时要给予专业团体一定的独立自主权，而不仅仅依附于政府部门的权力。例如：教委制定政策，具体的考试工作交由考试院，考试院按照考试要求确定出题人的资质，以及面试官的标准，然后委托当地专业学会组织人员出题，完善题库，具体的考务工作由考试院按照相关程序来组织各区县的考试，而所属的评估院定期对考试进行项目评估，评估结果交由教委备案并作为完善幼儿园教师资格考试制度的借鉴。这样的分配方式既能

避免行政部门因工作繁杂而产生的低效运作，也会让专业团体能够发挥其职能，从而做好教师资格考试的科学管理和技术工作。

（五）建立合理的资格考试考官选拔机制和专家资源库

幼儿园教师资格考试的考官作为资格考试的重要参与主体，其作用不可忽视。A 市幼儿园教师资格考试的管理部门规定了考官的基本结构，但对考官资质的具体标准与选拔机制并没有明确的规定。我们认为，职称认定与推荐的方式不足以成为胜任教师资格考试考官的条件，除了对考官的学历和职称要求外，如何建立合理的选拔机制以确定考官的专业能力、判别能力应被提上日程。

第二节　考试效能保障中法律、组织、运行机制的完善

正式制度对幼儿园教师资格考试效能保障表现出强制性、规范性和理性的特征，是一种纲领性的框架，对教师资格考试效能的规范与约束体现出权威性，能够保证效能的顺利实现。正式制度是建立在合法性基础上，能够超越个人的私利，建立大家承认和接受的期待空间。幼儿园教师资格考试如果缺乏了正式制度的限制与保障，其执行会陷入无序混乱的状态。一方面，幼儿园教师资格考试制度应该在教育法律法规制度框架内合理地执行，使教师资格考试制度有法可依、有据可参；另一方面，幼儿园教师资格考试效能的实现离不开组织制度与运行机制的保障。

一　追求幼儿园教师资格考试效能的法律制度保障

在多元利益博弈的幼儿园教师资格考试制度中，教育法律制度责权的清晰划分为幼儿园教师资格考试制度的顺利执行提供了基础，也为幼儿园教师资格考试效能的实现提供了合法性保障。法律制度具有强效性，在法律制度的保障下，幼儿园教师资格考试管理者的权力是国家法定的权力，体现了国家的意志，并经过法定程序加以确定，且执行者权力的操作和运行，有明确、完备的法律规定。法律法规制度能够避免幼儿园教师资格考试制度执行中权力越位，减少资格考试执行主体的权力腐败，还能保障幼儿园教师资格考试目标群体的利益，同时还使得教师资格考试的具体操作有了明确的法律依据。但由于幼儿园教师资格考试制度的发展较晚，其法

制保障还存在一定的问题，例如：教师资格考试法律体系不健全、法律效率整体偏低、内容还具有一定的空洞性、教师资格考试法律法规的执行阻滞等。根据现况，幼儿园教师资格考试效能的法律制度保障应该作出以下调整：

（一）健全幼儿园教师资格考试法律法规体系

教师资格考试的相关法律依附于《教师法》和《教师资格条例》等法规。不论《教师法》、《教师资格条例》还是《〈教师资格条例〉实施办法》，更多从教师资格制度的报名、考试、管理和认证等大视角对教师准入环节作出规范，并未单独对教师或幼儿园教师资格考试作出规定。作为教师资格制度中的一环，幼儿园教师资格考试在很大程度上影响着教师资格制度的实现。幼儿园教师资格考试本身是一项系统的工作与活动，与上位范畴的概念"教师资格制度"不尽相同。幼儿园教师资格考试制度不仅要关注考试目标、内容、形式等考试要素，还包括考试的管理、监控、考试机构职能的运行等，而这些不是宏观层面，即教师资格制度的相关法律法规所能解决的。尤其是当前幼儿园教师资格考试制度正处在变革时期，在这一新旧制度交替的时期，更需要权威的法律法规进行调解与保障。为保障幼儿园教师资格考试效能的实现，应对幼儿园教师资格考试的设计、考务、管理、监督、惩罚等工作作出明确规定与要求，确保资格考试制度有法可依。

（二）追求法律法规的时代性与操作性

法律法规是客观事实的必然诉求，但它不是一成不变的体系。从幼儿园教师资格考试制度初步建立到逐步完善，作为保障幼儿园教师资格考试制度法律法规也取得了长足发展。但随着社会对教师需求的不断变化、人们对教师素养认识不断加深，作为选拔幼儿园教师的资格考试制度在考试标准、考试内容甚至管理方式都发生了变化。由此，作为保障幼儿园教师资格考试效能的法律法规制度应根据资格考试的变化与发展不断更新与调整，否则法律法规会滞后于幼儿园教师资格考试制度的发展，不能发挥其功效。综观国外，尤其是美国，为了提高教师的专业素养与专业地位，制定了一系列的法律法规，会根据教师教育的变化来调整法律法规，无论是联邦政府还是州政府都有关于幼儿园教师资格考试与认证较为详细的法律条文，使幼儿园教师资格考试的工作与操作有法可依。

幼儿园教师资格考试的法律法规不仅仅是法律理念，它之所以能够发挥其规范的作用，原因在于法律法规具有较强的操作指引性。幼儿园教师资格考试的具体考务工作及教师资格考试的法律责任等问题的阐述都不具有操作性。法律法规的执行与落实是确保法律功效实现的关键步骤，如果法律法规只是向它的服务对象传达了法律是什么，而不详细阐述应该怎么样，其执行效果会大打折扣。因而，幼儿园教师资格考试法律法规的完善要具体到操作层面，使幼儿园教师资格考试制度的执行主体与目标群体能够在执行层面明确自身的权利与义务。例如：法律法规不仅要明确规定幼儿园教师资格考试的管理主体，还要规定管理主体的具体职责以及具体的行为要求。因而，在完备的幼儿园教师资格考试法律法规体系的保障下，还应该继续挖掘法律法规体系下的具体操作规定，使幼儿园教师资格考试制度的执行者不仅有法可依，而且还具有操作性强的指导方案。

（三）优化幼儿园教师资格考试法律法规制度的执行过程

幼儿园教师资格考试法律法规的建设，还需密切关注法律法规制度的执行和运行情况。

首先，协调幼儿园教师法律法规的运行过程并使其成为一个整体。法律法规制度的执行过程是幼儿园教师资格考试制度的法律法规从理想转化为现实的过程，是教师资格考试执行主体采取各种法律措施，实现幼儿园教师资格考试效能保障的过程。法律法规的运行过程包括对法律法规的解读、宣传、执行、监督、反馈、调整等循环的过程。这些阶段并非独立的行动过程，而是以某种规则或约定集合在一起，形成完整的整体。系统理论重视将制度视为一个整体，注重如何从制度整体的要求出发，处理制度内部各个因素之间的相互关系，保证制度整体的有效运转。系统管理理论的观点启示我们在对幼儿园教师资格考试法律法规制度进行整合与分析时，将运行过程视为一个系统，只有各子系统间协同运作、各尽其职，系统才会发挥最优的效能，法律法规的执行才得以实现保障作用。即便系统内的要素都有其自身利益目标和工作方式，但过于分散的目标和各异的工作方式不利于系统形成合力，会造成法律法规执行力度的减弱，进而导致幼儿园教师资格考试法律法规执行滞后。

其次，制定幼儿园教师资格考试法规制度的执行规范。一般系统理论认为，系统是由其组成部分（因素或子系统）构成，具有整体一致性和同态性的有序结构。系统内部诸因素互相联系、互相作用，共同构成系统的整体。各因素在系统中不仅是各自独立的子系统，还是组成系统的有机成员。系统作为有机的整体，表现为系统的完整结构，反映了系统在时间和空间上的有序性。系统的功能不等于要素功能的简单相加，而是往往大于各个部分功能的总和，即"整体大于各个孤立部分的总和"。总体功能产生的是一种质变，它的功能大大超过了各个部分功能的总和。因此，系统诸多要素要有机整合、互助合作，否则就会削弱系统整体功能。幼儿园教师资格考试法律法规的执行是由多种要素构成的系统整体，为确保幼儿园教师资格考试法律法规制度的顺利执行，应当制定严密的法律法规执行程序规范，整合法律法规执行主体的行为，组成合作共同体，完成幼儿园教师资格考试法律法规的保障作用。

最后，法律法规的执行要因地制宜。幼儿园教师资格考试法律法规的制定是制度主体根据系统的整体情况作出的价值判断。由于各子系统的运行环境并不相同，不能要求制度执行主体一成不变地照搬照做，而应当根据各地的实际情况，根据法律法规的实际运行情况，适当调整执行方案。幼儿园教师资格考试法律法规的执行主体必须根据环境和问题的不同采用不同的方式来推进教师资格考试工作，增强幼儿园教师资格考试法律法规执行的针对性。

二 搭建幼儿园教师资格考试效能保障的组织制度平台

幼儿园教师资格考试效能保障的组织平台，是提升教师资格考试效能的重要载体，主要包括幼儿园教师资格考试的行政组织与专业组织。良好的组织制度应根据教育政策预期目标和任务，科学规划与设置相应的职能部门，配备高素质的执行人员，确定职位、职责、职权，进行有效的指挥、协调、沟通与指导，形成统一、完整的命令与服务体系，提高教育政策的执行力。幼儿园教师资格考试效能的实现离不开良好的组织制度保障，但就目前来看，幼儿园教师资格考试的行政机构过于统控，幼儿园教师资格考试的决策机构缺少横向和外围的咨询系统支持，专业团体的功能得不到发挥，缺乏社会与制度目标群体对幼儿园教师资格考试制度的监督机制，幼儿园教师资格考试制度的执行部门权责脱节。

此种情况下，组织制度不仅在自身管理上存在问题，还会影响幼儿园教师资格考试的效能。幼儿园教师资格考试组织制度的目的是为提高幼儿园教师资格考试效能提供平台，如果不能保障幼儿园教师资格考试效能，需要尽快得到改善。通常，制度在执行过程中出现以下情形时，就需要一定变动和改善：决策过程仓促，造成执行过程漫长而且制度评价效果较差；决策过程过于缓慢且缺少级层意见和公众话语；制度沟通渠道不畅，教育行政部门与目标群体之间以单向联系为主，没有互动与调研渠道，公众对教育政策的执行决策和执行过程不知情、不热情甚至产生积怨；教育行政执行效率低下，部门之间协调性不够。幼儿园教师资格考试的组织机构要想实现保障幼儿园教师资格考试效能的作用，应在以下两方面取得积极进展：

（一）健全幼儿园教师资格考试的组织体系

正如前文所言，幼儿园教师资格考试的执行组织主要是教育行政部门，专业学术团体的角色依附于行政组织。从考试的社会属性上看，教师资格考试既关系到国家的发展和社会的进步，也与个人利益密切相关，由政府从宏观上统筹那些因考试引起的利益关系冲突，是政府应尽的义务，也只有政府才能掌控和协调这种利益关系，并借助其强制力才能把考试引起的社会利益冲突控制在有利于社会整体发展的限度内，最大限度地实现公民的权益。由此，幼儿园教师资格考试的行政组织应成为幼儿园教师资格考试执行的主体，并且应在教师资格考试制度的制定、执行、监督、保障层面成为责任主体。但是，这不代表着幼儿园资格考试的行政组织应该大包大揽，尤其是代替专业团体参与制度的执行。这需要教育行政适当放权，打破单一的主体控制状态，适当克服自上而下科层取向的行政方式。教育行政组织还需放低自身姿态，以平等的方式和身份与幼儿园教师资格考试的其他贡献团体和目标群体合作，以充分调动专业组织的积极性，吸纳专业组织，并有意识地委托中介组织来执行甚至是评估幼儿园资格考试制度。同时，行政组织适当的放权，是实现从行政的控制者角色转变为专业、科学、高效的组织者角色的重要方式。

此外，考生在接受教育过程中获得了一定专业知识与专业体验，在备考过程中接受一定的专业训练。考生在参加教师资格考试过程中，希望得到专业组织的指导，并从中获益。显然在此层面，幼儿园教师资格考试制度的专业组织比起考试的行政组织更具吸引力和指导价值。因此，幼儿园教师资格考试的组织制度，需要行政组织明确的划分责任与安排权责，为幼儿园教师资格考试的运行保驾护航。此外，行政组织中也需纳入新鲜血液，汲取专业组织的能量，通过适当的放权来发挥专业组织的能力，形成幼儿园教师资格考试组织的行政组织、专业组织与目标群体的三位结构，通过分权、授权、委托和代理等方式拓展幼儿园教师资格考试组织的合作方式，完备教师资格考试的组织体系。

（二）建构有效的监督组织机构

教育政策执行过程中的监测与反馈是保证教育政策常态执行的重要环节，任何组织的行为都不能脱离监督而独立运作，幼儿园教师资格考试的执行过程也是如此。幼儿园教师资格考试执行中应建立监督机构以有效掌握教师资格考试执行的动态和效果，对于偏离目标的政策给予及时的警示、规范与调节。除了监督机构的建立外，还应建立顺畅的执行情况反馈系统以减少信息传递不畅，保证信息的透明和真实。

首先，幼儿园教师资格考试执行过程中应有独立的监督机构。监督机构是发现问题、诊断问题的机构，其职能是对制度制定、执行进程中的效果开展研究并有效反馈。幼儿园教师资格考试制度的制定与执行机构以行政组织为主，在监督环节不应使监督机构与行政组织同为一体，否则就会形成共同利益下的"官官相护"。共同利益追求下，执行与监督组织会出现制定、执行、监督包庇的现象，不利于幼儿园教师资格考试效能的实现。因此，幼儿园教师资格考试的监督机构必须独立设置，无论是资金、编制、人员等，都应当独立于教育行政组织执行系统之外，且监督机构级别最好高于行政执行机构。也就是说，幼儿园教师资格考试的监督机构应当由教育行政执行主体的上级机构来承担。此外，幼儿园教师资格考试的监督机构应该招纳具备专业知识的监督人员，他们对幼儿园资格考试制度的制定、执行过程相当熟知，能够及时发现执行过程中的问题所在，并根据问题作出判断来促进教师资格考试的运行，从而实现幼儿园教师资格考试的效能。

其次，幼儿园教师资格考试执行的监督机构应及时反馈信息。教育制度执行信息的反馈路径一般分为两种：一种是制度执行主体自行反馈；另一种是通过教育制度的监督机构从外部进行评判，获得制度执行的信息并反馈给制度设计主体。第一种方式由于资格考试的制定主体与监督主体是同一体，这种反馈掺杂了利益因素，监督的效果大打折扣。第二种反馈方式能够帮助幼儿园教师资格考试制定主体分析和决策并作出及时调整，是有价值和有意义的监督路径。幼儿园教师资格考试的监督机构必须认真深入、积极公正、快速及时地对制度执行情况进行信息的搜集与反馈。

三　建立合理的幼儿园教师资格考试运行机制

教育机制是教育现象各部分之间的相互关系及其运行方式。我国学者孙绵涛认为，教育的形式机制是从形式的角度来考察教育现象各部分之间的内部联系及其运行方式，它包括行政—计划式、指导—服务式和监督—服务式三种机制。就目前来看，幼儿园教师资格考试的运行机制主要以行政—计划为主，而缺少指导—服务—监督的机制。此外，幼儿园教师资格考试运行是一个系统活动，且应是一个开放系统而非封闭系统。这要求幼儿园教师资格考试运行打破封闭的运行机制，与外在环境相互作用，并能及时作出调整。

（一）建构幼儿园教师资格考试的指导—服务—监督机制

指导是指幼儿园教师资格考试制度的制定与执行人员对制度参与人员进行专业上的指导与引领，这种指引不是身份上的强压与控制，而是来自平等的互动和沟通，以问题解决为目的。此外，针对幼儿园教师资格考试目标群体，制度的制定者和执行者更应以平等身份进行指导，使教师资格考试制度真正能够惠及目标群体。服务是指幼儿园教师资格考试的行政部门应该以为人民服务为理念，转变管理的职能，为目标群体提供更多的保障，确立幼儿园教师资格考试制度执行的基本原则，为其提供"服务"而不是"控制"。监督是幼儿园教师资格考试制度的专业组织对所负责的政策区域进行调研、决策分析、综合评估，根据存在问题作出调整。监督的目的在于疏导与点拨，而非包办与斥责，只有这样的监督方式才能提高执行主体与目标群体的积极性。

（二）建构幼儿园教师资格考试的动力—适应运行机制

美国著名政策学家范米特认为，政策的执行受到系统内外因素的共同影响。包括：政策目标与标准；政策资源（财务资源、信息资源、权威资源）；执行者属性，包括执行人员的价值取向、行为能力、精神面貌以及执行机关的特征与整合度；执行方式，即执行者之间以及执行者与目标群体之间采取的互动方式；政策与外在因素的关系，比如政策与系统环境、政治、经济、社会文化的关系等。动力—适应运行机制强调执行机构与经济、社会以及政治环境的关系，并且根据外在环境的变化及时作出调整。这启示我们，幼儿园教师资格考试的运行机制除了要关注自身的运行方式，还要根据环境变化作出相应调整，而不是故步自封。幼儿园教师资格考试在与外在环境互动的过程中，应始终畅通与外在环境的作用机制与路径，从而形成良性的循环模式，促进幼儿园教师资格考试制度的不断优化。

第三节　考试效能保障中身份、权力、利益的重建

一　重建幼儿园教师资格考试执行人员的身份认同

（一）执行人员之间身份异化的消除

幼儿园教师资格考试执行人员间身份的异化与夸大，即层级性的过分凸显，导致执行主体在幼儿园教师资格考试执行过程中的高控制与高垄断，抑制了参与人员间的合作与互动，影响了考试效能的实现。因此，采取适当措施消除执行主体间的身份异化，准确定位执行人员的身份定位，采取良性的互动沟通方式，对幼儿园教师资格考试效能的保障至关重要。执行人员之间消除身份异化，实现良性互动的基础体现为互依性、公道与平等及共识性决策三方面：[①]

1. 互依性。幼儿园教师资格考试执行人员上下级之间不仅是领导与被领导、指挥与服从的关系，还存在着更深层的合作关系，即互依性原则。互依性启示我们，否定他人的自由权利与利用他人的行为是错误的。这不仅仅是因为公民对自由的追求，还因为否定了自我发展的社群在社会面与创造面的可能性。[②] 在幼儿园教师资格考试制度中，表现为以下两方面：第一，上级的命令和决定需要下级执行，同时也应接受下级的反馈，并不得侵犯下级的权益；第二，下级的言论与行为也需要得到上级的支持与认可。如果上下级之间不能很好地配合，瓦解了人员之间的互依性，那

---

① 卢亮宇：《论公务员上下级之间的良性互动——公共行政的行政理论视角》，《上海行政学院学报》2006年第9期。

② Michael M. Harmon：《公共行政的行动理论》，吴琼恩等译，五南图书出版有限公司1993年版，第121页。

么遭受损失的不仅是执行人员上下级之间的关系，还会对幼儿园教师资格考试的执行过程及实际效能造成一定程度的破坏性影响。

2. 公道与平等。所谓执行人员间的平等并不意味着权利与责任范围的平等，而是指上下级之间平等相待，相互尊重，相互体谅，彼此没有尊卑贵贱之分。这是实现上下级良性互动、消除身份异化的基本保障。

3. 共识性决策。共识性决策是指幼儿园执行人员在决策与行动时应将公共利益的考量计入其中，以公共利益的考量为行动出发点，上下级之间充分考虑彼此的共同利益和团体的共同目标，从而避免执行人员身份的夸大化。这需要幼儿园教师资格考试的执行人员尝试从多方面而不是狭隘地从少数几个观点或立场去考虑决策的结果。执行人员应尝试从长期的观点来考虑决策的利弊得失，而不将眼光局限于短期的效果；执行人员在决策进行过程中尽可能地搜集相关知识与信息。

（二）执行人员与目标群体的身份重构

在政策执行过程中，执行者和目标群体之间的沟通十分重要，有效的沟通是幼儿园教师资格考试效能的保障。相反，幼儿园教师资格考试执行者和目标群体沟通的缺乏或不畅在很大程度上影响着幼儿园考试制度效能的实现。因此，教师资格考试制度执行机构和执行人员与幼儿园教师资格考试目标群体之间建立有效的沟通机制势在必行。作为幼儿园教师资格考试的执行人员必须转变身份定位，角色要从完全操控者角色转化为服务者与指导者。

执行人员以服务者、指导者的身份、角色与目标群体进行沟通、交流，是制度执行互动网络模式的体现。这种模式方法论的核心是描述制度参与者在社会制度框架内的行为，研究行动者之间的相互关系和相互作用。[①] 此种模式注重幼儿园教师资格考试参与者身份关系的互动，强调行动者之间的互动对幼儿园教师资格考试制度的制定和执行的意义，旨在解决结构与行动者、网络与社会背景之间的辩证关系，诠释行动者在一定的制度、文化背景下的行动选择和行动逻辑。[②] 幼儿园教师资格考试的执行

---

① 邓旭：《教育政策执行研究：一种制度分析的范式》，教育科学出版社 2010 年版，第 57 页。

② 同上。

人员应与目标群体围绕共同关心的议题进行对话协商，尤其是幼儿园教师资格考试执行人员在对自我身份与角色定位的过程中，应真正做到从目标群体的视角来思考问题，为目标群体的利益表达提供空间。此外，目标群体在教师资格考试制度中处于弱势，幼儿园教师资格考试的执行人员相对于目标群体，在对制度的理解、执行、控制等层面都具有优先权。在这对要素范畴中，执行人员应转变的控制者身份以及高高在上的身份优势，充当制度设计与执行过程中的指导者，为目标群体解答幼儿园教师资格考试制度中遇到的问题与困惑，确保目标群体能够顺利地完成教师资格考试。

二　厘定幼儿园教师资格考试执行机构权力边界

本文从幼儿园教师资格考试执行机构之间、执行机构与考试客体两个层面来分析现实情况：考试执行机构之间政府的权力高度集中，过于强势；考试执行机构与考试客体之间，考试客体权力易遭忽视。针对此种现状，在执行机构之间，决定权、设计权、执行权与监督权要有边界界定。教师资格考试管理的行政单位应明确资格考试各种权力功能与界限，尤其是政府对自身角色的准确定位。首先，在决定权层面，幼儿园教师资格考试关系到国家发展和社会进步，由政府从宏观上统筹幼儿园教师资格考试制度是政府应尽的义务，因而在考试的决定权层面，政府有着义不容辞的责任。其次，在执行权问题上，由于执行权涉及幼儿园教师资格考试的命题、阅卷等技术开发问题，政府应适当地放权。在现有的社会体制下，考试技术开发专业组织依附于政府，政府可作为考试设计与执行的组织者，适当放权于考试院与评估院等专业机构，或由政府牵头，聘请该领域专家组织幼儿园教师资格考试的开发、设计，采取行政与专业相结合的方式。最后，监督权是对考试系统运行反馈的一种权力，能够不断贴近考试目标，实现考试效能。有效的监督权要求监督主体与执行主体不能同为一体，这需要监督权脱离行政组织的高度控制，具有一定的自主权。边界的调整，意味着打破原有的权力边界，建立一种新的权力和对等关系。政府通过边界管理对幼儿园教师资格考试机构的权力边界、责任边界的重新划分，形成幼儿园教师资格考试机构权力有效重组，促进教师资格考试效能的实现。

三　整合幼儿园教师资格考试参与主体的利益

幼儿园教师资格考试的利益主体分析包括幼儿园教师资格考试制度中中央部门与地方管理部门之间的利益博弈，幼儿园教师资格考试地方管理部门之间的"公用地"悲剧，政府与培养单位之间的利益博弈。中央政府、各地政府、用人单位都具有一定的利益追求，利益追求的失衡导致幼儿园教师资格考试制度执行过程中出现阻滞现象，利益整合机制的建立是解决上述问题的有效路径。

（一）树立正确的利益观念导向

利益观念是人们追求利益的动机，调和利益关系的前提在于利益主体要树立正确的利益观念。在幼儿园教师资格考试制度中，确立公平、正义的核心价值观，是幼儿园教师资格考试利益主体的价值诉求。在此前提下，才能使幼儿园教师资格考试的利益主体选择正确的利益目标，自觉调整利益需求，科学选择利益行为，恰当处理利益矛盾。

（二）健全中央与地方的利益表达机制

利益表达机制是在承认个体正当利益的基础上，允许社会成员通过正常渠道表达自己的利益诉求。在幼儿园教师资格考试制度中，客观存在的利益差异使中央政府与地方各级政府、地方各级政府之间在制度互动中产生了不同的诉求，他们都有着利益表达的意愿。从利益均衡的角度考虑，只有当中央政策利益协调程度意识较高时，制度执行的阻力才会削弱，因而在幼儿园教师资格考试制度制定过程中应该拓宽地方政府利益的表达渠道，使得教师资格考试的中央管理部门了解教师资格考试地方行政部门的利益需求，并在教师资格考试制度设计中有所体现。总体而言，幼儿园教师资格考试中央管理部门与地方管理部门的利益整合，总体上需要照顾全局利益，又要兼顾地方利益，形成畅通的表达机制，以减少中央部门与地方部门之间的利益失衡。

（三）利益"公用地"悲剧的消除

为避免幼儿园教师资格考试地方管理部门存在的"公用地"悲剧问题，必须坚持以下基本原则：首先，幼儿园教师资格考试的地方层级单位之间坚持公平竞争。幼儿园教师资格考试管理机构应为各个区县提供平等、公正的竞争环境，对各区县的资格考试机构一视同仁，不能有所偏祖。同时，把区县幼儿园教师资格考试工作作为政府年度考核工作的指标，形成竞争机制。其次，坚持利益共享原则。幼儿园教师资格考试地方的机构有利益选择与利益预期，离开了利益目标，地方间的合作也无从谈起。幼儿园教师资格考试的地方管理部门之间为了获得利益会寻求合作，获得更多的资源、信息共享，提升自身的影响力。坚持利益共享原则，有利于调动幼儿园教师资格考试地方机构的积极性。

结　语

教育质量的高低，关键在于教师队伍的整体素质，建立一支高质量的教师队伍是各国在综合国力竞争中采取的战略措施。幼儿园教师资格考试制度是国家对幼儿园教师实行的法定的职业准入制度，它所确定的幼儿园教师准入条件和相关法规不仅影响着幼儿园教师培养的质量标准和幼儿园教师队伍的建构模式，而且直接关系到国家和社会所需的高素质教师队伍的建设。幼儿园教师资格考试效能是教师资格考试制度研究的本体问题，关系着幼儿园教师资格考试能否真正发挥其功效。采取有效的保障路径与措施实现幼儿园教师资格考试效能是完善幼儿园教师资格考试制度不可回避的关键问题。本研究以制度分析为视角，以西部某市为个案，采用文献法、访谈法、文本分析法等方法收集资料，探讨制度话语下的幼儿园教师资格考试效能保障问题，期望能够为完善幼儿园教师资格考试制度提供参考，对幼儿园教师专业发展的理论研究有所促进。本书提出以下主要观点：

1. 制度经济学视域是幼儿园教师资格考试效能保障研究的一个重要视角，幼儿园教师资格考试效能需要制度的保障。制度是一系列规则、守法程序和行为的道德伦理规范的总称。通过有效的制度安排，不仅可以减少制度内个体的不确定性，还可以增强预测性。幼儿园教师资格考试效能的发挥涉及考试目标、组织、实施等方面，具有系统性、关联性，但同时又具有不可预测性和不稳定性。因而，幼儿园教师资格考试效能需要系统性的制度来协调与保障。制度的作用在于界定出一套有序的安排，使影响幼儿园教师资格考试效能各因素间的关系更加稳定与可靠，从而保障幼儿园教师资格考试顺利进行，促进其效能的完善与提升。

2. 制度的合理性是幼儿园教师资格考试效能保障的出发点。能够为幼儿园教师资格考试效能提供保障的制度是那些与幼儿园教师资格考试效能所体现的理念一致、满足幼儿园教师资格考试效能运行所需的规范体系。本研究从制度公正—制度实质合理性，制度规范—制度的形式合理性两个层面分析效能保障的制度合理性问题。其中，制度公正要求幼儿园教师资格考试制度应该体现公平对待、公正操作、多方参与、公开透明、有效监督；而制度规范则要求幼儿园教师资格考试制度具有完备的体系及合理的制度构成要素。

3. 在正式制度安排层面，应该完善幼儿园教师资格考试法律法规体系并提供可操作的法律实施细则，使得幼儿园教师资格考试有法可依；搭建幼儿园教师资格考试效能保障的组织制度平台，健全幼儿园教师资格考试的组织体系，建构有效的监督组织机构；弱化组织运行的科层取向、提升组织的服务理念、弱化行政性控制、通畅幼儿园教师资格考试运行机制。

4. 非正式制度的内生性与潜在性是制度体系不可或缺的构成部分，也是正式制度产生、发展和有效运行的前提，因而非正式制度层面的幼儿园教师资格考试效能保障不容忽视。鉴于此，在非正式制度安排层面，我们应该重建幼儿园教师资格考试执行人员的身份认同、界定幼儿园教师资格考试管理机构的权力边界、整合幼儿园教师资格考试参与主体的利益。

幼儿园教师资格考试效能保障研究属于政策研究范畴，应用制度学原理分析幼儿园教师资格考试效能保障问题，对研究者来说具有一定的难度与挑战。本研究尚还存在提升的空间，有待进一步加强：首先，从理论工具的选择和掌握而言，制度作为一种研究视角渗透到其他学科也才逐渐起步，加上本人学科背景的限制，对某些问题的分析有待深入；此外，本研究调研的对象为幼儿园教师资格考试制度的管理人员，涉及行政人员、笔试官、面试官等，由于负责幼儿园教师资格考试的人员并不多，因而在研究对象的选取上略显单薄，希望在后续的研究中能够不断完善。

参考文献

（一）著作类

1. 埃德加·莫兰：《方法：思想观念——生境、生命、习性与组织》，秦海鹰译，北京大学出版社 2002 年版。

2. T. S. 库恩：《科学革命的结构》，金吾伦等译，北京大学出版社 2003 年版。

3. 马克斯·韦伯：《经济与社会》（上卷），林荣远译，商务印书馆 1998 年版。

4. 中国学前教育发展战略研究课题组：《学前教育发展战略研究》，教育科学出版社 2010 年版。

5. 邓旭：《教育政策执行研究：一种制度分析的范式》，教育科学出版社 2010 年版。

6. 北京大学中国经济研究中心：《经济学与中国改革》，上海人民出版社 1995 年版。

7. 现代汉语辞海编辑委员会：《现代汉语辞海》，中国书籍出版社 2003 年版。

8. David M. Walkker：《牛津法律大辞典》，李双元等译，法律出版社 2003 年版。

9. 顾明远：《教育大辞典》，上海教育出版社 1997 年版。

10. 廖平胜：《考试学原理》，华中师范大学出版社 2003 年版。

11. 王道俊，王汉澜：《教育学》，人民教育出版社 1989 年版。

12. 中国大百科全书总编辑委员会：《中国大百科全书》，中国大百科全书出版社 1985 年版。

13. 贾非：《考试与教学》，吉林教育出版社 1994 年版。

14. 中国劳动人事百科全书编委会：《中国劳动人事百科全书》，经济日报出版社 1989 年版。

15. 于信凤：《考试学引论》，辽宁人民出版社 1987 年版。

16. 安文铸：《学校管理辞典》，中国科学技术出版社 1991 年版。

17. 蒋极峰：《考试论》，吉林人民出版社 2010 年版。

18. 廖平胜：《考试是一门科学》，华中师范大学出版社 2003 年版。

19. 吴清基：《教育与行政》，台北师大书苑 1990 年版。

20. 吴清山：《学校效能研究》（第二版），五南图书出版公司 1998 年版。

21. 孙绵涛：《教育效能论》，人民教育出版社 2008 年版。

22. ［美］彼得·杜拉克：《有效的管理者》，吴军译，北京求实出版社 1985 年版。

23. ［美］弗雷德·菲德勒，约瑟夫·加西亚：《领导效能新论》，何威等译，三联书店 1989 年版。

24. ［美］约翰·科特：《总经理的品质和方法工作》，新华出版社 1989 年版。

25. 尤光付，许长龙：《决策与效能：当代公共行政管理机制与训练》，中南工业大学出版社 1992 年版。

26. 吴志远、姜凌：《新时期县级党政领导班子的素质与效能研究》，西南财经大学出版社 1995 年版。

27. 李航：《有效管理者——以人为本》，中国对外经济贸易出版社 1998 年版。

28. 贾非：《考试制度研究》，四川教育出版社 1995 年版。

29. 刘海峰：《科举考试的教育视角》，湖北教育出版社 1996 年版。

30. 凌云：《考试统计学》，华中师范大学出版社 2002 年版。

31. 雷新勇：《大规模教育考试：命题与评价》，华东师范大学出版社 2006 年版。

32. 张雨强，冯翠典：《开放题编制的理论与技术研究》，华东师范大学出版社 2009 年版。

33. 梁其健，葛为民：《考试管理的理论与技术》，华中师范大学出版社 2002 年版。

34. 王少非：《校内考试监控研究》，华东师范大学出版社 2009 年版。

35. 程凯，王卫东：《考试社会学概论》，河南大学出版社2000年版。

36. 杨为学，廖平胜：《考试社会学问题研究》，华中师范大学出版社2003年版。

37. 张行涛：《必要的乌托邦——考选世界的社会学研究》，北京师范大学出版社2003年版。

38. 马克斯·韦伯：《社会科学方法论》，韩水法等译，中央编译出版社1998年版。

39. 林德金：《政策研究方法论》，延边大学出版社1989年版。

40. 刘复兴：《教育政策的价值分析》，教育科学出版社2003年版。

41. ［德］曼海姆：《意识形态和乌托邦》，黎鸣译，商务印书馆2000年版。

42. ［德］马克斯·韦伯：《经济与社会》（下），林荣远译，商务印书馆1997年版。

43. ［美］道格拉斯·C.诺斯：《制度经济与经济绩效》，刘守英译，三联书店1994年版。

44. ［美］道格拉斯·C.诺斯：《经济史中的结构与变迁》，陈郁等译，三联书店1994年版。

45. ［美］罗尔斯：《正义论》，何怀宏等译，中国社会科学出版社1988年版。

46. ［美］科斯：《财产权利与制度变迁》，三联书店1994年版。

47. 黄少安：《产权经济学》，山东人民出版社1995年版。

48. ［英］邓肯·米歇尔：《新社会学词典》，蔡振扬译，上海译文出版社1987年版。

49. ［美］道格拉斯·诺斯，罗伯斯·托马斯：《西方世界的兴起》，厉以平等译，华夏出版社1999年版。

50. ［美］塞缪尔·P.亨廷顿：《变化社会中的社会秩序》，王冠华等译，三联书店1989年版。

51. ［英］吉登斯：《社会的构成：结构化理论大纲》，李康等译，生活·读书·新知三联书店1998年版。

52. ［美］凡勃仑：《有闲阶级论：关于制度的经济研究》，蔡受百等译，商务印书馆1997年版。

53. 邹吉忠：《自由与秩序：制度价值研究》，北京师范大学出版社 2003 年版。

54. ［德］黑格尔：《法哲学原理》，范扬等译，商务印书馆 1979 年版。

55. ［英］麦考密克：《制度法论》，周叶谦译，中国政法大学出版社 2004 年版。

56. 辛鸣：《制度论》，人民出版社 2008 年版。

57. 《现代汉语大辞典》，商务出版社 2000 年版。

58. 卢现祥：《西方新制度经济学》，中国发展出版社 2003 年版。

59. 王海明：《公正、平等、人道：社会治理的道德原则体系》，北京大学出版社 2000 年版。

60. ［美］乔·萨托利：《民主新论》，东方出版社 1998 年版。

61. 唐绍欣：《非正式制度经济学》，山东大学出版社 2010 年版。

62. ［古希腊］柏拉图：《理想国》，郭斌等译，商务印书馆 1986 年版。

63. 苗力田：《亚里士多德全集》（第八卷），中国人民大学出版社 1992 年版。

64. ［美］博登海默：《法理学、法哲学及其方法》，邓正来等译，华夏出版社 1987 年版。

65. 陈忠武：《人性的烛光》，云南人民出版社 2004 年版。

66. 宋增伟：《制度公正与人性完善》，中国社会科学出版社 2010 年版。

67. 高兆明：《制度公正论》，上海文艺出版社 2001 年版。

68. 柯武刚，史漫飞：《制度经济学：社会程序与公共政策》，商务印书馆 2000 年版。

69. 张文显：《法理学》，高等教育出版社 2003 年版。

70. 波普尔：《猜想与反驳》，傅季重等译，上海译文出版社 1986 年版。

71. 文森特·奥斯特罗姆：《复合共和制的政治理论》，毛寿龙译，三联书店 1999 年版。

72. 罗伯特·诺齐克：《无政府、国家与乌托邦》，何怀宏等译，中国社会科学出版社 1991 年版。

73. ［美］威尔逊：《国会政体》，熊希龄等译，商务印书馆 1986 年版。

74. 袁振国：《教育政策学》，江苏教育出版社 1998 年版。

75. 丹尼尔·布罗姆利：《经济利益与经济制度——公共政策的理论基

础》，陈郁等译，上海人民出版社 1996 年版。

76. 成有信：《教育政治学》，江苏教育出版社 1993 年版。

77. ［捷］奥塔·锡克：《经济—利益—政治》，王福民等译，中国社会科学出版社 1984 年版。

78. 杨春学：《经济人与社会秩序分析》，三联书店 1998 年版。

79. 戴维·米勒，布莱克维尔：《政治学百科全书》，邓正来译，中国政法大学出版社 1992 年版。

80. 罗伯特·达尔：《现代政治分析》，王沪宁等译，上海译文出版社 1987 年版。

81. ［美］丹尼斯·缪勒：《公共选择理论》，韩旭等译，中国社会科学出版社 1999 年版。

82. ［美］克鲁斯克·杰克逊：《公共政策词典》，唐理斌等译，上海远东出版社 1992 年版。

83. ［美］詹姆斯·安德森：《公共决策》，唐亮译，华夏出版社 1990 年版。

84. 范国睿：《政策的理论与实践》，上海教育出版社 2011 年版。

85. 孟繁华：《教育管理决策新论——教育组织决策机制的系统分析》，教育科学出版社 2003 年版。

86. 金太军，钱再见，张方华等：《公共政策执行梗阻与消解》，广东人民出版社 2005 年版。

87. 西蒙：《管理行为》，杨砺等译，北京经济学院出版社 1988 年版。

88. 巴纳德：《经理人员的职能》，孙耀君译，中国社会科学出版社 1997 年版。

89. ［美］彼得·布劳，马歇尔·梅耶：《现代社会中的科层制》，马戎等译，学林出版社 2001 年版。

90. ［英］马丁·阿尔布罗：《官僚制》，阎步克译，知识出版社 1990 年版。

91. ［日］博森·矢泽修次郎：《官僚制统治》，吴春波译，民族出版社 1988 年版。

92. 吴潜涛，刘建军：《新时期思想政治教育史论》，安徽人民出版社 2004 年版。

93. 金国辉：《教育计划管理》，科学技术大学出版社 1992 年版。

94. 黄孟藩，王凤彬：《决策行为与决策心理》，机械工业出版社 1995 年版。

95. 陆益龙：《户籍制度——控制与社会差别》，商务印书馆 2003 年版。

96. 罗伯特·达尔：《现代政治分析》，王沪宁等译，上海译文出版社 1987 年版。

97. 马克斯·韦伯：《论经济与社会中的法律》，张乃根译，中国大百科全书出版社 1988 年版。

98. 丹尼斯·朗：《权力论》，陆震纶等译，中国社会科学出版社 2001 年版。

99. 张文显：《法哲学范畴研究》，中国政法大学出版社 2001 年版。

100. ［美］丹尼尔·贝尔：《资本主义文化矛盾》，赵一凡译，三联书店 1989 年版。

101. 爱尔维修：《十八世纪法国哲学》，商务印书馆 1963 年版。

102. 谢炜：《中国公共政策执行中的利益关系研究》，学林出版社 2009 年版。

103. 王伟光：《利益论》，人民出版社 2001 年版。

104. ［法］霍尔巴赫：《自然的体系》，管士斌译，商务印书馆 1964 年版。

105. 张维迎：《博弈论与信息经济学》，三联书店 2004 年版。

106. 范如国，韩民春：《博弈论》，武汉大学出版社 2006 年版。

107. 周辅成：《西方伦理学名著选辑》（下册），商务印书馆 1987 年版。

108. 秦立霞：《美国教师资格认证制度研究》，教育科学出版社 2010 年版。

109. 朱旭东：《教师教育标准体系研究》，北京师范大学出版社 2011 年版。

110. 姜勇：《国际学前教师教育政策研究》，华东师范大学出版社 2012 年版。

111. 洪明：《美国教师质量保障体系历史演进研究》，北京师范大学出版社 2010 年版。

112. 卢乃桂，操太圣：《中国教师的专业发展与变迁》，教育科学出版社 2012 年版。

113. 张燕：《幼儿教师专业发展》，北京师范大学出版社 2006 年版。

114. 朱旭东：《教师专业发展理论研究》，北京师范大学出版社 2011 年版。

115. 叶澜：《教师角色与教师发展新探》，教育科学出版社 2011 年版。

116. 单中惠：《教师专业发展的国际比较》，教育科学出版社 2010 年版。

117. 教育部教师工作司：《幼儿园教师专业标准（试行）解读》，北京师范大学出版社 2013 年版。

118. 陈永明：《现代教师论》，上海教育出版社 1997 年版。

119. 陈永明：《教师教育学》，北京大学出版社 2012 年版。

120. 刘虹：《效能监察》，中国方正出版社 2004 年版。

121. 郑燕祥：《教育领导与改革：新范式》，上海教育出版社 2005 年版。

122. 郑燕祥：《学校效能与校本管理：一种发展的机制》，陈国萍译，上海教育出版社 2002 年版。

123. 徐世义：《提高行政效能的理论与实践》，新疆人民出版社 2004 年版。

124. 许文兴，许建明：《转型社会乡村发展与政府效能研究》，中国农业出版社 2004 年版。

125. 李建萍：《校长领导与学校效能的实证研究》，山东人民出版社 2005 年版。

（二）学位论文

1. 何菊玲：《教师教育范式研究》，博士学位论文，陕西师范大学，2008 年。

2. 王建军：《合作的课程变革中的教师专业发展：上海市"新基础教育实验"个案研究》，博士学位论文，香港中文大学，2000 年。

3. 张玉：《区域政策执行的制度分析与模式建构》，博士学位论文，南开大学，2006 年。

4. 刘春海：《中国行政效能监察制度研究》，博士学位论文，吉林大学，2008 年。

5. 王海霞：《团队互动过程对团队效能的影响研究》，博士学位论文，天津财经大学，2008 年。

6. 张丽华：《改造型领导与组织变革过程互动模型的实证与案例研究》，博士学位论文，大连理工大学，2002 年。

7. 侯堂柱：《转换型、交易型领导行为与领导效能关系之研究》，博士学位论文，中国科技大学，2002 年。

8. 牙韩高：《高校学生社团管理中领导方式与领导效能研究》，博士学位论文，西南交通大学，2008 年。

9. 孟太生：《科研团队领导行为及其影响团队效能的研究》，博士学位论文，电子科技大学，2008 年。

10. 闫进宏：《领导集体的领导效能及其影响因素》，博士学位论文，暨南大学，2009 年。

11. 汤林春：《学校效能评价研究》，博士学位论文，华东师范大学，2005 年。

12. 田建荣：《中国考试思想史研究》，博士学位论文，厦门大学，2001 年。

13. 刘清华：《高考与学校教育关系研究》，博士学位论文，厦门大学，2003 年。

14. 鄢明明：《大规模考试的演变与育人》，博士学位论文，华中师范大学，2003 年。

15. 张耀萍：《高考形式与内容改革研究——基于利益博弈的视角》，博士学位论文，厦门大学，2007 年。

16. 吴根洲：《高考效度问题研究》，博士学位论文，厦门大学，2007 年。

17. 肖如平：《考试权独立的运作与困境——国民政府考试院研究》，博士学位论文，南京大学，2003 年。

18. 王文成：《论当代中国公务员考试权的运行与控制》，博士学位论文，华中师范大学，2008 年。

19. 王海：《现代社会的考试活动治理研究》，博士学位论文，天津大学，2003 年。

20. 郑若玲：《考试与社会之关系研究——以科举、高考为例》，博士学位论文，厦门大学，2006 年。

21. 李立峰：《我国高校招生考试中的区域公平问题研究》，博士学位论文，厦门大学，2006 年。

22. 王后雄：《我国高考政策的公平性研究》，博士学位论文，华中师范大学，2008 年。

23. 包艳：《行动与制度实践》，博士学位论文，上海大学，2008 年。

24. 毕正宇：《教育政策执行模式研究》，博士学位论文，华中师范大学，2006 年。

25. 王国红：《政策执行中的政策规避研究》，博士学位论文，中共中央党校，2004 年。

26. 李德全：《科层制及其官僚化过程研究》，博士学位论文，浙江大学，2004 年。

27. 刘冠华：《内蒙古高等院校人力资源管理效能研究》，博士学位论文，华东师范大学，2011 年。

28. 杜一平：《智力资源管理效能的评估研究》，博士学位论文，大连理工大学，2009 年。

29. 江庭谊：《知识管理、企业文化与组织效能关系研究》，博士学位论文，南开大学，2010 年。

30. 柳春慈：《治理理论视角下的乡镇政府职能研究》，博士学位论文，中央民族大学，2007 年。

31. 肖静：《基于组织效率的大学权力结构研究》，博士学位论文，武汉理工大学，2009 年。

32. 薛宪方：《组织变革背景下团队主动性特征与效能机制研究》，博士学位论文，浙江大学，2009 年。

33. 杨锦兴：《改善农村中小学校长领导效能的研究：以广西为例》，博士学位论文，华东师范大学，2008 年。

（三）期刊文献

1. 温恒福：《学校效能的基本理论问题探究》，《教育研究》2007 年第 2 期。

2. 孙爱琴，冯晓霞：《我国现行幼儿园教师资格考核中的问题及对策思考》，《学前教育研究》2008 年第 6 期。

3. 李子江，张贤斌：《我国教师资格制度建设：问题与对策》，《教育研究》2008 年第 10 期。

4. 洪秀敏：《我国幼儿园教师资格制度：问题与对策》，《教育发展研究》2011 年第 8 期。

5. 余仁生，冯家根，陈睿：《完善我国教师资格考试制度的构想》，《中国考试》2005 年第 7 期。

6. 丁煌：《我国现阶段政策执行阻滞及其防治对策的制度分析》，《政治学研究》2002 年第 1 期。

7. 张烨：《试论我国教育政策分析的可能范式》，《清华大学教育研究》2006 年第 2 期。

8. 曾庆炎：《谈如何保障县政府效能的发挥》，《探索》1989 年第 2 期。

9. 周亚越：《制度补正：提高中国行政效能的根本途径》，《云南社会科学》2005 年第 3 期。

10. 程晋宽：《影响学校管理效能的因素分析》，《教育科学研究》2008 年第 1 期。

11. 谌启标：《学校效能研究论纲》，《教育理论与实践》2001 年第 6 期。

12. 谈松华：《试行效能评价》，《中国远程教育》2004 年第 10 期。

13. 孙绵涛：《关于学校效能评价标准和方法的两点认识》，《教育发展研究》2007 年第 10 期。

14. 王新如，郑文：《谈学校组织文化与学校效能》，《教育科学》1997 年第 3 期。

15. 郭蕊，王景英：《教师效能缺失的制度性障碍及路径选择》，《当代教育科学》2011 年第 17 期。

16. 刘伟忠：《非正式组织与领导效能》，《理论界》2006 年第 11 期。

17. 刘海峰：《研究考试制度推进考试改革》，《湖北招生考试》2002 年第 2 期。

18. 廖平胜：《论考试学的范畴、对象及其依据》，《华中师范大学学报》（人文社会科学版）1987 年第 3 期。

19. 廖平胜：《论中国考试的起源》，《华中师范大学学报》（人文社会科学版）1991 年第 4 期。

20. 廖平胜：《论考试系统的结构要素及其关系》（上）（下），《湖北招生考试》2002 年第 12 期。

21. 冯家根：《考试附属型和考试独立型：考试与教育之间关系的两种类

型》，《课程·教材·教法》2000 年第 9 期。

22. 藏铁军：《考试改革与人的全面发展》，《教育研究》1995 年第 11 期。

23. 曾跃林：《论社会考试与人的发展》，《继续教育研究》2006 年第 5 期。

24. 刘海峰：《高考改革的思路、原则与政策建议》，《教育研究》2009 年第 7 期。

25. 高凌飚，吴维宁，黄牧航：《开放性试题的编制与评分》，《人民教育》2006 年第 1 期。

26. 刘芃：《考试社会学刍议》，《中国考试》1992 年第 3 期。

27. 王俊武：《考试公平内涵、现状及对策探究》，《中国考试》2011 年第 5 期。

28. 刘海峰：《高考改革中的公平与效率问题》，《教育研究》2002 年第 12 期。

29. 张宝昆，冯用军：《大规模教育考试控制社会冲突功能的政治学分析》，《湖北招生考试》2004 年第 8 期。

30. 郑若玲：《考试公平与区域公平：高考录取中的两难选择》，《高等教育研究》2001 年第 11 期。

31. 苏尚锋：《考试的起点、过程和结果公平》，《湖北招生考试》2006 年第 10 期。

32. 王宪平，唐玉光：《教师资格制度与教师教育制度关系研究》，《教师教育研究》2003 年第 9 期。

33. 吴全华：《意义与问题——对我国教师资格制度的解读》，《华南师范大学学报》（社会科学版）2001 年第 4 期。

34. 余人胜，冯家根，陈睿：《完善我国教师资格考试制度的构想》，《考试研究》2005 年第 7 期。

35. 潘黎，邹群：《试析我国教师资格制度改革》，《中国教育学刊》2012 年第 5 期。

36. 鲁素凤，杨建华，沈惠君：《我国教师资格有效性存在的问题及其对策》，《教师教育研究》2005 年第 1 期。

37. 李立峰：《关于教师资格认证制度的文献综述》，《教育教学研究》2008 年第 4 期。

38. 李国庆，李雯：《构建我国教师资格分级别认定制度的探析》，《教师教育研究》2006 年第 7 期。

39. 俞启定：《教师资格再认证问题研究》，《教师教育研究》2006 年第 11 期。

40. 曾荣光：《教学专业和教师专业化：一个社会学的阐释》，《香港中文大学教育学报》1984 年第 1 期。

41. 朱新卓，陈晓云：《教师职业的特殊性与专业性》，《高等教育研究》2012 年第 8 期。

42. 赵士发：《关于合理性问题研究综述》，《人文杂志》2002 年第 2 期。

43. 郑文先：《合理性问题讨论综述》，《武汉大学学报》（哲学社会科学版）1995 年第 5 期。

44. 冯建军：《论公正》，《河南师范大学学报》（哲学社会科学版）2007 年第 5 期。

45. 王询：《组织内的正式与非正式关系》，《东北财经大学学报》2000 年第 2 期。

46. 瞿学伟：《土政策的功能分析——从普遍主义到特殊主义》，《社会学研究》1997 年第 3 期。

47. 孔泾源：《中国经济生活中的非正式制度安排》，《经济研究》1992 年第 7 期。

48. 霍秀媚：《制度公正与民主政治》，《探求》2003 年第 2 期。

49. 崔波：《论高校教师考核制度公正》，《教育评论》2008 年第 1 期。

50. 丁煌，杨代福：《政策执行过程中降低信息不对称的策略探讨》，《中国行政管理》2010 年第 12 期。

51. 丁煌：《监督"虚脱"：妨碍政策有效执行的重要因素》，《武汉大学学报》（社会科学版）2002 年第 3 期。

52. 徐梦秋：《规范论的对象和性质》，《哲学动态》2000 年第 11 期。

53. 凌文辁，郑晓明，方俐洛：《社会规范的跨文化比较》，《心理学报》2003 年第 2 期。

54. 程家福，董美英：《美国教师资格考试从考书本知识转向考教学》，《上海教育科研》2008 年第 6 期。

55. 吴全华：《我国教师资格制度的法制化进程》，《当代中国史研究》

2002 年第 1 期。

56. 劳凯声：《改革开放 30 年的教育法制建设》，《教育研究》2008 年第
    11 期。

57. 王国红：《论政策执行中的政策规避》，《唯实》2003 年第 2 期。

58. H．布雷塞斯，M．霍尼赫：《政策效果解释的比较方法》，《国际社
    会科学杂志》（中文版）1987 年第 5 期。

59. 孙绵涛，康翠萍：《教育机制理论的新诠释》，《教育研究》2006 年第
    12 期。

60. 高鹏程：《西方知识史上利益概念的源流》，《天津社会科学》2005 年
    第 4 期。

（四）英文文献

1. Habermas, Moral Consciousness and Communicative Action, Cambridge,
   Mass: MIT Pres, 1990.

2. Austin Ranney, "The study of policy content: Framework forchoice," Politi-
   cal Science and Public Polic, Austin Ranney, ed. C. Chicago:
   Markham, 1968.

3. Scheerens, J. Effectiveness Schooling Research, Theory and Practice, Lon-
   don: Cassell, 1992.

4. Peter F, Drucker The effective executive, New York: Harper and
   Row, 1966.

5. Den Hartog DN, Van Muijen JJ, "Transactional versus transformational lead-
   ership: Analysis of the MLQ" Journal of Occupational and organizational
   Psychology, No. 19 - 34, July 1997.

6. LoweKB, Kroeck KG, Sivasu bramaniam N. "Effectivness of correlates of
   transformational and transactional leadership: A meta—analytic review of the
   MLQ literature" Leadership Quarterly, No. 385 - 425, July 1996.

7. Creemers, B. P. M, The History, Value and Purpose of School Effectiveness
   Studies, in D. Reynolds, Advances in School Effectiveness Research and
   Practice, Oxford: Pergamon, 1994.

8. Creemers, B. P. M, Scheerens, J. &Reynolds. D, Theory Development in

School Effectivness Research, The International Handbook of School Effectiveness Research, London&New York: Falmer, 2000.

9. Scheerens, J. & Bosker, R, The Foundations of Educational Effectiveness, Oxford: Pergamon, 1997.

10. McGrath, J. E. "Social psychology: A brief introduction" NewYork: Holt. No. 8, May 1964.

11. Nieva, V. F, Fleishman, E. A, Team dimensions: Their Identity, Their measurement , Their Relationship, Washington, DC: Advanced Resource organizations, 1978.

12. Hackman, Normative Model of work Team Effectiveness, CT: YaLe university, 1983.

13. Kiffin. PetersenS, "Trust: A Neglected Variable in Team Effectiveness Research" Journal of the Australian and New Zealand Academy of Management, No. 26, June 2004.

14. Ronald. Edmonds, "Effective School for the Urban Poor" Educational Leadership, No. 15 – 24, May 1979.

15. Clark, D. L. Lotto, Factors Associated with Success in Urban Elementary Schools, Phi Delta Kappan, 1983.

16. Teddlie, C. & Stringfield, Schools Make a Difference: Lessons Learned from a Ten – year Study of School Effects, New York: Teacher College Press, 1993.

17. Scheerens, J. &Creemers, B. P. M, " Conceptualizing School Effectiveness," International Journal of Educational Research, No. 689 – 706, July 1989.

18. Aitkin. M. & Longford. N , "Statistical Modeling Issues in School Effectiveness Studies", Journal of the Royal Statistical Society, Series A , No. 1 – 43, June 1986.

19. Levine&Lezotte , Unusually Effective School: A Review and Analysis of Research and Practice , National Center for Effective Schools Research and Development, 1990.

20. Reynolds & Teddlie, " The Future Agenda for school Effectiveness Re-

search" The international handbook of school Effectiveness Research, No. 44 – 56, January 2000.

21. Reynolds & Teddlie, "The Processes of School Effectiveness" The international handbook of school Effectiveness Research, No. 39 – 42, June 2000.

22. Reynolds & Teddlie, " School Effectiveness and Improvement: Past, Present and Future" Routledge international Companion to education, No. 29 – 31, April 2000.

23. Baines, Lawrence A, Deconstructing Teacher Certification. Phi Delta Kappan, 2006.

24. Soler, Stephanie spectrum, "Teacher quality is job one: Why states need to revamp Teacher Certification" Journal of State Government, No. 23 – 27. May 2007.

25. Fetler, "student mathematics achievement test scores dropout rates, and teacher characteristics" Teacher Education Quarterly, No. 151 – 168. June 2001.

26. Greenwald, " The effect of school resources on student achievement" Teacher Education Quarterly, No. 113 – 145. March 2002.

27. Bond, Jager, Smith, Accomplished teaching validation study. Retrieved, From httP: //new. nbpts. org/Press/exec – summary. Pdf, 2012 – 11 – 20.

28. Murray, "From consensus standards to evidence of claims: Assessment and accreditation in The case of teacher education" New Directions for Higher Education, No. 49 – 66, Apri 2001.

29. Youngs, Odden, Porter, "State policy related teacher licensure" Educational policy, No. 10. May 2003.

30. Burke, Karen, "Teacher Certification Exams: what are the predictors of success?" College student Journal, No. 784 – 793. May 2005.

31. Leibbrand J, "High quality routes to teaching : our children are worth it" Quality Teaching, No. 6 – 7. September 2000.

32. Dwyer A, Stufflebaem, Teacher evalution , New York: Macmilan Library Reference, 1996.

33. Seriven M, The methodology of evaluation: Perspectives of curriculum evaluation, Chicago: Rand Mc Nally company, 2003.

34. Eduards P, The Encyclopedia of philosophy, New York: Macmilan Inc, 1967.

35. GwinR, NortonP, The new Encyclopedia Bri*tan*nica, Encyclopedia Britannica Inc, 1993.

36. Greenwood, "Attributes of A Profession" Social work, No. 16, July 1957.

37. William K. Frankena, Ethics, Prentice—Hall, Englewood Cliffs, New Jersery, 1973.

38. Abraham Maslow, Motivation and Personality, New York, 1970.

39. Parsons. T, Social system , New York: Free Press, 1951.

40. Abraham Kaplan, Power and Society, New Haven: Yale University Press, 1950.

41. Peter M, Exchange and power in Social life, New York: John Wiley and Sons, 1964.

附　录

幼儿园教师资格考试效能保障
研究的访谈提纲

（一）A 市幼儿园教师资格考试行政人员（市教委）访谈提纲

尊敬的领导：

您好！

我们是西南大学教育学部的研究人员，正在完成全国教育科学"十一五"规划 2010 年度课题"幼儿园教师资格考试制度研究"。围绕该研究，希望对您及其分管"幼儿园教师资格考试制度"的部门进行调研，您的回答将为本研究提供宝贵的依据。在研究过程中我们会严格遵循研究的伦理原则，对相关信息采取匿名，仅供研究所用，不会侵犯您及其单位的隐私，尽可放心回答，谢谢您！

1. 幼儿园教师资格考试制度的各个环节具体是由哪些部门负责组织和管理？各个部门之间的关系是怎样的？

2. 幼儿园教师资格考试的管理部门人员是如何与考生沟通的？

3. 教育委员会为幼儿园教师资格考试的报考者提供哪些考试服务？

4. 目前，有很多针对教师资格考试的培训机构，教育委员会有没有对这些机构进行管理？或者知不知道应该由哪些部门对这些机构进行监督管理？该市教育委员会有没有设立相应的培训机构？

5. 教师资格考试的政策制定与执行过程中，你们会邀请哪些人？与各个单位如何保持信息沟通？

6. 我市幅员辽阔，对各个区县在幼儿园教师资格考试的安排上会有差异对待吗？如果有，会采取何种措施？

7. 幼儿园教师资格考试的制定主体、执行主体与监督主体之间的关系是怎样的？

8. 幼儿园教师资格考试内容和形式的选择依据是什么？

9. 幼儿园教师资格考试面试环节的标准是怎样的？对面试考官的考核采取何种形式？

10. 幼儿园教师资格考试在制定与执行的过程中都参考哪些法律政策？您觉得这些法规政策的保障作用怎样？

11. 您在这个行业工作这么久，能描述下有效的幼儿园教师资格考试组织机构应该具备什么要求？那么该市目前如何？

12. 在幼儿园教师资格考试制度中，领导者的管理与处事风格会对整个团队产生哪些影响？

13. 您觉得，在与上下层级的幼儿园教师资格考试机构的沟通中存在哪些困难？

14. 您能谈谈目前的幼儿园教师资格考试制度存在哪些合理之处与不合理之处？

15. 幼儿园资格考试制度的实施，您认为需要什么样外部环境和内部组织来保障？

（二）A 市幼儿园教师资格考试命题、阅卷人访谈提纲

尊敬的老师：

您好！

我们是西南大学教育学部的研究人员，正在完成全国教育科学"十一五"规划 2010 年度课题"幼儿园教师资格考试制度研究"。围绕该研究，希望对您及其分管"幼儿园教师资格考试制度"的部门进行调研，您的回答将为本研究提供宝贵的依据。在研究过程中我们会严格遵循研究的伦理原则，对相关信息采取匿名，仅供研究所用，不会侵犯您及其单位的隐私，尽可放心回答，谢谢您！

1. 幼儿园教师资格考试科目、标准和考试大纲是由谁负责编制和审定？标准和大纲制定的依据是什么？

2. 考试试卷的编制、考务工作和考试成绩证明的发放是由谁负责组织和管理，考试试卷编制的依据是什么？

3. 我市目前在幼儿园教师资格考试内容上作出了调整，增加了《教育法律法规》《教师职业道德》《学科专业素质》科目的考试，具体的依据是怎样的？

4. 笔试环节有没有针对幼儿园教师的基本要求作出调整？您是怎么看待幼儿园教师资格考试内容附属于小学教师的资格考试内容中这个问题？

5. 您作为幼儿园教师资格考试执行中的一员，您在与上级单位以及单位中的执行人员的沟通途径有哪些？对方会采纳您的建议吗？

6. 您怎么看待 A 市的幼儿园教师资格考试管理结构之间的关系？

7. 作为 A 市教委的下属单位，是否能够有机会参与到幼儿园教师资格考试的决策过程当中？

8. 您作为幼儿园教师资格考试制度执行中的一员，您觉得从 A 市教委（主管部门）到执行部门再到报考者，三者应该保持一种怎样的关系？

9. 幼儿园资格考试制度的实施，您认为需要怎样外部环境和内部组织来保障？

10. 您觉得目前在笔试环节还存在哪些问题，从哪些方面改进？

11. 您所在单位与 A 市的考试院、评估院有何关系？沟通的方式如何？

（三） A 市幼儿园教师资格面试官访谈提纲

尊敬的老师：

您好！

我们是西南大学教育学部的研究人员，正在完成全国教育科学"十一五"规划 2010 年度课题"幼儿园教师资格考试制度研究"。围绕该研究，希望对您及其分管"幼儿园教师资格考试制度"的部门进行调研，您的回答将为本研究提供宝贵的依据。在研究过程中我们会严格遵循研究的伦理原则，对相关信息采取匿名，仅供研究所用，不会侵犯您及其单位的隐私，尽可放心回答，谢谢您！

1. 面试环节主要考核考生的综合实践能力，综合能力都包括哪些？根据什么标准来确定这些内容？

2. 您怎么看待现行的思想品德鉴定？在面试中是如何体现的？

3. 面试官的选择标准是什么？

4. 作为面试官，您是如何对考生打分的，评判的标准有哪些？有何权重？

5. 我们在不久前了解到没有针对幼儿园教师而准备的面试，是与其他层次教师资格面试整合在一起的，那您是如何在这个过程中把握幼儿园教师资格的面试？

6. 您所在部门与我市教师资格考试管理的单位联系如何？尤其是与我市教委、考试院、评估院等联系如何？

7. 您个人作为面试官也会接触到其他区县的老师，他们对幼儿园教师资格考试持有什么态度？

8. 目前幼儿园教师资格考试制度正处于改革阶段，上级领导或者上级部门是否会召集像您这样的资深人员去建言献策？

9. 面试考核的结果及建议，您或者所在部门是通过何种方式反馈给上层单位及执行人员，他们作何反应？

10. 您觉得幼儿园教师资格考试目前在面试环节还存在哪些问题，应从哪些方面改进？

后 记

最初接触幼儿园教师资格考试制度问题可以追溯到 2010 年,当时我来到西南大学攻读博士学位,师从刘云艳教授。恰逢导师主持全国教育科学"十一五"规划 2010 年度国家社科基金教育学一般课题"幼儿园教师资格考试制度研究",使我对幼儿园教师专业发展的关注点转向幼儿园教师准入环节的资格制度建设等相关问题,并以此为切入点完成了博士论文《幼儿园教师资格考试效能保障研究——制度分析视角》的写作。2013 年 5 月,我通过了博士论文答辩,离开了生活三年的西南大学,来到广州大学教育学院工作。两年后,我在博士论文基础上略加修改完成了这本书稿。

论文与书稿能够顺利完成得益于刘云艳老师的点拨与指导。有幸在刘老师门下学习是我一生的幸运和财富,老师以她的睿智启迪我走上求真求实的学术之路,以她的博大包容我成长,以她的乐观赋予我力量。面对写作时的迷茫,老师多次耐心与我交流,帮助我聚焦研究问题。书稿资料的收集、框架的形成、后期修改的过程犹如一段艰难的跋涉,是老师精心的指导与宽厚的鞭策,化解我的困惑,消除我的焦虑,让我不言放弃。感谢我的硕士导师张博老师,2007 年与他结缘于广州,被他对幼儿教育事业的纯粹追求所感动,感谢张老师一直以来的支持与鼓励。

书稿能够顺利出版还要感谢广州大学教育学院的领导与同事们,多谢你们的关心、帮助与指导。同时,特别要感谢中国社会科学出版社,你们为本书顺利出版不辞辛劳,倾注了大量的精力。由于作者学识和能力有限,其中观点不当之处还敬请大家批评指正,以使本书日臻完善。

赵景辉
2015 年 9 月